Código de Proteção e Defesa do Consumidor

COLEÇÃO
SARAIVA
DE LEGISLAÇÃO

Código de Proteção e Defesa do Consumidor

Lei n. 8.078, de 11 de setembro de 1990

Edição acompanhada de legislação sobre:

- Ação Civil Pública
- CADE
- Cláusulas Abusivas
- Crimes contra as Relações de Consumo
- Estatuto do Torcedor
- Planos de Saúde

Inclui ainda dispositivos da Constituição Federal, índices e notas.

19ª edição, atualizada e ampliada

2010

Editora
Saraiva

Editora Saraiva

Rua Henrique Schaumann, 270, Cerqueira César — São Paulo — SP
CEP 05413-909
PABX: (11) 3613 3000
SACJUR: 0800 055 7688
De 2ª a 6ª, das 8:30 às 19:30
saraivajur@editorasaraiva.com.br
Acesse: www.saraivajur.com.br

FILIAIS

AMAZONAS/RONDÔNIA/RORAIMA/ACRE
Rua Costa Azevedo, 56 – Centro
Fone: (92) 3633-4227 – Fax: (92) 3633-4782 – Manaus

BAHIA/SERGIPE
Rua Agripino Dórea, 23 – Brotas
Fone: (71) 3381-5854 / 3381-5895
Fax: (71) 3381-0959 – Salvador

BAURU (SÃO PAULO)
Rua Monsenhor Claro, 2-55/2-57 – Centro
Fone: (14) 3234-5643 – Fax: (14) 3234-7401 – Bauru

CEARÁ/PIAUÍ/MARANHÃO
Av. Filomeno Gomes, 670 – Jacarecanga
Fone: (85) 3238-2323 / 3238-1384
Fax: (85) 3238-1331 – Fortaleza

DISTRITO FEDERAL
SIA/SUL Trecho 2 Lote 850 – Setor de Indústria e Abastecimento
Fone: (61) 3344-2920 / 3344-2951
Fax: (61) 3344-1709 – Brasília

GOIÁS/TOCANTINS
Av. Independência, 5330 – Setor Aeroporto
Fone: (62) 3225-2882 / 3212-2806
Fax: (62) 3224-3016 – Goiânia

MATO GROSSO DO SUL/MATO GROSSO
Rua 14 de Julho, 3148 – Centro
Fone: (67) 3382-3682 – Fax: (67) 3382-0112 – Campo Grande

MINAS GERAIS
Rua Além Paraíba, 449 – Lagoinha
Fone: (31) 3429-8300 – Fax: (31) 3429-8310 – Belo Horizonte

PARÁ/AMAPÁ
Travessa Apinagés, 186 – Batista Campos
Fone: (91) 3222-9034 / 3224-9038
Fax: (91) 3241-0499 – Belém

PARANÁ/SANTA CATARINA
Rua Conselheiro Laurindo, 2895 – Prado Velho
Fone/Fax: (41) 3332-4894 – Curitiba

PERNAMBUCO/PARAÍBA/R. G. DO NORTE/ALAGOAS
Rua Corredor do Bispo, 185 – Boa Vista
Fone: (81) 3421-4246 – Fax: (81) 3421-4510 – Recife

RIBEIRÃO PRETO (SÃO PAULO)
Av. Francisco Junqueira, 1255 – Centro
Fone: (16) 3610-5843 – Fax: (16) 3610-8284 – Ribeirão Preto

RIO DE JANEIRO/ESPÍRITO SANTO
Rua Visconde de Santa Isabel, 113 a 119 – Vila Isabel
Fone: (21) 2577-9494 – Fax: (21) 2577-8867 / 2577-9565
Rio de Janeiro

RIO GRANDE DO SUL
Av. A. J. Renner, 231 – Farrapos
Fone/Fax: (51) 3371-4001 / 3371-1467 / 3371-1567
Porto Alegre

SÃO PAULO
Av. Antártica, 92 – Barra Funda
Fone: (11) 3616-3666 – São Paulo

ISBN 978-85-02-09268-6

Dados Internacionais de Catalogação na Publicação (CIP)
(Câmara Brasileira do Livro, SP, Brasil)

Brasil
[Código de Proteção e Defesa do Consumidor]
Código de Proteção e Defesa do Consumidor / obra coletiva de autoria da Editora Saraiva com a colaboração de Antonio Luiz de Toledo Pinto, Márcia Cristina Vaz dos Santos Windt e Livia Céspedes. – 19. ed. atual. e ampl. – São Paulo : Saraiva, 2010. – (Coleção Saraiva de legislação)

1. Consumidores - Leis e Legislação - Brasil I. Pinto, Antonio Luiz de Toledo. II. Windt, Márcia Cristina Vaz dos Santos. III. Céspedes, Livia. IV. Título. V. Série.

09-04421 CDU-34:381.6(81) (094.4)

Índices para catálogo sistemático:

1. Brasil : Código de proteção ao consumidor 34:381.6(81) (094.4)
2. Brasil : Leis : Consumidores : Proteção : Comércio interno 34:381.6(81) (094.4)
3. Leis : Proteção ao consumidor : Brasil : Direito 34:381.6(81) (094.4)

Diretor editorial Antonio Luiz de Toledo Pinto
Diretor de produção editorial Luiz Roberto Curia
Gerente editorial Márcia Cristina Vaz dos Santos Windt
Editora Livia Céspedes
Assistentes editoriais Fabiana Dias da Rocha
Fernanda Augusta Antunes
Juliana Nicoletti
Thaís de Camargo Rodrigues
Estagiária Renata Fernandes de Campos
Arte e diagramação Cristina Aparecida Agudo de Freitas
Sônia de Paiva Lima
Revisão de provas Rita de Cássia Queiroz Gorgati
Ana Maria L. F. Benfica
Serviços Editoriais Carla Marques
Capa Gislaine Ribeiro

Data de fechamento da edição: 28-1-2010

Dúvidas?
Acesse www.saraivajur.com.br

Código de Proteção e Defesa do Consumidor

19ª edição, atualizada e ampliada

2010

Obra coletiva de autoria da Editora Saraiva
com a colaboração de Antonio Luiz de Toledo Pinto,
Márcia Cristina Vaz dos Santos Windt e
Livia Céspedes.

Indicador Geral

Nota dos Organizadores

Apresentação

A Coleção Saraiva de Legislação é composta por obras de temas variados, atuais e de oportunidade. Trata-se de legislação *seca*, sem anotações doutrinárias, o que permite seu uso em provas e concursos públicos.

A Coleção divide-se em títulos que apresentam uma ou mais normas principais, acompanhadas da legislação complementar pertinente (ex., Estatuto da Criança e do Adolescente, Código do Consumidor, Legislação Militar), ou constituem verdadeiras compilações de determinada área do direito, divididas por temas (ex., Legislação de Direito Ambiental, Legislação Administrativa, Legislação de Direito Internacional). O leitor conta, ainda, com súmulas, notas, além de índices facilitadores de consulta.

O conteúdo, criteriosamente selecionado pela equipe do departamento Editorial Jurídico, foi organizado com o objetivo de proporcionar consulta prática e eficiente.

Constituição Federal

Selecionamos para este volume todos os dispositivos constitucionais relacionados à matéria.

Normas Alteradoras

Normas alteradoras são aquelas que não possuem texto próprio, mas apenas alteram outros diplomas. Para facilitar a consulta, processamos as alterações no texto legislativo alterado.

Notas

As notas foram selecionadas de acordo com seu grau de importância, e estão separadas em fundamentais (grafadas com ••) e acessórias (grafadas com •).

Textos Parciais

Alguns diplomas deixam de constar integralmente. O propósito foi criar espaço para normas mais utilizadas no dia a dia pelos profissionais e acadêmicos.

Organizadores

Índice Cronológico da Legislação

LEI COMPLEMENTAR:

LEI DELEGADA:

LEIS:

MEDIDA PROVISÓRIA:

PORTARIAS:

RESOLUÇÕES:

RESOLUÇÃO NORMATIVA:

Índice Sistemático do Código de Proteção e Defesa do Consumidor

(LEI N. 8.078, DE 11-9-1990)

TÍTULO I

TÍTULO II

TÍTULO III

TÍTULO IV

TÍTULO V

TÍTULO VI

Lei n. 8.078, de 11 de setembro de 1990 (*)

Dispõe sobre a proteção do consumidor e dá outras providências.

O Presidente da República:

Faço saber que o Congresso Nacional decreta e eu sanciono a seguinte lei:

Título I
DOS DIREITOS DO CONSUMIDOR

Capítulo I
DISPOSIÇÕES GERAIS

Art. 1º O presente Código estabelece normas de proteção e defesa do consumidor, de ordem pública e interesse social, nos termos dos arts. 5º, XXXII, 170, V, da Constituição Federal e art. 48 de suas Disposições Transitórias.

• *Constam deste volume os dispositivos citados da Constituição Federal.*

Art. 2º Consumidor é toda pessoa física ou jurídica que adquire ou utiliza produto ou serviço como destinatário final.

•• Vide *Súmula 321 do STJ.*

Parágrafo único. Equipara-se a consumidor a coletividade de pessoas, ainda que indetermináveis, que haja intervindo nas relações de consumo.

(*) Publicada no *Diário Oficial da União*, de 12 de setembro de 1990, em Suplemento. Retificada no *Diário Oficial da União*, de 10 de janeiro de 2007. O Decreto n. 1.306, de 9 de novembro de 1994, regulamenta o Fundo de Defesa dos Direitos Difusos, e o Decreto n. 2.181, de 20 de março de 1997, dispõe sobre a organização do Sistema Nacional de Defesa do Consumidor — SNDC e estabelece as normas gerais de aplicação das sanções administrativas previstas nesta Lei. A Lei n. 10.504, de 8 de julho de 2002, dispõe sobre a criação do Dia Nacional do Consumidor, que será comemorado, anualmente, no dia 15 de março. *Vide* Decreto n. 6.523, de 31 de julho de 2008, que regulamenta esta Lei, para fixar normas gerais sobre o SAC.

Art. 3º Fornecedor é toda pessoa física ou jurídica, pública ou privada, nacional ou estrangeira, bem como os entes despersonalizados, que desenvolvem atividades de produção, montagem, criação, construção, transformação, importação, exportação, distribuição ou comercialização de produtos ou prestação de serviços.

• Vide *art. 3º da Lei n. 10.671, de 15 de maio de 2003.*

§ 1º Produto é qualquer bem, móvel ou imóvel, material ou imaterial.

§ 2º Serviço é qualquer atividade fornecida no mercado de consumo, mediante remuneração, inclusive as de natureza bancária, financeira, de crédito e securitária, salvo as decorrentes das relações de caráter trabalhista.

• Vide *Súmulas 297 e 321 do STJ.*

CAPÍTULO II
DA POLÍTICA NACIONAL DE RELAÇÕES DE CONSUMO

Art. 4º A Política Nacional das Relações de Consumo tem por objetivo o atendimento das necessidades dos consumidores, o respeito à sua dignidade, saúde e segurança, a proteção de seus interesses econômicos, a melhoria da sua qualidade de vida, bem como a transparência e harmonia das relações de consumo, atendidos os seguintes princípios:

•• Caput *com redação determinada pela Lei n. 9.008, de 21 de março de 1995.*

I — reconhecimento da vulnerabilidade do consumidor no mercado de consumo;

II — ação governamental no sentido de proteger efetivamente o consumidor:

a) por iniciativa direta;

b) por incentivos à criação e desenvolvimento de associações representativas;

c) pela presença do Estado no mercado de consumo;

d) pela garantia dos produtos e serviços com padrões adequados de qualidade, segurança, durabilidade e desempenho;

III — harmonização dos interesses dos participantes das relações de consumo e compatibilização da proteção do consumidor com a necessidade de desenvolvimento econômico e tecnológico, de modo a viabilizar os princípios nos quais se funda a ordem econômica (art. 170, da Constituição Federal), sempre com base na boa-fé e equilíbrio nas relações entre consumidores e fornecedores;

•• Vide *Lei n. 9.791, de 24 de março de 1999.*

IV — educação e informação de fornecedores e consumidores, quanto aos seus direitos e deveres, com vistas à melhoria do mercado de consumo;

V — incentivo à criação pelos fornecedores de meios eficientes de controle de qualidade e segurança de produtos e serviços, assim como de mecanismos alternativos de solução de conflitos de consumo;

VI — coibição e repressão eficientes de todos os abusos praticados no mercado de consumo, inclusive a concorrência desleal e utilização indevida de inventos e criações industriais das marcas e nomes comerciais e signos distintivos, que possam causar prejuízos aos consumidores;

VII — racionalização e melhoria dos serviços públicos;

VIII — estudo constante das modificações do mercado de consumo.

Art. 5º Para a execução da Política Nacional das Relações de Consumo, contará o Poder Público com os seguintes instrumentos, entre outros:

I — manutenção de assistência jurídica, integral e gratuita para o consumidor carente;

II — instituição de Promotorias de Justiça de Defesa do Consumidor, no âmbito do Ministério Público;

III — criação de delegacias de polícia especializadas no atendimento de consumidores vítimas de infrações penais de consumo;

IV — criação de Juizados Especiais de Pequenas Causas e Varas Especializadas para a solução de litígios de consumo;

V — concessão de estímulos à criação e desenvolvimento das Associações de Defesa do Consumidor.

§ 1º (*Vetado.*)

•• *Redação do texto vetado: "Os Estados, Distrito Federal e Municípios manterão órgãos de atendimento gratuito para orientação dos consumidores".*

§ 2º (*Vetado.*)

•• *Redação do texto vetado: "A União, os Estados, o Distrito Federal e os Municípios poderão fiscalizar preços e autuar os infratores, observado seu prévio tabelamento pela autoridade competente".*

Capítulo III
DOS DIREITOS BÁSICOS DO CONSUMIDOR

Art. 6º São direitos básicos do consumidor:

I — a proteção da vida, saúde e segurança contra os riscos provocados por práticas no fornecimento de produtos e serviços considerados perigosos ou nocivos;

II — a educação e divulgação sobre o consumo adequado dos produtos e serviços, asseguradas a liberdade de escolha e a igualdade nas contratações;

III — a informação adequada e clara sobre os diferentes produtos e serviços, com especificação correta de quantidade, características, composição, qualidade e preço, bem como sobre os riscos que apresentem;

•• Vide *Lei n. 10.962, de 11 de outubro de 2004, que dispõe sobre a oferta e as formas de afixação de preços de produtos e serviços para o consumidor.*

•• Vide *Decreto n. 5.903, de 20 de setembro de 2006, que dispõe sobre as práticas infracionais que atentam contra o direito básico do consumidor de obter informação adequada e clara sobre produtos e serviços.*

• *A Portaria n. 81, de 23 de janeiro de 2002, do Ministério da Justiça, estabelece regra para a informação aos consumidores sobre mudança de quantidade de produto comercializado na embalagem, determinando que o não cumprimento sujeitará o fornecedor às sanções da Lei n. 8.078/90 e do Decreto n. 2.181/97.*

IV — a proteção contra a publicidade enganosa e abusiva, métodos comerciais coercitivos ou desleais, bem como contra práticas e cláusulas abusivas ou impostas no fornecimento de produtos e serviços;

V — a modificação das cláusulas contratuais que estabeleçam prestações desproporcionais ou sua revisão em razão de fatos supervenientes que as tornem excessivamente onerosas;

• *Os arts. 478 a 480 do Código Civil (Lei n. 10.406, de 11-1-2002) dispõem sobre resolução por onerosidade excessiva.*

VI — a efetiva prevenção e reparação de danos patrimoniais e morais, individuais, coletivos e difusos;

VII — o acesso aos órgãos judiciários e administrativos, com vistas à prevenção ou reparação de danos patrimoniais e morais, individuais, coletivos ou difusos, assegurada a proteção jurídica, administrativa e técnica aos necessitados;

VIII — a facilitação da defesa de seus direitos, inclusive com a inversão do ônus da prova, a seu favor, no processo civil, quando, a critério do juiz, for verossímil a alegação ou quando for ele hipossuficiente, segundo as regras ordinárias de experiência;

IX — (*Vetado.*)

•• *Redação do texto vetado: "a participação e consulta na formulação das políticas que os afetem diretamente, e a representação de seus interesses por intermédio das entidades públicas ou privadas de defesa do consumidor;".*

X — a adequada e eficaz prestação dos serviços públicos em geral.

• Vide *Lei n. 12.007, de 29 de julho de 2009, que dispõe sobre a emissão de declaração de quitação anual de débitos pelas pessoas jurídicas prestadoras de serviços públicos ou privados.*

• *O Decreto n. 6.932, de 11 de agosto de 2009, dispõe sobre a simplificação do atendimento público prestado ao cidadão, ratifica a dispensa do reconhecimento de firma em documentos produzidos no Brasil, e institui a "Carta de Serviços ao Cidadão".*

Art. 7º Os direitos previstos neste Código não excluem outros decorrentes de tratados ou convenções internacionais de que o Brasil seja signatário, da legislação interna ordinária, de regulamentos expedidos pelas autoridades administrativas competentes, bem como dos que derivem dos princípios gerais do direito, analogia, costumes e equidade.

•• Vide *Decreto n. 2.521, de 20 de março de 1998.*

• Vide *Resolução n. 3.694, de 26 de março de 2009, do Banco Central do Brasil.*

Parágrafo único. Tendo mais de um autor a ofensa, todos responderão solidariamente pela reparação dos danos previstos nas normas de consumo.

Capítulo IV
DA QUALIDADE DE PRODUTOS E SERVIÇOS, DA PREVENÇÃO E DA REPARAÇÃO DOS DANOS

Seção I
Da Proteção à Saúde e Segurança

• *A Lei n. 9.965, de 27 de abril de 2000, restringe a venda de esteroides ou peptídeos anabolizantes.*

Art. 8º Os produtos e serviços colocados no mercado de consumo não acarretarão riscos à saúde ou segurança dos consumidores, exceto os considerados normais e previsíveis em decorrência de sua natureza e fruição, obrigando-se os fornecedores, em qualquer hipótese, a dar as informações necessárias e adequadas a seu respeito.

• *O Decreto n. 4.680, de 24 de abril de 2003, regulamenta o direito à informação, assegurado por esta Lei, quanto aos alimentos e ingredientes alimentares destinados ao consumo humano ou animal que contenham ou sejam produzidos a partir de organismos geneticamente modificados, sem prejuízo do cumprimento das demais normas aplicáveis.*

Parágrafo único. Em se tratando de produto industrial, ao fabricante cabe prestar as informações a que se refere este artigo, através de impressos apropriados que devam acompanhar o produto.

Art. 9º O fornecedor de produtos e serviços potencialmente nocivos ou perigosos à saúde ou segurança deverá informar, de maneira ostensiva e adequada, a respeito da sua nocividade ou periculosidade, sem prejuízo da adoção de outras medidas cabíveis em cada caso concreto.

- Vide *Lei n. 9.294, de 15 de julho de 1996, regulamentada pelo Decreto n. 2.018, de 1º de outubro de 1996, sobre as restrições ao uso e à propaganda de produtos fumígenos, bebidas alcoólicas, medicamentos, terapias e defensivos agrícolas.*

- *A Resolução RDC n. 335, de 21 de novembro de 2003, da Agência Nacional de Vigilância Sanitária — ANVISA, dispõe que todos os produtos fumígenos derivados do tabaco conterão na embalagem e na propaganda advertência ao consumidor sobre os malefícios decorrentes do uso desses produtos.*

Art. 10. O fornecedor não poderá colocar no mercado de consumo produto ou serviço que sabe ou deveria saber apresentar alto grau de nocividade ou periculosidade à saúde ou segurança.

§ 1º O fornecedor de produtos e serviços que, posteriormente à sua introdução no mercado de consumo, tiver conhecimento da periculosidade que apresentem, deverá comunicar o fato imediatamente às autoridades competentes e aos consumidores, mediante anúncios publicitários.

- *A Portaria n. 789, de 24 de agosto de 2001, do Ministério da Justiça, regula a comunicação, no âmbito do Departamento de Proteção e Defesa do Consumidor — DPDC, relativa à periculosidade de produtos e serviços já introduzidos no mercado de consumo, prevista neste parágrafo.*

§ 2º Os anúncios publicitários a que se refere o parágrafo anterior serão veiculados na imprensa, rádio e televisão, às expensas do fornecedor do produto ou serviço.

§ 3º Sempre que tiverem conhecimento de periculosidade de produtos ou serviços à saúde ou segurança dos consumidores, a União, os Estados, o Distrito Federal e os Municípios deverão informá-los a respeito.

Art. 11. (*Vetado.*)

•• *Redação do texto vetado: "O produto ou serviço que, mesmo adequadamente utilizado ou fruído, apresente alto grau de nocividade ou periculosidade será retirado imediatamente do mercado pelo fornecedor, sempre às suas expensas, sem prejuízo da responsabilidade pela reparação de eventuais danos".*

Seção II
Da Responsabilidade pelo Fato do Produto e do Serviço

- Vide *art. 14 da Lei n. 10.671, de 15 de maio de 2003.*

Art. 12. O fabricante, o produtor, o construtor, nacional ou estrangeiro, e o importador respondem, independentemente da existência de culpa, pela reparação dos danos causados aos consumidores por defeitos decorrentes de projeto, fabricação, construção, montagem, fórmulas, manipulação, apresentação ou acondicionamento de seus produtos, bem como por informações insuficientes ou inadequadas sobre sua utilização e riscos.

- *O art. 931 do Código Civil dispõe: "Ressalvados outros casos previstos em lei especial, os empresários individuais e as empresas respondem independentemente de culpa pelos danos causados pelos produtos postos em circulação".*

§ 1º O produto é defeituoso quando não oferece a segurança que dele legitimamente se espera, levando-se em consideração as circunstâncias relevantes, entre as quais:

I — sua apresentação;

II — o uso e os riscos que razoavelmente dele se esperam;

III — a época em que foi colocado em circulação.

§ 2º O produto não é considerado defeituoso pelo fato de outro de melhor qualidade ter sido colocado no mercado.

§ 3º O fabricante, o construtor, o produtor ou importador só não será responsabilizado quando provar:

I — que não colocou o produto no mercado;

II — que, embora haja colocado o produto no mercado, o defeito inexiste;

III — a culpa exclusiva do consumidor ou de terceiro.

Art. 13. O comerciante é igualmente responsável, nos termos do artigo anterior, quando:

I — o fabricante, o construtor, o produtor ou o importador não puderem ser identificados;

II — o produto for fornecido sem identificação clara do seu fabricante, produtor, construtor ou importador;

III — não conservar adequadamente os produtos perecíveis.

Parágrafo único. Aquele que efetivar o pagamento ao prejudicado poderá exercer o direito de regresso contra os demais responsáveis, segundo sua participação na causação do evento danoso.

Art. 14. O fornecedor de serviços responde, independentemente da existência de culpa, pela reparação dos danos causados aos consumidores por defeitos relativos à prestação dos serviços, bem como por informações insuficientes ou inadequadas sobre sua fruição e riscos.

§ 1º O serviço é defeituoso quando não fornece a segurança que o consumidor dele pode esperar, levando-se em consideração as circunstâncias relevantes, entre as quais:

I — o modo de seu fornecimento;

II — o resultado e os riscos que razoavelmente dele se esperam;

III — a época em que foi fornecido.

§ 2º O serviço não é considerado defeituoso pela adoção de novas técnicas.

§ 3º O fornecedor de serviços só não será responsabilizado quando provar:

I — que, tendo prestado o serviço, o defeito inexiste;

II — a culpa exclusiva do consumidor ou de terceiro.

§ 4º A responsabilidade pessoal dos profissionais liberais será apurada mediante a verificação de culpa.

Art. 15. (*Vetado.*)

•• *Redação do texto vetado: "Quando a utilização do produto ou a prestação do serviço causar dano irreparável ao consumidor, a indenização corresponderá ao valor integral dos bens danificados".*

Art. 16. (*Vetado.*)

•• *Redação do texto vetado: "Se comprovada a alta periculosidade do produto ou do serviço que provocou o dano, ou grave imprudência, negligência ou imperícia do fornecedor será devida multa civil de até 1.000.000 (um milhão) de vezes o Bônus do Tesouro Nacional — BTN, ou índice equivalente que venha substituí-lo, na ação proposta por qualquer dos legitimados à defesa do consumidor em juízo, a critério do juiz, de acordo com a gravidade e proporção do dano, bem como a situação econômica do responsável".*

Art. 17. Para os efeitos desta Seção, equiparam-se aos consumidores todas as vítimas do evento.

• Vide *nota ao art. 10, § 1º, desta Lei.*

Seção III
Da Responsabilidade por Vício do Produto e do Serviço

Art. 18. Os fornecedores de produtos de consumo duráveis ou não duráveis respondem solidariamente pelos vícios de qualidade ou quantidade que os tornem impróprios ou inadequados ao consumo a que se destinam ou lhes diminuam o valor, assim como por aqueles decorrentes da disparidade, com as indicações constantes do recipiente, da embalagem, rotulagem ou mensagem publicitária, respeitadas as variações decorrentes de sua natureza, podendo o consumidor exigir a substituição das partes viciadas.

• *A Portaria n. 81, de 23 de janeiro de 2002, do Ministério da Justiça, estabelece regra para a informação aos consumidores sobre mudança de quantidade no produto comercializado na embalagem.*

• *A Instrução Normativa n. 863, de 17 de julho de 2008, da Secretaria da Receita Federal do Brasil, estabelecendo normas complementares sobre o regime aduaneiro especial de loja franca, dispõe em seu art. 9º: "A substituição de mercadoria adquirida em loja franca por outra da mesma espécie, marca ou modelo far-se-á nos prazos e condições estabelecidos na Lei n. 8.078, de 11 de setembro de 1990. § 1º Não sendo possível a substituição por mercadoria idêntica, poderá ocorrer a troca por outra de espécie, marca ou modelo diverso, desde que de preço igual ou inferior. § 2º A restituição de eventual diferença de preço será realizada em moeda nacional, pelo câmbio do dia da operação."*

• *O Decreto n. 4.680, de 24 de abril de 2003, regulamenta o direito à informação, assegurado por esta lei, quanto aos alimentos e ingredientes destinados ao consumo humano ou animal que contenham ou sejam produzidos a partir de organismos geneticamente modificados.*

§ 1º Não sendo o vício sanado no prazo máximo de 30 (trinta) dias, pode o consumidor exigir, alternativamente e à sua escolha:

I — a substituição do produto por outro da mesma espécie, em perfeitas condições de uso;

II — a restituição imediata da quantia paga, monetariamente atualizada, sem prejuízo de eventuais perdas e danos;

III — o abatimento proporcional do preço.

§ 2º Poderão as partes convencionar a redução ou ampliação do prazo previsto no parágrafo anterior, não podendo ser inferior a 7 (sete) nem superior a 180 (cento e oitenta) dias. Nos contratos de adesão, a cláusula de prazo deverá ser convencionada em separado, por meio de manifestação expressa do consumidor.

§ 3º O consumidor poderá fazer uso imediato das alternativas do § 1º deste artigo, sempre que, em razão da extensão do vício, a substituição das partes viciadas puder comprometer a qualidade ou características do produto, diminuir-lhe o valor ou se tratar de produto essencial.

§ 4º Tendo o consumidor optado pela alternativa do inciso I do § 1º deste artigo, e não sendo possível a substituição do bem, poderá haver substituição por outro de espécie, marca ou modelo diversos, mediante complementação ou restituição de eventual diferença de preço, sem prejuízo do disposto nos incisos II e III do § 1º deste artigo.

§ 5º No caso de fornecimento de produtos *in natura*, será responsável perante o consumidor o fornecedor imediato, exceto quando identificado claramente seu produtor.

§ 6º São impróprios ao uso e consumo:

I — os produtos cujos prazos de validade estejam vencidos;

II — os produtos deteriorados, alterados, adulterados, avariados, falsificados, corrompidos, fraudados, nocivos à vida ou à saúde, perigosos ou, ainda, aqueles em desacordo com as normas regulamentares de fabricação, distribuição ou apresentação;

III — os produtos que, por qualquer motivo, se revelem inadequados ao fim a que se destinam.

Art. 19. Os fornecedores respondem solidariamente pelos vícios de quantidade do produto sempre que, respeitadas as variações decorrentes de sua natureza, seu conteúdo líquido for inferior às indicações constantes do recipiente, da embalagem, rotulagem ou de mensagem publicitária, podendo o consumidor exigir, alternativamente e à sua escolha:

I — o abatimento proporcional do preço;

II — complementação do peso ou medida;

III — a substituição do produto por outro da mesma espécie, marca ou modelo, sem os aludidos vícios;

- Vide *notas ao art. 18,* caput, *desta Lei.*

IV — a restituição imediata da quantia paga, monetariamente atualizada, sem prejuízo de eventuais perdas e danos.

§ 1º Aplica-se a este artigo o disposto no § 4º do artigo anterior.

§ 2º O fornecedor imediato será responsável quando fizer a pesagem ou a medição e o instrumento utilizado não estiver aferido segundo os padrões oficiais.

Art. 20. O fornecedor de serviços responde pelos vícios de qualidade que os tornem impróprios ao consumo ou lhes diminuam o valor, assim como por aqueles decorrentes da disparidade com as indicações constantes da oferta ou mensagem publicitária, podendo o consumidor exigir, alternativamente e à sua escolha:

I — a reexecução dos serviços, sem custo adicional e quando cabível;

II — a restituição imediata da quantia paga, monetariamente atualizada, sem prejuízo de eventuais perdas e danos;

III — o abatimento proporcional do preço.

§ 1º A reexecução dos serviços poderá ser confiada a terceiros devidamente capacitados, por conta e risco do fornecedor.

§ 2º São impróprios os serviços que se mostrem inadequados para os fins que razoavelmente deles se esperam, bem como aqueles que não atendam as normas regulamentares de prestabilidade.

Art. 21. No fornecimento de serviços que tenham por objetivo a reparação de qualquer produto considerar-se-á implícita a obrigação do fornecedor de empregar componentes de reposição originais adequados e novos, ou que mantenham as especificações técnicas do fabricante, salvo, quanto a estes últimos, autorização em contrário do consumidor.

Art. 22. Os órgãos públicos, por si ou suas empresas, concessionárias, permissionárias ou sob qualquer outra forma de empreendimento, são obrigados a fornecer serviços adequados, eficientes, seguros e, quanto aos essenciais, contínuos.

Parágrafo único. Nos casos de descumprimento, total ou parcial, das obrigações referidas neste artigo, serão as pessoas jurídicas compelidas a cumpri-las e a reparar os danos causados, na forma prevista neste Código.

Art. 23. A ignorância do fornecedor sobre os vícios de qualidade por inadequação dos produtos e serviços não o exime de responsabilidade.

Art. 24. A garantia legal de adequação do produto ou serviço independe de termo expresso, vedada a exoneração contratual do fornecedor.

Art. 25. É vedada a estipulação contratual de cláusula que impossibilite, exonere ou atenue a obrigação de indenizar prevista nesta e nas Seções anteriores.

§ 1º Havendo mais de um responsável pela causação do dano, todos responderão solidariamente pela reparação prevista nesta e nas Seções anteriores.

§ 2º Sendo o dano causado por componente ou peça incorporada ao produto ou serviço, são responsáveis solidários seu fabricante, construtor ou importador e o que realizou a incorporação.

Seção IV
Da Decadência e da Prescrição

Art. 26. O direito de reclamar pelos vícios aparentes ou de fácil constatação caduca em:

I — 30 (trinta) dias, tratando-se de fornecimento de serviço e de produto não duráveis;

II — 90 (noventa) dias, tratando-se de fornecimento de serviço e de produto duráveis.

§ 1º Inicia-se a contagem do prazo decadencial a partir da entrega efetiva do produto ou do término da execução dos serviços.

§ 2º Obstam a decadência:

I — a reclamação comprovadamente formulada pelo consumidor perante fornecedor de produtos e serviços até a resposta negativa correspondente, que deve ser transmitida de forma inequívoca;

II — (*Vetado*.)

•• *Redação do texto vetado: "a reclamação formalizada perante os órgãos ou entidades com atribuições de defesa do consumidor, pelo prazo de 90 (noventa) dias;".*

III — a instauração de inquérito civil, até seu encerramento.

§ 3º Tratando-se de vício oculto, o prazo decadencial inicia-se no momento em que ficar evidenciado o defeito.

• *Dos vícios redibitórios no Código Civil: arts. 441 a 446.*

Art. 27. Prescreve em 5 (cinco) anos a pretensão à reparação pelos danos causados por fato do produto ou do serviço prevista na Seção II deste Capítulo, iniciando-se a contagem do prazo a partir do conhecimento do dano e de sua autoria.

Parágrafo único. (*Vetado*.)

•• *Redação do texto vetado: "Interrompe-se o prazo de prescrição do direito de indenização pelo fato do produto ou serviço nas hipóteses previstas no § 1º do artigo anterior, sem prejuízo de outras disposições legais".*

Seção V
Da Desconsideração da Personalidade Jurídica

• *Da desconsideração da personalidade jurídica no Código Civil: art. 50.*

Art. 28. O juiz poderá desconsiderar a personalidade jurídica da sociedade quando, em detrimento do consumidor, houver abuso de direito, excesso de poder, infração da lei, fato ou ato ilícito ou violação dos estatutos ou contrato social. A desconsideração também será efetivada quando houver falência, estado de insolvência, encerramento ou inatividade da pessoa jurídica provocados por má administração.

§ 1º (*Vetado.*)

•• *Redação do texto vetado: "A pedido da parte interessada, o juiz determinará que a efetivação da responsabilidade da pessoa jurídica recaia sobre o acionista controlador, o sócio majoritário, os sócios-gerentes, os administradores societários, e, no caso de grupo societário, as sociedades que a integram".*

§ 2º As sociedades integrantes dos grupos societários e as sociedades controladas são subsidiariamente responsáveis pelas obrigações decorrentes deste Código.

§ 3º As sociedades consorciadas são solidariamente responsáveis pelas obrigações decorrentes deste Código.

§ 4º As sociedades coligadas só responderão por culpa.

§ 5º Também poderá ser desconsiderada a pessoa jurídica sempre que sua personalidade for, de alguma forma, obstáculo ao ressarcimento de prejuízos causados aos consumidores.

Capítulo V
DAS PRÁTICAS COMERCIAIS

Seção I
Das Disposições Gerais

Art. 29. Para os fins deste Capítulo e do seguinte, equiparam-se aos consumidores todas as pessoas determináveis ou não, expostas às práticas nele previstas.

Seção II
Da Oferta

Art. 30. Toda informação ou publicidade, suficientemente precisa, veiculada por qualquer forma ou meio de comunicação com relação a produtos e serviços oferecidos ou apresentados, obriga o fornecedor que a fizer veicular ou dela se utilizar e integra o contrato que vier a ser celebrado.

Art. 31. A oferta e apresentação de produtos ou serviços devem assegurar informações corretas, claras, precisas, ostensivas e em língua portuguesa sobre suas características, qualidade, quantidade, composição, preço, garantia, prazos de validade e origem, entre outros dados, bem como sobre os riscos que apresentam à saúde e segurança dos consumidores.

•• Vide *Lei n. 10.962, de 11 de outubro de 2004, regulamentada pelo Decreto n. 5.903, de 20 de setembro de 2006, que dispõe sobre a afixação de preços de produtos e serviços para o consumidor.*

• Vide *arts. 6º, III, e 9º desta Lei.*

• Vide *Portaria n. 3, de 19 de março de 1999.*

Parágrafo único. As informações de que trata este artigo, nos produtos refrigerados oferecidos ao consumidor, serão gravadas de forma indelével.

•• *Parágrafo único acrescentado pela Lei n. 11.989, de 27 de julho de 2009.*

Art. 32. Os fabricantes e importadores deverão assegurar a oferta de componentes e peças de reposição enquanto não cessar a fabricação ou importação do produto.

Parágrafo único. Cessadas a produção ou importação, a oferta deverá ser mantida por período razoável de tempo, na forma da lei.

Art. 33. Em caso de oferta ou venda por telefone ou reembolso postal, devem constar o nome do fabricante e endereço na embalagem, publicidade e em todos os impressos utilizados na transação comercial.

Parágrafo único. É proibida a publicidade de bens e serviços por telefone, quando a chamada for onerosa ao consumidor que a origina.

•• *Parágrafo único acrescentado pela Lei n. 11.800, de 29 de outubro de 2008.*

Art. 34. O fornecedor do produto ou serviço é solidariamente responsável pelos atos de seus prepostos ou representantes autônomos.

Art. 35. Se o fornecedor de produtos ou serviços recusar cumprimento à oferta, apresentação ou publicidade, o consumidor poderá, alternativamente e à sua livre escolha:

I — exigir o cumprimento forçado da obrigação, nos termos da oferta, apresentação ou publicidade;

II — aceitar outro produto ou prestação de serviço equivalente;

III — rescindir o contrato, com direito à restituição de quantia eventualmente antecipada, monetariamente atualizada, e perdas e danos.

Seção III
Da Publicidade

Art. 36. A publicidade deve ser veiculada de tal forma que o consumidor, fácil e imediatamente, a identifique como tal.

Parágrafo único. O fornecedor, na publicidade de seus produtos ou serviços, manterá, em seu poder, para informação dos legítimos interessados, os dados fáticos, técnicos e científicos que dão sustentação à mensagem.

Art. 37. É proibida toda publicidade enganosa ou abusiva.

§ 1º É enganosa qualquer modalidade de informação ou comunicação de caráter publicitário, inteira ou parcialmente falsa, ou, por qualquer outro modo, mesmo por omissão, capaz de induzir em erro o consumidor a respeito da natureza, características, qualidade, quantidade, propriedades, origem, preço e quaisquer outros dados sobre produtos e serviços.

§ 2º É abusiva, dentre outras, a publicidade discriminatória de qualquer natureza, a que incite à violência, explore o medo ou a superstição, se aproveite da deficiência de julgamento e experiência da criança, desrespeite valores ambientais, ou que seja capaz de induzir o consumidor a se comportar de forma prejudicial ou perigosa à sua saúde ou segurança.

§ 3º Para os efeitos deste Código, a publicidade é enganosa por omissão quando deixar de informar sobre dado essencial do produto ou serviço.

• Vide *Portaria n. 3, de 19 de março de 1999.*

§ 4º (*Vetado.*)

•• *Redação do texto vetado: "Quando o fornecedor de produtos ou serviços se utilizar de publicidade enganosa ou abusiva, o consumidor poderá pleitear indenização por danos sofridos, bem como a abstenção da prática do ato, sob pena de execução específica, para o caso de inadimplemento, sem prejuízo da sanção pecuniária cabível e de contrapropaganda, que pode ser imposta administrativa ou judicialmente".*

Art. 38. O ônus da prova da veracidade e correção da informação ou comunicação publicitária cabe a quem as patrocina.

Seção IV
Das Práticas Abusivas

Art. 39. É vedado ao fornecedor de produtos ou serviços, dentre outras práticas abusivas:

•• Caput *com redação determinada pela Lei n. 8.884, de 11 de junho de 1994.*

I — condicionar o fornecimento de produto ou de serviço ao fornecimento de outro produto ou serviço, bem como, sem justa causa, a limites quantitativos;

• *A Resolução n. 80, de 11 de maio de 2006, da Agência Nacional de Vigilância Sanitária — ANVISA, dispõe sobre fracionamento de medicamentos.*

II — recusar atendimento às demandas dos consumidores, na exata medida de suas disponibilidades de estoque, e, ainda, de conformidade com os usos e costumes;

III — enviar ou entregar ao consumidor, sem solicitação prévia, qualquer produto, ou fornecer qualquer serviço;

IV — prevalecer-se da fraqueza ou ignorância do consumidor, tendo em vista sua idade, saúde, conhecimento ou condição social, para impingir-lhe seus produtos ou serviços;

V — exigir do consumidor vantagem manifestamente excessiva;

• *A Portaria n. 7, de 3 de setembro de 2003, da Secretaria de Direito Econômico, considera abusiva, nos termos deste inciso, a interrupção da internação hospitalar em leito clínico, cirúrgico ou em centro de terapia intensiva ou similar, por motivos alheios a prescrições médicas.*

VI — executar serviços sem a prévia elaboração de orçamento e autorização expressa do consumidor, ressalvadas as decorrentes de práticas anteriores entre as partes;

VII — repassar informação depreciativa referente a ato praticado pelo consumidor no exercício de seus direitos;

VIII — colocar, no mercado de consumo, qualquer produto ou serviço em desacordo com as normas expedidas pelos órgãos oficiais competentes ou, se Normas específicas não existirem, pela Associação Brasileira de Normas Técnicas ou outra entidade credenciada pelo Conselho Nacional de Metrologia, Normalização e Qualidade Industrial — CONMETRO;

• *"As Normas Técnicas consensuais ou voluntárias são, por sua natureza e origem, de cumprimento facultativo" (Súmula 2, de 19-4-1993, do Departamento de Proteção e Defesa do Consumidor).*

IX — recusar a venda de bens ou a prestação de serviços, diretamente a quem se disponha a adquiri-los mediante pronto pagamento, ressalvados os casos de intermediação regulados em leis especiais;

•• *Inciso IX com redação determinada pela Lei n. 8.884, de 11 de junho de 1994.*

X — elevar sem justa causa o preço de produtos ou serviços;

•• *Inciso X com redação determinada pela Lei n. 8.884, de 11 de junho de 1994.*

XI — aplicar fórmula ou índice de reajuste diverso do legal ou contratualmente estabelecido;

•• *Inciso XI acrescentado pela Lei n. 8.884, de 11 de junho de 1994.*

•• *A Medida Provisória n. 1.890-7, de 22 de outubro de 1999, que foi convertida na Lei n. 9.870, de 23 de novembro de 1999, acrescentava o inciso XI a este artigo. Porém, na conversão passou a acrescentar o inciso XIII, com redação idêntica, sem mencionar o inciso XI. Mantivemos como inciso XI por entendermos tratar-se de erro de publicação.*

XII – deixar de estipular prazo para o cumprimento de sua obrigação ou deixar a fixação de seu termo inicial a seu exclusivo critério.

•• *Inciso XII acrescentado pela Lei n. 8.884, de 11 de junho de 1994.*

Parágrafo único. Os serviços prestados e os produtos remetidos ou entregues ao consumidor, na hipótese prevista no inciso III, equiparam-se às amostras grátis, inexistindo obrigação de pagamento.

Art. 40. O fornecedor de serviço será obrigado a entregar ao consumidor orçamento prévio discriminando o valor da mão de obra, dos materiais e equipamentos a serem empregados, as condições de pagamento, bem como as datas de início e término dos serviços.

§ 1º Salvo estipulação em contrário, o valor orçado terá validade pelo prazo de 10 (dez) dias, contados de seu recebimento pelo consumidor.

§ 2º Uma vez aprovado pelo consumidor o orçamento obriga os contraentes e somente pode ser alterado mediante livre negociação das partes.

§ 3º O consumidor não responde por quaisquer ônus ou acréscimos decorrentes da contratação de serviços de terceiros, não previstos no orçamento prévio.

Art. 41. No caso de fornecimento de produtos ou de serviços sujeitos ao regime de controle ou de tabelamento de preços, os fornecedores deverão respeitar os limites oficiais sob pena de, não o fazendo, responderem pela restituição da quantia recebida em excesso, monetariamente atualizada, podendo o consumidor exigir, à sua escolha, o desfazimento do negócio, sem prejuízo de outras sanções cabíveis.

Seção V
Da Cobrança de Dívidas

Art. 42. Na cobrança de débitos o consumidor inadimplente não será exposto a ridículo, nem será submetido a qualquer tipo de constrangimento ou ameaça.

Parágrafo único. O consumidor cobrado em quantia indevida tem direito à repetição do indébito, por valor igual ao dobro do que pagou em excesso, acrescido de correção monetária e juros legais, salvo hipótese de engano justificável.

Art. 42-A. Em todos os documentos de cobrança de débitos apresentados ao consumidor, deverão constar o nome, o endereço e o número de inscrição no Cadastro de Pessoas Físicas – CPF ou no Cadastro Nacional de Pessoa Jurídica CNPJ do fornecedor do produto ou serviço correspondente.

•• *Artigo acrescentado pela Lei n. 12.039, de 1.º de outubro de 2009.*

Seção VI
Dos Bancos de Dados e Cadastros de Consumidores

Art. 43. O consumidor, sem prejuízo do disposto no art. 86, terá acesso às informações existentes em cadastros, fichas, registros e dados pessoais e de consumo arquivados sobre ele, bem como sobre as suas respectivas fontes.

§ 1º Os cadastros e dados de consumidores devem ser objetivos, claros, verdadeiros e em linguagem de fácil compreensão, não podendo conter informações negativas referentes a período superior a 5 (cinco) anos.

• Vide *Súmula 323 do STJ.*

§ 2º A abertura de cadastro, ficha, registro e dados pessoais e de consumo deverá ser comunicada por escrito ao consumidor, quando não solicitada por ele.

§ 3º O consumidor, sempre que encontrar inexatidão nos seus dados e cadastros, poderá exigir sua imediata correção, devendo o arquivista, no prazo de 5 (cinco) dias úteis, comunicar a alteração aos eventuais destinatários das informações incorretas.

• *A Circular n. 2.065, de 17 de outubro de 1991, do Banco Central do Brasil, altera os prazos previstos para comando de exclusão de nomes de correntistas do cadastro de emitentes de cheques sem fundos.*

• Vide *Súmulas 385 e 404 do STJ.*

§ 4º Os bancos de dados e cadastros relativos a consumidores, os serviços de proteção ao crédito e congêneres são considerados entidades de caráter público.

§ 5º Consumada a prescrição relativa à cobrança de débitos do consumidor, não serão fornecidas, pelos respectivos Sistemas de Proteção ao Crédito, quaisquer informações que possam impedir ou dificultar novo acesso ao crédito junto aos fornecedores.

Art. 44. Os órgãos públicos de defesa do consumidor manterão cadastros atualizados de reclamações fundamentadas contra fornecedores de produtos e serviços, devendo divulgá-los pública e anualmente. A divulgação indicará se a reclamação foi atendida ou não pelo fornecedor.

• Vide *arts. 3º, XIII, 4º, V, e 57 do Decreto n. 2.181, de 20 de março de 1997.*

§ 1º É facultado o acesso às informações lá constantes para orientação e consulta por qualquer interessado.

§ 2º Aplicam-se a este artigo, no que couber, as mesmas regras enunciadas no artigo anterior e as do parágrafo único do art. 22 deste Código.

Art. 45. (*Vetado.*)

•• *Redação do texto vetado: "As infrações ao disposto neste Capítulo, além de perdas e danos, indenização por danos morais, perda dos juros e outras sanções cabíveis, ficam sujeitas à multa de natureza civil, proporcional à gravidade da infração e à condição econômica do infrator, cominada pelo juiz na ação proposta por qualquer dos legitimados à defesa do consumidor em juízo".*

Capítulo VI
DA PROTEÇÃO CONTRATUAL

Seção I
Disposições Gerais

Art. 46. Os contratos que regulam as relações de consumo não obrigarão os consumidores se não lhes for dada a oportunidade de tomar conhecimento prévio de seu conteúdo, ou se os respectivos instrumentos forem redigidos de modo a dificultar a compreensão de seu sentido e alcance.

Art. 47. As cláusulas contratuais serão interpretadas de maneira mais favorável ao consumidor.

Art. 48. As declarações de vontade constantes de escritos particulares, recibos e pré-contratos relativos às relações de consumo, vinculam o fornecedor, ensejando inclusive execução específica, nos termos do art. 84 e parágrafos.

Art. 49. O consumidor pode desistir do contrato, no prazo de 7 (sete) dias a contar de sua assinatura ou do ato de recebimento do produto ou serviço, sempre que a contratação de fornecimento de produtos e serviços ocorrer fora do estabelecimento comercial, especialmente por telefone ou a domicílio.

Parágrafo único. Se o consumidor exercitar o direito de arrependimento previsto neste artigo, os valores eventualmente pagos, a qualquer título, durante o prazo de reflexão, serão devolvidos, de imediato, monetariamente atualizados.

Art. 50. A garantia contratual é complementar à legal e será conferida mediante termo escrito.

Parágrafo único. O termo de garantia ou equivalente deve ser padronizado e esclarecer, de maneira adequada, em que consiste a mesma garantia, bem como a forma, o prazo e o lugar em que pode ser exercitada e os ônus a cargo do consumidor, devendo ser-lhe entregue, devidamente preenchido pelo fornecedor, no ato do fornecimento, acompanhado de manual de instrução, de instalação e uso de produto em linguagem didática, com ilustrações.

- Vide *art. 13, XIX, do Decreto n. 2.181, de 20 de março de 1997.*
- *A Resolução n. 122, de 3 de maio de 2005, do Conselho Nacional de Seguros Privados, regulamenta a oferta de seguro de garantia estendida, quando da aquisição de bens ou durante a vigência de sua garantia original de fábrica.*

Seção II
Das Cláusulas Abusivas

- Vide *Decreto n. 2.181, de 20 de março de 1997.*
- Vide *Portaria n. 4, de 13 de março de 1998, da Secretaria de Direito Econômico do Ministério da Justiça.*
- Vide *Portaria n. 3, de 19 de março de 1999, da Secretaria de Direito Econômico do Ministério da Justiça.*
- Vide *Portaria n. 3, de 15 de março de 2001, da Secretaria de Direito Econômico do Ministério da Justiça.*
- Vide *Portaria n. 5, de 27 de agosto de 2002, da Secretaria de Direito Econômico do Ministério da Justiça.*

Art. 51. São nulas de pleno direito, entre outras, as cláusulas contratuais relativas ao fornecimento de produtos e serviços que:

I — impossibilitem, exonerem ou atenuem a responsabilidade do fornecedor por vícios de qualquer natureza dos produtos e serviços ou impliquem renúncia ou disposição de direitos. Nas relações de consumo entre o fornecedor e o consumidor-pessoa jurídica, a indenização poderá ser limitada, em situações justificáveis;

II — subtraiam ao consumidor a opção de reembolso da quantia já paga, nos casos previstos neste Código;

III — transfiram responsabilidades a terceiros;

IV — estabeleçam obrigações consideradas iníquas, abusivas, que coloquem o consumidor em desvantagem exagerada, ou sejam incompatíveis com a boa-fé ou a equidade;

V — (*Vetado.*)

•• *Redação do texto vetado: "segundo as circunstâncias, e em particular, segundo a aparência global do contrato, venham, após sua conclusão, a surpreender o consumidor;".*

VI — estabeleçam inversão do ônus da prova em prejuízo do consumidor;

VII — determinem a utilização compulsória de arbitragem;

VIII — imponham representante para concluir ou realizar outro negócio jurídico pelo consumidor;

IX — deixem ao fornecedor a opção de concluir ou não o contrato, embora obrigando o consumidor;

X — permitam ao fornecedor, direta ou indiretamente, variação do preço de maneira unilateral;

XI — autorizem o fornecedor a cancelar o contrato unilateralmente, sem que igual direito seja conferido ao consumidor;

XII — obriguem o consumidor a ressarcir os custos de cobrança de sua obrigação, sem que igual direito lhe seja conferido contra o fornecedor;

XIII — autorizem o fornecedor a modificar unilateralmente o conteúdo ou a qualidade do contrato, após sua celebração;

XIV — infrinjam ou possibilitem a violação de normas ambientais;

XV — estejam em desacordo com o sistema de proteção ao consumidor;

XVI — possibilitem a renúncia do direito de indenização por benfeitorias necessárias.

§ 1º Presume-se exagerada, entre outros casos, a vantagem que:

I — ofende os princípios fundamentais do sistema jurídico a que pertence;

II — restringe direitos ou obrigações fundamentais inerentes à natureza do contrato, de tal modo a ameaçar seu objeto ou o equilíbrio contratual;

III — se mostra excessivamente onerosa para o consumidor, considerando-se a natureza e conteúdo do contrato, o interesse das partes e outras circunstâncias peculiares ao caso.

§ 2º A nulidade de uma cláusula contratual abusiva não invalida o contrato, exceto quando de sua ausência, apesar dos esforços de integração, decorrer ônus excessivo a qualquer das partes.

§ 3º (*Vetado.*)

•• *Redação do texto vetado: "O Ministério Público, mediante inquérito civil, pode efetuar o controle administrativo abstrato e preventivo das cláusulas contratuais gerais, cuja decisão terá caráter geral".*

§ 4º É facultado a qualquer consumidor ou entidade que o represente requerer ao Ministério Público que ajuíze a competente ação para ser declarada a nulidade de cláusula contratual que contrarie o disposto neste Código ou de qualquer forma não assegure o justo equilíbrio entre direitos e obrigações das partes.

Art. 52. No fornecimento de produtos ou serviços que envolva outorga de crédito ou concessão de financiamento ao consumidor, o fornecedor deverá, entre outros requisitos, informá-lo prévia e adequadamente sobre:

I — preço do produto ou serviço em moeda corrente nacional;

II — montante dos juros de mora e da taxa efetiva anual de juros;

III — acréscimos legalmente previstos;

IV — número e periodicidade das prestações;

V — soma total a pagar, com e sem financiamento.

§ 1º As multas de mora decorrentes do inadimplemento de obrigações no seu termo não poderão ser superiores a 2% (dois por cento) do valor da prestação.

•• *§ 1º com redação determinada pela Lei n. 9.298, de 1º de agosto de 1996.*

• Vide *art. 22, XIX, do Decreto n. 2.181, de 20 de março de 1997.*

• Vide *Portaria n. 3, de 19 de março de 1999.*

§ 2º É assegurada ao consumidor a liquidação antecipada do débito, total ou parcialmente, mediante redução proporcional dos juros e demais acréscimos.

§ 3º (*Vetado.*)

•• *Redação do texto vetado: "O fornecedor ficará sujeito a multa civil e perda dos juros, além de outras sanções cabíveis, se descumprir o disposto neste artigo".*

Art. 53. Nos contratos de compra e venda de móveis ou imóveis mediante pagamento em prestações, bem como nas alienações fiduciárias em garantia, consideram-se nulas de pleno direito as cláusulas que estabeleçam a perda total das prestações pagas em benefício do credor que, em razão do inadimplemento, pleitear a resolução do contrato e a retomada do produto alienado.

§ 1º (*Vetado.*)

•• *Redação do texto vetado: "Na hipótese prevista neste artigo, o devedor inadimplente terá direito a compensação ou à restituição das parcelas quitadas à data da resolução contratual, monetariamente atualizada, descontada a vantagem econômica auferida com a fruição".*

§ 2º Nos contratos do sistema de consórcio de produtos duráveis, a compensação ou a restituição das parcelas quitadas, na forma deste artigo, terá descontada, além da vantagem econômica auferida com a fruição, os prejuízos que o desistente ou inadimplente causar ao grupo.

•• *A Lei n. 11.795, de 8 de outubro de 2008, dispõe sobre o Sistema de Consórcio.*

• *A Circular n. 3.085, de 7 de fevereiro de 2002, do Banco Central do Brasil, dispõe sobre procedimentos a serem observados pela administradora de consórcio na contratação de operações e na prestação de serviços aos consorciados.*

§ 3º Os contratos de que trata o *caput* deste artigo serão expressos em moeda corrente nacional.

Seção III
Dos Contratos de Adesão

• *Dos Contratos de Adesão no Código Civil: arts. 423 e 424.*

Art. 54. Contrato de adesão é aquele cujas cláusulas tenham sido aprovadas pela autoridade competente ou estabelecidas unilateralmente pelo fornecedor de produtos ou serviços, sem que o consumidor possa discutir ou modificar substancialmente seu conteúdo.

§ 1º A inserção de cláusula no formulário não desfigura a natureza de adesão do contrato.

§ 2º Nos contratos de adesão admite-se cláusula resolutória, desde que alternativa, cabendo a escolha ao consumidor, ressalvando-se o disposto no § 2º do artigo anterior.

§ 3º Os contratos de adesão escritos serão redigidos em termos claros e com caracteres ostensivos e legíveis, cujo tamanho da fonte não será inferior ao corpo doze, de modo a facilitar sua compreensão pelo consumidor.

•• *§ 3º com redação determinada pela Lei n. 11.785, de 22 de setembro de 2008.*

§ 4º As cláusulas que implicarem limitação de direito do consumidor deverão ser redigidas com destaque, permitindo sua imediata e fácil compreensão.

§ 5º (*Vetado.*)

•• *Redação do texto vetado: "Cópia do formulário-padrão será remetida ao Ministério Público que, mediante inquérito civil, poderá efetuar o controle preventivo das cláusulas gerais dos contratos de adesão".*

Capítulo VII
DAS SANÇÕES ADMINISTRATIVAS

- *Sanções administrativas: Decreto n. 2.181, de 20 de março de 1997.*
- *A Portaria n. 789, de 24 de agosto de 2001, do Ministério da Justiça, regula a comunicação, no âmbito do Departamento de Proteção e Defesa do Consumidor — DPDC, relativa à periculosidade de produtos e serviços já introduzidos no mercado de consumo, estabelecendo que o não cumprimento às determinações desta portaria sujeitará o fornecedor às sanções previstas neste Capítulo.*

Art. 55. A União, os Estados e o Distrito Federal, em caráter concorrente e nas suas respectivas áreas de atuação administrativa, baixarão normas relativas à produção, industrialização, distribuição e consumo de produtos e serviços.

§ 1º A União, os Estados, o Distrito Federal e os Municípios fiscalizarão e controlarão a produção, industrialização, distribuição, a publicidade de produtos e serviços e o mercado de consumo, no interesse da preservação da vida, da saúde, da segurança, da informação e do bem-estar do consumidor, baixando as normas que se fizerem necessárias.

- Vide *notas ao art. 9º desta Lei.*

§ 2º (*Vetado.*)

•• *Redação do texto vetado: "As normas referidas no parágrafo anterior deverão ser uniformizadas, revistas e atualizadas, a cada 2 (dois) anos".*

§ 3º Os órgãos federais, estaduais, do Distrito Federal e municipais com atribuições para fiscalizar e controlar o mercado de consumo manterão comissões permanentes para elaboração, revisão e atualização das normas referidas no § 1º, sendo obrigatória a participação dos consumidores e fornecedores.

§ 4º Os órgãos oficiais poderão expedir notificações aos fornecedores para que, sob pena de desobediência, prestem informações sobre questões de interesse do consumidor, resguardado o segredo industrial.

- Vide *art. 33, § 1º, do Decreto n. 2.181, de 20 de março de 1997.*
- *O Decreto s/n., de 28 de setembro de 1995, cria a Comissão Nacional Permanente de Defesa do Consumidor.*

Art. 56. As infrações das normas de defesa do consumidor ficam sujeitas, conforme o caso, às seguintes sanções administrativas, sem prejuízo das de natureza civil, penal e das definidas em normas específicas:

- Vide *Lei n. 9.832, de 14 de setembro de 1999.*

I — multa;

- *Sobre a multa de que trata este inciso,* vide *art. 29 do Decreto n. 2.181, de 20 de março de 1997.*

II — apreensão do produto;

III — inutilização do produto;

IV — cassação do registro do produto junto ao órgão competente;

V — proibição de fabricação do produto;

VI — suspensão de fornecimento de produtos ou serviço;

VII — suspensão temporária de atividade;

VIII — revogação de concessão ou permissão de uso;

IX — cassação de licença do estabelecimento ou de atividade;

X — interdição, total ou parcial, de estabelecimento, de obra ou de atividade;

XI — intervenção administrativa;

XII — imposição de contrapropaganda.

- Vide *Lei n. 9.832, de 14 de setembro de 1999.*

Parágrafo único. As sanções previstas neste artigo serão aplicadas pela autoridade administrativa, no âmbito de sua atribuição, podendo ser aplicadas cumulativamente, inclusive por medida cautelar antecedente ou incidente de procedimento administrativo.

- Vide *art. 8º da Lei n. 10.742, de 6 de outubro de 2003.*

Art. 57. A pena de multa, graduada de acordo com a gravidade da infração, a vantagem auferida e a condição econômica do fornecedor, será aplicada mediante procedimento administrativo, revertendo para o Fundo de que trata a Lei n. 7.347, de 24 de julho de 1985, os valores cabíveis à União, ou para os Fundos estaduais ou municipais de proteção ao consumidor nos demais casos.

•• Caput *com redação determinada pela Lei n. 8.656, de 21 de maio de 1993.*

- *O Decreto n. 1.306, de 9 de novembro de 1994, regulamenta o Fundo de Defesa de Direitos Difusos.*
- Vide *art. 29 do Decreto n. 2.181, de 20 de março de 1997.*

Parágrafo único. A multa será em montante não inferior a duzentas e não superior a três milhões de vezes o valor da Unidade Fiscal de Referência (UFIR), ou índice equivalente que venha a substituí-lo.

•• *Parágrafo único acrescentado pela Lei n. 8.703, de 6 de setembro de 1993.*

- Vide *art. 28 do Decreto n. 2.181, de 20 de março de 1997.*

Art. 58. As penas de apreensão, de inutilização de produtos, de proibição de fabricação de produtos, de suspensão do fornecimento de produto ou serviço, de cassação do registro do produto e revogação da concessão ou permissão de uso serão aplicadas pela administração, mediante procedimento administrativo, assegurada ampla defesa, quando forem constatados vícios de quantidade ou de qualidade por inadequação ou insegurança do produto ou serviço.

Art. 59. As penas de cassação de alvará de licença, de interdição e de suspensão temporária da atividade, bem como a de intervenção administrativa serão aplicadas mediante procedimento administrativo, assegurada ampla defesa, quando o fornecedor reincidir na prática das infrações de maior gravidade previstas neste Código e na legislação de consumo.

§ 1º A pena de cassação da concessão será aplicada à concessionária de serviço público quando violar obrigação legal ou contratual.

§ 2º A pena de intervenção administrativa será aplicada sempre que as circunstâncias de fato desaconselharem a cassação de licença, a interdição ou suspensão da atividade.

§ 3º Pendendo ação judicial na qual se discuta a imposição de penalidade administrativa, não haverá reincidência até o trânsito em julgado da sentença.

Art. 60. A imposição de contrapropaganda será cominada quando o fornecedor incorrer na prática de publicidade enganosa ou abusiva, nos termos do art. 36 e seus parágrafos, sempre às expensas do infrator.

•• *Onde se lê art. 36 e seus parágrafos, acreditamos seja art. 37 e parágrafos.*

§ 1º A contrapropaganda será divulgada pelo responsável da mesma forma, frequência e dimensão e, preferencialmente no mesmo veículo, local, espaço e horário, de forma capaz de desfazer o malefício da publicidade enganosa ou abusiva.

• Vide *art. 47 do Decreto n. 2.181, de 20 de março de 1997.*

§ 2º (*Vetado.*)

•• *Redação do texto vetado: "A contrapropaganda será aplicada pelos órgãos públicos competentes da proteção ao consumidor, mediante procedimento administrativo, assegurada ampla defesa, cabendo recurso para o Ministro de Estado da respectiva área de atuação administrativa, quando a mensagem publicitária for de âmbito nacional".*

§ 3º (*Vetado.*)

•• *Redação do texto vetado: "Enquanto não promover a contrapropaganda, o fornecedor, além de multa diária e outras sanções, ficará impedido de efetuar, por qualquer meio, publicidade de seus produtos e serviços".*

Título II

DAS INFRAÇÕES PENAIS

• Vide *Lei n. 8.137, de 27 de dezembro de 1990.*

Art. 61. Constituem crimes contra as relações de consumo previstas neste Código, sem prejuízo do disposto no Código Penal e leis especiais, as condutas tipificadas nos artigos seguintes.

Art. 62. (*Vetado.*)

•• *Redação do texto vetado: "Colocar no mercado, fornecer ou expor para fornecimento produtos ou serviços impróprios:*

Pena — Detenção de 6 (seis) meses a 2 (dois) anos e multa.

§ 1º Se o crime é culposo:

Pena — Detenção de 3 (três) meses a 1 (um) ano ou multa.

§ 2º As penas deste artigo são aplicáveis sem prejuízo das correspondentes à lesão corporal e à morte".

Art. 63. Omitir dizeres ou sinais ostensivos sobre a nocividade ou periculosidade de produtos, nas embalagens, nos invólucros, recipientes ou publicidade:

Pena — Detenção de 6 (seis) meses a 2 (dois) anos e multa.

§ 1º Incorrerá nas mesmas penas quem deixar de alertar, mediante recomendações escritas ostensivas, sobre a periculosidade do serviço a ser prestado.

§ 2º Se o crime é culposo:

Pena — Detenção de 1 (um) a 6 (seis) meses ou multa.

Art. 64. Deixar de comunicar à autoridade competente e aos consumidores a nocividade ou periculosidade de produtos cujo conhecimento seja posterior à sua colocação no mercado:

Pena — Detenção de 6 (seis) meses a 2 (dois) anos e multa.

Parágrafo único. Incorrerá nas mesmas penas quem deixar de retirar do mercado, imediatamente quando determinado pela autoridade competente, os produtos nocivos ou perigosos, na forma deste artigo.

Art. 65. Executar serviço de alto grau de periculosidade, contrariando determinação de autoridade competente:

Pena — Detenção de 6 (seis) meses a 2 (dois) anos e multa.

Parágrafo único. As penas deste artigo são aplicáveis sem prejuízo das correspondentes à lesão corporal e à morte.

Art. 66. Fazer afirmação falsa ou enganosa, ou omitir informação relevante sobre a natureza, característica, qualidade, quantidade, segurança, desempenho, durabilidade, preço ou garantia de produtos ou serviços:

Pena — Detenção de 3 (três) meses a 1 (um) ano e multa.

§ 1º Incorrerá nas mesmas penas quem patrocinar a oferta.

§ 2º Se o crime é culposo:

Pena — Detenção de 1 (um) a 6 (seis) meses ou multa.

Art. 67. Fazer ou promover publicidade que sabe ou deveria saber ser enganosa ou abusiva:

Pena — Detenção de 3 (três) meses a 1 (um) ano e multa.

Parágrafo único. (*Vetado.*)

•• *Redação do texto vetado: "Incorrerá nas mesmas penas quem fizer ou promover publicidade de modo que dificulte sua identificação imediata".*

Art. 68. Fazer ou promover publicidade que sabe ou deveria saber ser capaz de induzir o consumidor a se comportar de forma prejudicial ou perigosa a sua saúde ou segurança:

Pena — Detenção de 6 (seis) meses a 2 (dois) anos e multa.

Parágrafo único. (*Vetado.*)

•• *Redação do texto vetado: "Incorrerá nas mesmas penas quem fizer ou promover publicidade sabendo-se incapaz de atender a demanda".*

Art. 69. Deixar de organizar dados fáticos, técnicos e científicos que dão base à publicidade:

Pena — Detenção de 1 (um) a 6 (seis) meses ou multa.

Art. 70. Empregar, na reparação de produtos, peças ou componentes de reposição usados, sem autorização do consumidor:

Pena — Detenção de 3 (três) meses a 1 (um) ano e multa.

Art. 71. Utilizar, na cobrança de dívidas, de ameaça, coação, constrangimento físico ou moral, afirmações falsas, incorretas ou enganosas ou de qualquer outro procedimento que exponha o consumidor, injustificadamente, a ridículo ou interfira com seu trabalho, descanso ou lazer:

Pena — Detenção de 3 (três) meses a 1 (um) ano e multa.

Art. 72. Impedir ou dificultar o acesso do consumidor às informações que sobre ele constem em cadastros, banco de dados, fichas e registros:

Pena — Detenção de 6 (seis) meses a 1 (um) ano ou multa.

Art. 73. Deixar de corrigir imediatamente informação sobre consumidor constante de cadastro, banco de dados, fichas ou registros que sabe ou deveria saber ser inexata:

Pena — Detenção de 1 (um) a 6 (seis) meses ou multa.

Art. 74. Deixar de entregar ao consumidor o termo de garantia adequadamente preenchido e com especificação clara de seu conteúdo:

Pena — Detenção de 1 (um) a 6 (seis) meses ou multa.

Art. 75. Quem, de qualquer forma, concorrer para os crimes referidos neste Código incide nas penas a esses cominadas na medida de sua culpabilidade, bem como o diretor, administrador ou gerente da pessoa jurídica que promover, permitir ou por qualquer modo aprovar o fornecimento, oferta, exposição à venda ou manutenção em depósito de produtos ou a oferta e prestação de serviços nas condições por ele proibidas.

Art. 76. São circunstâncias agravantes dos crimes tipificados neste Código:

I — serem cometidos em época de grave crise econômica ou por ocasião de calamidade;

II — ocasionarem grave dano individual ou coletivo;

III — dissimular-se a natureza ilícita do procedimento;

IV — quando cometidos:

a) por servidor público, ou por pessoa cuja condição econômico-social seja manifestamente superior à da vítima;

b) em detrimento de operário ou rurícola; de menor de 18 (dezoito) ou maior de 60 (sessenta) anos ou de pessoas portadoras de deficiência mental, interditadas ou não;

V — serem praticados em operações que envolvam alimentos, medicamentos ou quaisquer outros produtos ou serviços essenciais.

Art. 77. A pena pecuniária prevista nesta Secção será fixada em dias-multa, correspondente ao mínimo e ao máximo de dias de duração da pena privativa da liberdade cominada ao crime. Na individualização desta multa, o juiz observará o disposto no art. 60, § 1º, do Código Penal.

- *Citado dispositivo consta deste volume.*

Art. 78. Além das penas privativas de liberdade e de multa, podem ser impostas, cumulativa ou alternadamente, observado o disposto nos arts. 44 a 47, do Código Penal:

I — a interdição temporária de direitos;

II — a publicação em órgãos de comunicação de grande circulação ou audiência, às expensas do condenado, de notícia sobre os fatos e a condenação;

III — a prestação de serviços à comunidade.

- *Citados dispositivos constam deste volume.*

Art. 79. O valor da fiança, nas infrações de que trata este Código, será fixado pelo juiz, ou pela autoridade que presidir o inquérito, entre 100 (cem) e 200.000 (duzentas mil) vezes o valor do Bônus do Tesouro Nacional — BTN, ou índice equivalente que venha substituí-lo.

Parágrafo único. Se assim recomendar a situação econômica do indiciado ou réu, a fiança poderá ser:

a) reduzida até a metade de seu valor mínimo;

b) aumentada pelo juiz até 20 (vinte) vezes.

Art. 80. No processo penal atinente aos crimes previstos neste Código, bem como a outros crimes e contravenções que envolvam relações de consumo, poderão intervir, como assistentes do Ministério Público, os legitimados indicados no art. 82, incisos III e IV, aos quais também é facultado propor ação penal subsidiária, se a denúncia não for oferecida no prazo legal.

Título III
DA DEFESA DO CONSUMIDOR EM JUÍZO

• *Sistema Nacional de Defesa do Consumidor: Decreto n. 2.181, de 20 de março de 1997.*

• Vide *art. 40 da Lei n. 10.671, de 15 de maio de 2003.*

Capítulo I
DISPOSIÇÕES GERAIS

Art. 81. A defesa dos interesses e direitos dos consumidores e das vítimas poderá ser exercida em juízo individualmente, ou a título coletivo.

• *Taxa processual sobre processos de competência do Conselho Administrativo de Defesa Econômica — CADE: Lei n. 9.781, de 19 de janeiro de 1999, regulamentada pelo Decreto n. 2.978, de 2 de março de 1999.*

Parágrafo único. A defesa coletiva será exercida quando se tratar de:

I — interesses ou direitos difusos, assim entendidos, para efeitos deste Código, os transindividuais, de natureza indivisível, de que sejam titulares pessoas indeterminadas e ligadas por circunstâncias de fato;

II — interesses ou direitos coletivos, assim entendidos, para efeitos deste Código, os transindividuais de natureza indivisível de que seja titular grupo, categoria ou classe de pessoas ligadas entre si ou com a parte contrária por uma relação jurídica base;

III — interesses ou direitos individuais homogêneos, assim entendidos os decorrentes de origem comum.

•• *A Lei n. 10.259, de 12 de julho de 2001, que institui os Juizados Especiais Cíveis e Criminais no âmbito da Justiça Federal, dispõe em seu art. 3º, § 1º, I, que não se incluem na competência desses Juizados as demandas sobre direitos ou interesses difusos, coletivos ou individuais homogêneos.*

Art. 82. Para os fins do art. 81, parágrafo único, são legitimados concorrentemente:

•• Caput *com redação determinada pela Lei n. 9.008, de 21 de março de 1995.*

• Vide *art. 29 da Lei n. 8.884, de 11 de junho de 1994.*

• Vide *art. 56, § 3º, do Decreto n. 2.181, de 20 de março de 1997.*

I — o Ministério Público;

II — a União, os Estados, os Municípios e o Distrito Federal;

III — as entidades e órgãos da administração pública, direta ou indireta, ainda que sem personalidade jurídica, especificamente destinados à defesa dos interesses e direitos protegidos por este Código;

IV — as associações legalmente constituídas há pelo menos um ano e que incluam entre seus fins institucionais a defesa dos interesses e direitos protegidos por este Código, dispensada a autorização assemblear.

• *Vide art. 8º, II, do Decreto n. 2.181, de 20 de março de 1997.*

§ 1º O requisito da pré-constituição pode ser dispensado pelo juiz, nas ações previstas no art. 91 e seguintes, quando haja manifesto interesse social evidenciado pela dimensão ou característica do dano, ou pela relevância do bem jurídico a ser protegido.

§ 2º (*Vetado.*)

•• *Redação do texto vetado: "Admitir-se-á o litisconsórcio facultativo entre os Ministérios Públicos da União, do Distrito Federal e dos Estados na defesa dos interesses e direitos de que cuida este Código".*

§ 3º (*Vetado.*)

•• *Redação do texto vetado: "Os órgãos públicos legitimados poderão tomar dos interessados compromisso de ajustamento de sua conduta às exigências legais, mediante cominações, que terá eficácia de título executivo extrajudicial".*

Art. 83. Para a defesa dos direitos e interesses protegidos por este Código são admissíveis todas as espécies de ações capazes de propiciar sua adequada e efetiva tutela.

• *Juizados Especiais Cíveis: Lei n. 9.099, de 26 de setembro de 1995.*

• *Juizados Especiais Federais Cíveis: Lei n. 10.259, de 12 de julho de 2001.*

Parágrafo único. (*Vetado.*)

•• *Redação do texto vetado: "Poderá ser ajuizada, pelos legitimados no artigo anterior ou por qualquer outro interessado, ação visando o controle abstrato e preventivo das cláusulas contratuais gerais".*

Art. 84. Na ação que tenha por objeto o cumprimento da obrigação de fazer ou não fazer, o juiz concederá a tutela específica da obrigação ou determinará providências que assegurem o resultado prático equivalente ao do adimplemento.

§ 1º A conversão da obrigação em perdas e danos somente será admissível se por elas optar o autor ou se impossível a tutela específica ou a obtenção do resultado prático correspondente.

§ 2º A indenização por perdas e danos se fará sem prejuízo da multa (art. 287 do CPC).

•• *Estabelece citado dispositivo:*

"Art. 287. Se o autor pedir que seja imposta ao réu a abstenção da prática de algum ato, tolerar alguma atividade, prestar ato ou entregar coisa, poderá requerer cominação de pena pecuniária para o caso de descumprimento da sentença ou da decisão antecipatória de tutela (arts. 461, § 4º, e 461-A)".

§ 3º Sendo relevante o fundamento da demanda e havendo justificado receio de ineficácia do provimento final, é lícito ao juiz conceder a tutela liminarmente ou após justificação prévia, citado o réu.

• *A Lei n. 9.494, de 10 de setembro de 1997, disciplina a aplicação da tutela antecipada contra a Fazenda Pública.*

§ 4º O juiz poderá, na hipótese do § 3º ou na sentença, impor multa diária ao réu, independentemente de pedido do autor, se for suficiente ou compatível com a obrigação, fixando prazo razoável para o cumprimento do preceito.

§ 5º Para a tutela específica ou para a obtenção do resultado prático equivalente, poderá o juiz determinar as medidas necessárias, tais como busca e apreensão, remoção de coisas e pessoas, desfazimento de obra, impedimento de atividade nociva, além de requisição de força policial.

Art. 85. (*Vetado.*)

•• *Redação do texto vetado: "Contra atos ilegais ou abusivos de pessoas físicas ou jurídicas que lesem direito líquido e certo, individual, coletivo ou difuso, previsto neste Código, caberá ação mandamental que se regerá pelas normas de lei do mandado de segurança".*

Art. 86. (*Vetado.*)

•• *Redação do texto vetado: "Aplica-se o 'habeas data' à tutela dos direitos e interesses dos consumidores".*

Art. 87. Nas ações coletivas de que trata este Código não haverá adiantamento de custas, emolumentos, honorários periciais e quaisquer outras despesas, nem condenação da associação autora, salvo comprovada má-fé, em honorários de advogados, custas e despesas processuais.

Parágrafo único. Em caso de litigância de má-fé, a associação autora e os diretores responsáveis pela propositura da ação serão solidariamente condenados em honorários advocatícios e ao décuplo das custas, sem prejuízo da responsabilidade por perdas e danos.

Art. 88. Na hipótese do art. 13, parágrafo único, deste Código, a ação de regresso poderá ser ajuizada em processo autônomo, facultada a possibilidade de prosseguir-se nos mesmos autos, vedada a denunciação da lide.

Art. 89. (*Vetado.*)

•• *Redação do texto vetado: "As normas deste Título aplicam-se, no que for cabível, a outros direitos ou interesses difusos, coletivos e individuais homogêneos, tratados coletivamente".*

Art. 90. Aplicam-se às ações previstas neste Título as normas do Código de Processo Civil e da Lei n. 7.347, de 24 de julho de 1985, inclusive no que respeita ao inquérito civil, naquilo que não contrariar suas disposições.

•• *A Lei n. 9.099, de 26 de setembro de 1995, atribui em seu art. 3º, I, competência aos Juizados Especiais Cíveis para conciliação, processo e julgamento das causas cujo valor não exceda a 40 (quarenta) vezes o salário-mínimo.*

• *A Lei citada consta deste volume.*

• *Vide nota ao art. 83 desta Lei.*

Capítulo II
DAS AÇÕES COLETIVAS PARA A DEFESA DE INTERESSES INDIVIDUAIS HOMOGÊNEOS

Art. 91. Os legitimados de que trata o art. 82 poderão propor, em nome próprio e no interesse das vítimas ou seus sucessores, ação civil coletiva de responsabilidade pelos danos individualmente sofridos, de acordo com o disposto nos artigos seguintes.

•• *Artigo com redação determinada pela Lei n. 9.008, de 21 de março de 1995.*

Art. 92. O Ministério Público, se não ajuizar a ação, atuará sempre como fiscal da lei.

Parágrafo único. (*Vetado.*)

•• *Redação do texto vetado: "Aplica-se à ação prevista no artigo anterior o art. 5º, §§ 2º a 6º, da Lei n. 7.347, de 24 de julho de 1985".*

Art. 93. Ressalvada a competência da Justiça Federal, é competente para a causa a justiça local:

I — no foro do lugar onde ocorreu ou deva ocorrer o dano, quando de âmbito local;

II — no foro da Capital do Estado ou no do Distrito Federal, para os danos de âmbito nacional ou regional, aplicando-se as regras do Código de Processo Civil aos casos de competência concorrente.

Art. 94. Proposta a ação, será publicado edital no órgão oficial, a fim de que os interessados possam intervir no processo como litisconsortes, sem prejuízo de ampla divulgação pelos meios de comunicação social por parte dos órgãos de defesa do consumidor.

Art. 95. Em caso de procedência do pedido, a condenação será genérica, fixando a responsabilidade do réu pelos danos causados.

Art. 96. (*Vetado.*)

•• *Redação do texto vetado: "Transitada em julgado a sentença condenatória, será publicado edital, observado o disposto no art. 93".*

Art. 97. A liquidação e a execução de sentença poderão ser promovidas pela vítima e seus sucessores, assim como pelos legitimados de que trata o art. 82.

Parágrafo único. (*Vetado.*)

•• *Redação do texto vetado: "A liquidação da sentença, que será por artigos, poderá ser promovida no foro do domicílio do liquidante, cabendo-lhe provar, tão só, o nexo de causalidade, o dano e seu montante".*

Art. 98. A execução poderá ser coletiva, sendo promovida pelos legitimados de que trata o art. 82, abrangendo as vítimas cujas indenizações já tiveram sido fixadas em sentença de liquidação, sem prejuízo do ajuizamento de outras execuções.

•• Caput *com redação determinada pela Lei n. 9.008, de 21 de março de 1995.*

§ 1º A execução coletiva far-se-á com base em certidão das sentenças de liquidação, da qual deverá constar a ocorrência ou não do trânsito em julgado.

§ 2º É competente para a execução o juízo:

I — da liquidação da sentença ou da ação condenatória, no caso de execução individual;

II — da ação condenatória, quando coletiva a execução.

Art. 99. Em caso de concurso de créditos decorrentes de condenação prevista na Lei n. 7.347, de 24 de julho de 1985, e de indenizações pelos prejuízos individuais resultantes do mesmo evento danoso, estas terão preferência no pagamento.

• *A Lei citada consta deste volume.*

Parágrafo único. Para efeito do disposto neste artigo, a destinação da importância recolhida ao Fundo criado pela Lei n. 7.347, de 24 de julho de 1985, ficará sustada enquanto pendentes de decisão de segundo grau as ações de indenização pelos danos individuais, salvo na hipótese de o patrimônio do devedor ser manifestamente suficiente para responder pela integralidade das dívidas.

• *A Lei citada consta deste volume.*

• Vide *notas ao art. 57 desta Lei.*

Art. 100. Decorrido o prazo de 1 (um) ano sem habilitação de interessados em número compatível com a gravidade do dano, poderão os legitimados do art. 82 promover a liquidação e execução da indenização devida.

Parágrafo único. O produto da indenização devida reverterá para o Fundo criado pela Lei n. 7.347, de 24 de julho de 1985.

•• *O Decreto n. 1.306, de 9 de novembro de 1994, regulamenta o Fundo previsto neste artigo.*

• *A Lei citada consta deste volume.*

• Vide *notas ao art. 57 desta Lei.*

Capítulo III
DAS AÇÕES DE RESPONSABILIDADE DO FORNECEDOR DE PRODUTOS E SERVIÇOS

Art. 101. Na ação de responsabilidade civil do fornecedor de produtos e serviços, sem prejuízo do disposto nos Capítulos I e II deste Título, serão observadas as seguintes normas:

I — a ação pode ser proposta no domicílio do autor;

II — o réu que houver contratado seguro de responsabilidade poderá chamar ao processo o segurador, vedada a integração do contraditório pelo Instituto de Resseguros do Brasil. Nesta hipótese, a sentença que julgar procedente o pedido condenará o réu nos termos do art. 80 do Código de Processo Civil. Se o réu houver sido declarado falido, o síndico será intimado a informar a existência de seguro de responsabilidade facultando-se, em caso afirmativo, o ajuizamento de ação de indenização diretamente contra o segurador, vedada a denunciação da lide ao Instituto de Resseguros do Brasil e dispensado o litisconsórcio obrigatório com este.

•• *Estabelece citado dispositivo:*
"Art. 80. A sentença, que julgar procedente a ação, condenando os devedores, valerá como título executivo, em favor do que satisfizer a dívida, para exigi-la, por inteiro, do devedor principal, ou de cada um dos codevedores a sua quota, na proporção que lhes tocar".

Art. 102. Os legitimados a agir na forma deste Código poderão propor ação visando compelir o Poder Público competente a proibir, em todo o território nacional, a produção, divulgação, distribuição ou venda, ou a determinar alteração na composição, estrutura, fórmula ou acondicionamento de produto, cujo uso ou consumo regular se revele nocivo ou perigoso à saúde pública e à incolumidade pessoal.

§ 1º (*Vetado.*)

•• *Redação do texto vetado: "Os fornecedores poderão ingressar no feito como assistentes".*

§ 2º (*Vetado.*)

•• *Redação do texto vetado: "O retardamento pela autoridade competente, por mais de 60 (sessenta) dias, do cumprimento de decisão judicial em ação de que trata este artigo, configura crime de responsabilidade nos termos da lei".*

Capítulo IV
DA COISA JULGADA

Art. 103. Nas ações coletivas de que trata este Código, a sentença fará coisa julgada:

I — *erga omnes*, exceto se o pedido for julgado improcedente por insuficiência de provas, hipótese em que qualquer legitimado poderá intentar outra ação, com idêntico fundamento, valendo-se de nova prova, na hipótese do inciso I do parágrafo único do art. 81;

II — *ultra partes*, mas limitadamente ao grupo, categoria ou classe, salvo improcedência por insuficiência de provas, nos termos do inciso anterior, quando se tratar da hipótese prevista no inciso II do parágrafo único do art. 81;

III — *erga omnes*, apenas no caso de procedência do pedido, para beneficiar todas as vítimas e seus sucessores, na hipótese do inciso III do parágrafo único do art. 81.

§ 1º Os efeitos da coisa julgada previstos nos incisos I e II não prejudicarão interesses e direitos individuais dos integrantes da coletividade, do grupo, categoria ou classe.

§ 2º Na hipótese prevista no inciso III, em caso de improcedência do pedido, os interessados que não tiverem intervindo no processo como litisconsortes poderão propor ação de indenização a título individual.

§ 3º Os efeitos da coisa julgada de que cuida o art. 16, combinado com o art. 13 da Lei n. 7.347, de 24 de julho de 1985, não prejudicarão as ações de indenização por danos pessoalmente sofridos, propostas individualmente ou na forma prevista neste Código, mas, se procedente o pedido, beneficiarão as vítimas e seus sucessores, que poderão proceder à liquidação e à execução, nos termos dos arts. 96 a 99.

• *A Lei citada consta deste volume.*

§ 4º Aplica-se o disposto no parágrafo anterior à sentença penal condenatória.

Art. 104. As ações coletivas, previstas nos incisos I e II do parágrafo único do art. 81, não induzem litispendência para as ações individuais, mas os efeitos da coisa julgada *erga omnes* ou *ultra partes* a que aludem os incisos II e III do artigo anterior não beneficiarão os autores das ações individuais, se não for requerida sua suspensão no prazo de 30 (trinta) dias, a contar da ciência nos autos do ajuizamento da ação coletiva.

•• *Acreditamos que a remissão correta seria aos incisos II e III do parágrafo único do art. 81 desta Lei.*

TÍTULO IV

DO SISTEMA NACIONAL DE DEFESA DO CONSUMIDOR

•• *Organização:* vide *Decreto n. 2.181, de 20 de março de 1997.*

Art. 105. Integram o Sistema Nacional de Defesa do Consumidor — SNDC, os órgãos federais, estaduais, do Distrito Federal e municipais e as entidades privadas de defesa do consumidor.

Art. 106. O Departamento Nacional de Defesa do Consumidor, da Secretaria Nacional de Direito Econômico — MJ, ou órgão federal que venha substituí-lo, é organismo de coordenação da política do Sistema Nacional de Defesa do Consumidor, cabendo-lhe:

• *A Portaria n. 961, de 16 de agosto de 2002, do Ministério da Justiça, aprova o Regimento Interno da Secretaria de Direito Econômico.*

I — planejar, elaborar, propor, coordenar e executar a política nacional de proteção ao consumidor;

II — receber, analisar, avaliar e encaminhar consultas, denúncias ou sugestões apresentadas por entidades representativas ou pessoas jurídicas de direito público ou privado;

III — prestar aos consumidores orientação permanente sobre seus direitos e garantias;

IV — informar, conscientizar e motivar o consumidor através dos diferentes meios de comunicação;

V — solicitar à polícia judiciária a instauração de inquérito policial para a apreciação de delito contra os consumidores, nos termos da legislação vigente;

VI — representar ao Ministério Público competente para fins de adoção de medidas processuais no âmbito de suas atribuições;

VII — levar ao conhecimento dos órgãos competentes as infrações de ordem administrativa que violarem os interesses difusos, coletivos, ou individuais dos consumidores;

VIII — solicitar o concurso de órgãos e entidades da União, Estados, do Distrito Federal e Municípios, bem como auxiliar a fiscalização de preços, abastecimento, quantidade e segurança de bens e serviços;

IX — incentivar, inclusive com recursos financeiros e outros programas especiais, a formação de entidades de defesa do consumidor pela população e pelos órgãos públicos estaduais e municipais;

X — (*Vetado.*)

•• *Redação do texto vetado: "requisitar bens em quantidade suficiente para fins de estudos e pesquisas, com posterior comprovação e divulgação de seus resultados;".*

XI — (*Vetado.*)

•• *Redação do texto vetado: "encaminhar anteprojetos de lei, por intermédio do Ministério da Justiça, ao Congresso Nacional, bem como ser ouvido com relação a projetos de lei, que versem sobre preços, qualidade, quantidade e segurança de bens e serviços;".*

XII — (*Vetado.*)

•• *Redação do texto vetado: "celebrar convênios com entidades nacionais e internacionais;".*

XIII — desenvolver outras atividades compatíveis com suas finalidades.

Parágrafo único. Para a consecução de seus objetivos, o Departamento Nacional de Defesa do Consumidor poderá solicitar o concurso de órgãos e entidades de notória especialização técnico-científica.

Título V

DA CONVENÇÃO COLETIVA DE CONSUMO

Art. 107. As entidades civis de consumidores e as associações de fornecedores ou sindicatos de categoria econômica podem regular, por convenção escrita, relações de consumo que tenham por objeto estabelecer condições relativas ao preço, à qualidade, à quantidade, à garantia e características de produtos e serviços, bem como à reclamação e composição do conflito de consumo.

§ 1º A convenção tornar-se-á obrigatória a partir do registro do instrumento no cartório de títulos e documentos.

§ 2º A convenção somente obrigará os filiados às entidades signatárias.

§ 3º Não se exime de cumprir a convenção o fornecedor que se desligar da entidade em data posterior ao registro do instrumento.

Art. 108. (*Vetado.*)

•• *Redação do texto vetado: "Podem as partes signatárias da convenção fixar sanções em caso de seu descumprimento, inclusive para fins de imposição de penalidade administrativa pela autoridade competente".*

Título VI

DISPOSIÇÕES FINAIS

Art. 109. (*Vetado.*)

•• *Redação do texto vetado: "O preâmbulo da Lei n. 7.347, de 24 de julho de 1985, passa a ter a seguinte redação:*

'Disciplina a ação civil pública de responsabilidade por danos causados ao meio ambiente, ao consumidor, a bens e direitos de valor artístico, estético, histórico, turístico e paisagístico, assim como a qualquer outro interesse difuso ou coletivo, e dá outras providências'".

Art. 110. Acrescente-se o seguinte inciso IV ao art. 1º da Lei n. 7.347, de 24 de julho de 1985:

•• *Alteração já processada no diploma modificado.*

Art. 111. O inciso II do art. 5º da Lei n. 7.347, de 24 de julho de 1985, passa a ter a seguinte redação:

•• *Prejudicada esta alteração por modificação posterior determinada pela Lei n. 8.884, de 11 de junho de 1994.*

Art. 112. O § 3º do art. 5º da Lei n. 7.347, de 24 de julho de 1985, passa a ter a seguinte redação:

•• *Alteração já processada no diploma modificado.*

Art. 113. Acrescente-se os seguintes §§ 4º, 5º e 6º ao art. 5º da Lei n. 7.347, de 24 de julho de 1985:

•• *Alterações já processadas no diploma modificado.*

Art. 114. O art. 15 da Lei n. 7.347, de 24 de julho de 1985, passa a ter a seguinte redação:

•• *Alteração já processada no diploma modificado.*

Art. 115. Suprima-se o *caput* do art. 17 da Lei n. 7.347, de 24 de julho de 1985, passando o parágrafo único a constituir o *caput*, com a seguinte redação:

•• *Alteração já processada no diploma modificado.*

Art. 116. Dê-se a seguinte redação ao art. 18 da Lei n. 7.347, de 24 de julho de 1985:

•• *Alteração já processada no diploma modificado.*

Art. 117. Acrescente-se à Lei n. 7.347, de 24 de julho de 1985, o seguinte dispositivo, renumerando-se os seguintes:

•• *Alteração já processada no diploma modificado.*

Art. 118. Este Código entrará em vigor dentro de 180 (cento e oitenta) dias a contar de sua publicação.

Art. 119. Revogam-se as disposições em contrário.

Brasília, em 11 de setembro de 1990; 169º da Independência e 102º da República.

FERNANDO COLLOR

LEGISLAÇÃO COMPLEMENTAR

Decreto-lei n. 2.848, de 7 de dezembro de 1940 (*)

Código Penal.

O Presidente da República, usando da atribuição que lhe confere o art. 180 da Constituição, decreta a seguinte Lei:

•• *Refere-se à Constituição Federal de 1937. Atualmente corresponde ao art. 22, I, da Constituição Federal.*

PARTE GERAL

....

Título V
DAS PENAS

Capítulo I
DAS ESPÉCIES DE PENA

....

Seção II
Das Penas Restritivas de Direitos

Penas restritivas de direitos

Art. 43. As penas restritivas de direitos são:

•• Caput *com redação determinada pela Lei n. 9.714, de 25 de novembro de 1998.*

I — prestação pecuniária;

•• *Inciso I com redação determinada pela Lei n. 9.714, de 25 de novembro de 1998.*

II — perda de bens e valores;

•• *Inciso II com redação determinada pela Lei n. 9.714, de 25 de novembro de 1998.*

III — (*Vetado.*)

IV — prestação de serviço à comunidade ou a entidades públicas;

•• *Inciso IV com redação determinada pela Lei n. 9.714, de 25 de novembro de 1998.*

V — interdição temporária de direitos;

•• *Primitivo inciso II renumerado pela Lei n. 9.714, de 25 de novembro de 1998.*

VI — limitação de fim de semana.

•• *Primitivo inciso III renumerado pela Lei n. 9.714, de 25 de novembro de 1998.*

Art. 44. As penas restritivas de direitos são autônomas e substituem as privativas de liberdade, quando:

•• Caput *com redação determinada pela Lei n. 7.209, de 11 de julho de 1984.*

I — aplicada pena privativa de liberdade não superior a 4 (quatro) anos e o crime não for cometido com violência ou grave ameaça à pessoa ou, qualquer que seja a pena aplicada, se o crime for culposo;

•• *Inciso I com redação determinada pela Lei n. 9.714, de 25 de novembro de 1998.*

II — o réu não for reincidente em crime doloso;

•• *Inciso II com redação determinada pela Lei n. 9.714, de 25 de novembro de 1998.*

III — a culpabilidade, os antecedentes, a condu-

(*) Publicado no *Diário Oficial da União*, de 31 de dezembro de 1940, retificado em 3 de janeiro de 1941.

ta social e a personalidade do condenado, bem como os motivos e as circunstâncias indicarem que essa substituição seja suficiente.

•• *Inciso III com redação determinada pela Lei n. 9.714, de 25 de novembro de 1998.*

§ 1º (*Vetado.*)

§ 2º Na condenação igual ou inferior a 1 (um) ano, a substituição pode ser feita por multa ou por uma pena restritiva de direitos; se superior a 1 (um) ano, a pena privativa de liberdade pode ser substituída por uma pena restritiva de direitos e multa ou por duas restritivas de direitos.

•• *§ 2º acrescentado pela Lei n. 9.714, de 25 de novembro de 1998.*

§ 3º Se o condenado for reincidente, o juiz poderá aplicar a substituição, desde que, em face de condenação anterior, a medida seja socialmente recomendável e a reincidência não se tenha operado em virtude da prática do mesmo crime.

•• *§ 3º acrescentado pela Lei n. 9.714, de 25 de novembro de 1998.*

§ 4º A pena restritiva de direitos converte-se em privativa de liberdade quando ocorrer o descumprimento injustificado da restrição imposta. No cálculo da pena privativa de liberdade a executar será deduzido o tempo cumprido da pena restritiva de direitos, respeitado o saldo mínimo de 30 (trinta) dias de detenção ou reclusão.

•• *§ 4º acrescentado pela Lei n. 9.714, de 25 de novembro de 1998.*

§ 5º Sobrevindo condenação a pena privativa de liberdade, por outro crime, o juiz da execução penal decidirá sobre a conversão, podendo deixar de aplicá-la se for possível ao condenado cumprir a pena substitutiva anterior.

•• *§ 5º acrescentado pela Lei n. 9.714, de 25 de novembro de 1998.*

Conversão das penas restritivas de direitos

Art. 45. Na aplicação da substituição prevista no artigo anterior, proceder-se-á na forma deste e dos arts. 46, 47 e 48.

•• Caput *com redação determinada pela Lei n. 9.714, de 25 de novembro de 1998.*

§ 1º A prestação pecuniária consiste no pagamento em dinheiro à vítima, a seus dependentes ou a entidade pública ou privada com destinação social, de importância fixada pelo juiz, não inferior a 1 (um) salário-mínimo nem superior a 360 (trezentos e sessenta) salários-mínimos. O valor pago será deduzido do montante de eventual condenação em ação de reparação civil, se coincidentes os beneficiários.

•• *§ 1º acrescentado pela Lei n. 9.714, de 25 de novembro de 1998.*

§ 2º No caso do parágrafo anterior, se houver aceitação do beneficiário, a prestação pecuniária pode consistir em prestação de outra natureza.

•• *§ 2º acrescentado pela Lei n. 9.714, de 25 de novembro de 1998.*

§ 3º A perda de bens e valores pertencentes aos condenados dar-se-á, ressalvada a legislação especial, em favor do Fundo Penitenciário Nacional, e seu valor terá como teto — o que for maior — o montante do prejuízo causado ou do provento obtido pelo agente ou por terceiro, em consequência da prática do crime.

•• *§ 3º acrescentado pela Lei n. 9.714, de 25 de novembro de 1998.*

§ 4º (*Vetado.*)

Prestação de serviços à comunidade ou a entidades públicas

Art. 46. A prestação de serviços à comunidade ou a entidades públicas é aplicável às condenações superiores a 6 (seis) meses de privação da liberdade.

•• Caput *com redação determinada pela Lei n. 9.714, de 25 de novembro de 1998.*

§ 1º A prestação de serviços à comunidade ou a entidades públicas consiste na atribuição de tarefas gratuitas ao condenado.

•• *§ 1º acrescentado pela Lei n. 9.714, de 25 de novembro de 1998.*

§ 2º A prestação de serviço à comunidade dar-se-á em entidades assistenciais, hospitais, escolas, orfanatos e outros estabelecimentos congêneres, em programas comunitários ou estatais.

•• *§ 2º acrescentado pela Lei n. 9.714, de 25 de novembro de 1998.*

§ 3º As tarefas a que se refere o § 1º serão atribuídas conforme as aptidões do condenado, devendo ser cumpridas à razão de 1 (uma) hora de tarefa por dia de condenação, fixadas de modo a não prejudicar a jornada normal de trabalho.

•• *§ 3º acrescentado pela Lei n. 9.714, de 25 de novembro de 1998.*

§ 4º Se a pena substituída for superior a 1 (um) ano, é facultado ao condenado cumprir a pena substitutiva em menor tempo (art. 55), nunca inferior à metade da pena privativa de liberdade fixada.

•• *§ 4º acrescentado pela Lei n. 9.714, de 25 de novembro de 1998.*

Interdição temporária de direitos

Art. 47. As penas de interdição temporária de direitos são:

•• Caput *com redação determinada pela Lei n. 7.209, de 11 de julho de 1984.*

I – proibição do exercício de cargo, função ou atividade pública, bem como de mandato eletivo;

•• *Inciso I com redação determinada pela Lei n. 7.209, de 11 de julho de 1984.*

II – proibição do exercício de profissão, atividade ou ofício que dependam de habilitação especial, de licença ou autorização do poder público;

•• *Inciso II com redação determinada pela Lei n. 7.209, de 11 de julho de 1984.*

III – suspensão de autorização ou de habilitação para dirigir veículo;

•• *Inciso III com redação determinada pela Lei n. 7.209, de 11 de julho de 1984.*

IV – proibição de frequentar determinados lugares.

•• *Inciso IV acrescentado pela Lei n. 9.714, de 25 de novembro de 1998.*

Limitação de fim de semana

Art. 48. A limitação de fim de semana consiste na obrigação de permanecer, aos sábados e domingos, por 5 (cinco) horas diárias, em casa de albergado ou outro estabelecimento adequado.

•• Caput *com redação determinada pela Lei n. 7.209, de 11 de julho de 1984.*

Parágrafo único. Durante a permanência poderão ser ministrados ao condenado cursos e palestras ou atribuídas atividades educativas.

•• *Parágrafo único com redação determinada pela Lei n. 7.209, de 11 de julho de 1984.*

....

CAPÍTULO II
DA COMINAÇÃO DAS PENAS

....

Art. 55. As penas restritivas de direitos referidas nos incisos III, IV, V e VI do art. 43 terão a mesma duração da pena privativa de liberdade substituída, ressalvado o disposto no § 4º do art. 46.

•• *Artigo com redação determinada pela Lei n. 9.714, de 25 de novembro de 1998.*

....

CAPÍTULO III
DA APLICAÇÃO DA PENA

....

Critérios especiais da pena de multa

Art. 60. Na fixação da pena de multa o juiz deve atender, principalmente, à situação econômica do réu.

•• Caput *com redação determinada pela Lei n. 7.209, de 11 de julho de 1984.*

§ 1º A multa pode ser aumentada até o triplo, se o juiz considerar que, em virtude da situação econômica do réu, é ineficaz, embora aplicada no máximo.

•• *§ 1º com redação determinada pela Lei n. 7.209, de 11 de julho de 1984.*

....

TÍTULO VII

DA AÇÃO PENAL

Ação pública e de iniciativa privada

Art. 100. A ação penal é pública, salvo quando a lei expressamente a declara privativa do ofendido.

•• Caput *com redação determinada pela Lei n. 7.209, de 11 de julho de 1984.*

§ 1º A ação pública é promovida pelo Ministério Público, dependendo, quando a lei o exige, de representação do ofendido ou de requisição do Ministro da Justiça.

•• *§ 1º com redação determinada pela Lei n. 7.209, de 11 de julho de 1984.*

§ 2º A ação de iniciativa privada é promovida mediante queixa do ofendido ou de quem tenha qualidade para representá-lo.

•• *§ 2º com redação determinada pela Lei n. 7.209, de 11 de julho de 1984.*

§ 3º A ação de iniciativa privada pode intentar-se nos crimes de ação pública, se o Ministério Público não oferece denúncia no prazo legal.

•• *§ 3º com redação determinada pela Lei n. 7.209, de 11 de julho de 1984.*

§ 4º No caso de morte do ofendido ou de ter sido declarado ausente por decisão judicial, o direito de oferecer queixa ou de prosseguir na ação passa ao cônjuge, ascendente, descendente ou irmão.

•• *§ 4º com redação determinada pela Lei n. 7.209, de 11 de julho de 1984.*

PARTE ESPECIAL

TÍTULO II

DOS CRIMES CONTRA O PATRIMÔNIO

CAPÍTULO VI

DO ESTELIONATO E OUTRAS FRAUDES

Duplicata simulada

Art. 172. Emitir fatura, duplicata ou nota de venda que não corresponda à mercadoria vendida, em quantidade ou qualidade, ou ao serviço prestado.

Pena — detenção, de 2 (dois) a 4 (quatro) anos, e multa.

•• Caput *com redação determinada pela Lei n. 8.137, de 27 de dezembro de 1990.*

• Vide *art. 1º, II, da Lei n. 8.137, de 27 de dezembro de 1990.*

Parágrafo único. Nas mesmas penas incorrerá aquele que falsificar ou adulterar a escrituração do Livro de Registro de Duplicatas.

•• *Parágrafo único com redação determinada pela Lei n. 5.474, de 18 de julho de 1968.*

• Vide *art. 1º, III, da Lei n. 8.137, de 27 de dezembro de 1990.*

Fraude no comércio

Art. 175. Enganar, no exercício de atividade comercial, o adquirente ou consumidor:

I — vendendo, como verdadeira ou perfeita, mercadoria falsificada ou deteriorada;

II — entregando uma mercadoria por outra:

• Vide *Lei n. 1.521, de 26 de dezembro de 1951 (crimes contra a economia popular).*

Pena — detenção, de 6 (seis) meses a 2 (dois) anos, ou multa.

§ 1º Alterar em obra que lhe é encomendada a qualidade ou o peso de metal ou substituir, no mesmo caso, pedra verdadeira por falsa ou por outra de menor valor; vender pedra falsa por verdadeira; vender, como precioso, metal de outra qualidade:

Pena — reclusão, de 1 (um) a 5 (cinco) anos, e multa.

§ 2º É aplicável o disposto no art. 155, § 2º.

....

Título VIII
DOS CRIMES CONTRA A INCOLUMIDADE PÚBLICA

....

Capítulo III
DOS CRIMES CONTRA A SAÚDE PÚBLICA

....

Envenenamento de água potável ou de substância alimentícia ou medicinal

Art. 270. Envenenar água potável, de uso comum ou particular, ou substância alimentícia ou medicinal destinada a consumo:

Pena — reclusão, de 10 (dez) a 15 (quinze) anos.

•• *Pena determinada pela Lei n. 8.072, de 25 de julho de 1990.*

• Vide *art. 1º, III, j, da Lei n. 7.960, de 21 de dezembro de 1989.*

• Vide *art. 7º da Lei n. 8.137, de 27 de dezembro de 1990.*

§ 1º Está sujeito à mesma pena quem entrega a consumo ou tem em depósito, para o fim de ser distribuída, a água ou a substância envenenada.

Modalidade culposa

§ 2º Se o crime é culposo:

Pena — detenção, de 6 (seis) meses a 2 (dois) anos.

Corrupção ou poluição de água potável

Art. 271. Corromper ou poluir água potável, de uso comum ou particular, tornando-a imprópria para consumo ou nociva à saúde:

Pena — reclusão, de 2 (dois) a 5 (cinco) anos.

Modalidade culposa

Parágrafo único. Se o crime é culposo:

Pena — detenção, de 2 (dois) meses a 1 (um) ano.

Falsificação, corrupção, adulteração ou alteração de substância ou produtos alimentícios

Art. 272. Corromper, adulterar, falsificar ou alterar substância ou produto alimentício destinado a consumo, tornando-o nocivo à saúde ou reduzindo-lhe o valor nutritivo:

Pena — reclusão, de 4 (quatro) a 8 (oito) anos, e multa.

•• Caput *com redação determinada pela Lei n. 9.677, de 2 de julho de 1998.*

§ 1º-A. Incorre nas penas deste artigo quem fabrica, vende, expõe à venda, importa, tem em depósito para vender ou, de qualquer forma, distribui ou entrega a consumo a substância alimentícia ou o produto falsificado, corrompido ou adulterado.

•• *§ 1º-A com redação determinada pela Lei n. 9.677, de 2 de julho de 1998.*

§ 1º Está sujeito às mesmas penas quem pratica as ações previstas neste artigo em relação a bebidas, com ou sem teor alcoólico.

•• *§ 1º com redação determinada pela Lei n. 9.677, de 2 de julho de 1998.*

Modalidade culposa

§ 2º Se o crime é culposo:

Pena — detenção, de 1 (um) a 2 (dois) anos, e multa.

•• *§ 2º com redação determinada pela Lei n. 9.677, de 2 de julho de 1998.*

Falsificação, corrupção, adulteração ou alteração de produto destinado a fins terapêuticos ou medicinais

Art. 273. Falsificar, corromper, adulterar ou alterar produto destinado a fins terapêuticos ou medicinais:

Pena — reclusão, de 10 (dez) a 15 (quinze) anos, e multa.

•• Caput *com redação determinada pela Lei n. 9.677, de 2 de julho de 1998.*

• *Vigilância sanitária a que ficam sujeitos os medicamentos, as drogas, os insumos farmacêuti-*

cos e correlatos, cosméticos, saneantes e outros produtos: Lei n. 6.360, de 23 de setembro de 1976, regulamentada pelo Decreto n. 79.094, de 5 de janeiro de 1977.

- *A Lei n. 6.437, de 20 de agosto de 1977, configura infrações à legislação sanitária federal e estabelece sanções respectivas.*
- *A Portaria n. 2.814, de 29 de maio de 1998, da Agência Nacional de Vigilância Sanitária, estabelece procedimentos a serem observados pelas empresas produtoras, importadoras, distribuidoras e do comércio farmacêutico, objetivando a comprovação, em caráter de urgência, da identidade e qualidade de medicamento, objeto de denúncia sobre possível falsificação, adulteração e fraude.*

§ 1º Nas mesmas penas incorre quem importa, vende, expõe à venda, tem em depósito para vender ou, de qualquer forma, distribui ou entrega a consumo o produto falsificado, corrompido, adulterado ou alterado.

•• *§ 1º com redação determinada pela Lei n. 9.677, de 2 de julho de 1998.*

§ 1º-A. Incluem-se entre os produtos a que se refere este artigo os medicamentos, as matérias-primas, os insumos farmacêuticos, os cosméticos, os saneantes e os de uso em diagnóstico.

•• *§ 1º-A acrescentado pela Lei n. 9.677, de 2 de julho de 1998.*

§ 1º-B. Está sujeito às penas deste artigo quem pratica as ações previstas no § 1º em relação a produtos em qualquer das seguintes condições:

I — sem registro, quando exigível, no órgão de vigilância sanitária competente;

II — em desacordo com a fórmula constante do registro previsto no inciso anterior;

III — sem as características de identidade e qualidade admitidas para a sua comercialização;

IV — com redução de seu valor terapêutico ou de sua atividade;

V — de procedência ignorada;

VI — adquiridos de estabelecimento sem licença da autoridade sanitária competente.

•• *§ 1º-B acrescentado pela Lei n. 9.677, de 2 de julho de 1998.*

Modalidade culposa

§ 2º Se o crime é culposo:

Pena — detenção, de 1 (um) a 3 (três) anos, e multa.

•• *§ 2º com redação determinada pela Lei n. 9.677, de 2 de julho de 1998.*

Emprego de processo ou de substância não permitida

Art. 274. Empregar, no fabrico de produto destinado a consumo, revestimento, gaseificação artificial, matéria corante, substância aromática, antisséptica, conservadora ou qualquer outra não expressamente permitida pela legislação sanitária:

Pena — reclusão, de 1 (um) a 5 (cinco) anos, e multa.

•• *Pena determinada pela Lei n. 9.677, de 2 de julho de 1998.*

Invólucro ou recipiente com falsa indicação

Art. 275. Inculcar, em invólucro ou recipiente de produtos alimentícios, terapêuticos ou medicinais, a existência de substância que não se encontra em seu conteúdo ou que nele existe em quantidade menor que a mencionada:

Pena — reclusão, de 1 (um) a 5 (cinco) anos, e multa.

•• *Artigo com redação determinada pela Lei n. 9.677, de 2 de julho de 1998.*

- Vide *art. 7º, IV, d, da Lei n. 8.137, de 27 de dezembro de 1990.*

Produto ou substância nas condições dos dois artigos anteriores

Art. 276. Vender, expor à venda, ter em depósito para vender ou, de qualquer forma, entregar a consumo produto nas condições dos arts. 274 e 275:

Pena — reclusão, de 1 (um) a 5 (cinco) anos, e multa.

•• *Pena determinada pela Lei n. 9.677, de 2 de julho de 1998.*

• Vide *art. 7º, IV,* d, *da Lei n. 8.137, de 27 de dezembro de 1990.*

Substância destinada à falsificação

Art. 277. Vender, expor à venda, ter em depósito ou ceder substância destinada à falsificação de produtos alimentícios, terapêuticos ou medicinais:

Pena — reclusão, de 1 (um) a 5 (cinco) anos, e multa.

•• *Artigo com redação determinada pela Lei n. 9.677, de 2 de julho de 1998.*

Outras substâncias nocivas à saúde pública

Art. 278. Fabricar, vender, expor à venda, ter em depósito para vender ou, de qualquer forma, entregar a consumo coisa ou substância nociva à saúde, ainda que não destinada à alimentação ou a fim medicinal:

Pena — detenção, de 1 (um) a 3 (três) anos, e multa.

• *Dispõe o art. 1º da Lei n. 10.357, de 27 de dezembro de 2001, regulamentada pelo Decreto n. 4.262, de 10 de junho de 2002: "Estão sujeitos a controle e fiscalização, na forma prevista nesta Lei, em sua fabricação, produção, armazenamento, transformação, embalagem, compra, venda, comercialização, aquisição, posse, doação, empréstimo, permuta, remessa, transporte, distribuição, importação, exportação, reexportação, cessão, reaproveitamento, reciclagem, transferência e utilização, todos os produtos químicos que possam ser utilizados como insumo na elaboração de substâncias entorpecentes, psicotrópicas ou que determinem dependência física ou psíquica".*

Modalidade culposa

Parágrafo único. Se o crime é culposo:

Pena — detenção, de 2 (dois) meses a 1 (um) ano.

....

Título XI

DOS CRIMES CONTRA A ADMINISTRAÇÃO PÚBLICA

Capítulo I

DOS CRIMES PRATICADOS POR FUNCIONÁRIO PÚBLICO CONTRA A ADMINISTRAÇÃO EM GERAL

....

Prevaricação

Art. 319. Retardar ou deixar de praticar, indevidamente, ato de ofício, ou praticá-lo contra disposição expressa de lei, para satisfazer interesse ou sentimento pessoal:

Pena – detenção, de 3 (três) meses a 1 (um) ano, e multa.

....

Capítulo II

DOS CRIMES PRATICADOS POR PARTICULAR CONTRA A ADMINISTRAÇÃO EM GERAL

....

Resistência

Art. 329. Opor-se à execução de ato legal, mediante violência ou ameaça a funcionário competente para executá-lo ou a quem lhe esteja prestando auxílio:

Pena — detenção, de 2 (dois) meses a 2 (dois) anos.

§ 1º Se o ato, em razão da resistência, não se executa:

Pena — reclusão, de 1 (um) a 3 (três) anos.

§ 2º As penas deste artigo são aplicáveis sem prejuízo das correspondentes à violência.

Desobediência

Art. 330. Desobedecer a ordem legal de funcionário público:

Pena — detenção, de 15 (quinze) dias a 6 (seis) meses, e multa.

....

Capítulo III

DOS CRIMES CONTRA A ADMINISTRAÇÃO DA JUSTIÇA

....

Coação no curso do processo

Art. 344. Usar de violência ou grave ameaça, com o fim de favorecer interesse próprio ou alheio, contra autoridade, parte, ou qualquer outra pessoa que funciona ou é chamada a intervir em processo judicial, policial ou administrativo, ou em juízo arbitral:

Pena – reclusão, de 1 (um) a 4 (quatro) anos, e multa, além da pena correspondente à violência.

- *A Lei n. 9.307, de 23 de setembro de 1996, dispõe sobre o juízo arbitral.*

DISPOSIÇÕES FINAIS

Art. 361. Este Código entrará em vigor no dia 1º de janeiro de 1942.

Rio de Janeiro, 7 de dezembro de 1940; 119º da Independência e 52º da República.

GETÚLIO VARGAS

Lei n. 1.521, de 26 de dezembro de 1951 (*)

Altera dispositivos da legislação vigente sobre crimes contra a economia popular.

O Presidente da República:

Faço saber que o Congresso Nacional decreta e eu sanciono a seguinte Lei:

Art. 1º Serão punidos, na forma desta Lei, os crimes e as contravenções contra a economia popular. Esta Lei regulará o seu julgamento.

- Vide *art. 110 do Decreto-lei n. 73, de 21 de novembro de 1966.*
- Vide *arts. 65 e 66 da Lei n. 4.591, de 16 de dezembro de 1964.*

Art. 2º São crimes desta natureza:

I – recusar individualmente em estabelecimento comercial a prestação de serviços essenciais à subsistência; sonegar mercadoria ou recusar vendê-la a quem esteja em condições de comprar a pronto pagamento;

II – favorecer ou preferir comprador ou freguês em detrimento de outro, ressalvados os sistemas de entrega ao consumo por intermédio de distribuidores ou revendedores;

III – expor à venda ou vender mercadoria ou produto alimentício, cujo fabrico haja desatendido a determinações oficiais, quanto ao peso e composição;

IV – negar ou deixar o fornecedor de serviços essenciais de entregar ao freguês a nota relativa à prestação de serviço, desde que a importância exceda de quinze cruzeiros, e com a indicação do preço, do nome e endereço do estabelecimento, do nome da firma ou responsável, da data e local da transação e do nome e residência do freguês;

- Vide *art. 1º, V, da Lei n. 8.137, de 27 de dezembro de 1990.*

V – misturar gêneros e mercadorias de espécies diferentes, expô-los à venda ou vendê-los, como puros; misturar gêneros e mercadorias de qualidades desiguais para expô-los à venda ou vendê-los por preço marcado para os de mais alto custo;

VI – transgredir tabelas oficiais de gêneros e mercadorias, ou de serviços essenciais, bem como expor à venda ou oferecer ao público ou vender tais gêneros, mercadorias ou serviços, por preço superior ao tabelado, assim como não manter afixadas, em lugar visível e de fácil leitura, as tabelas de preços aprovadas pelos órgãos competentes;

VII – negar ou deixar o vendedor de fornecer nota ou caderno de venda de gêneros de pri-

(*) Publicada no *Diário Oficial da União*, de 27 de dezembro de 1951. Os valores citados são originais. O art. 2º da Lei n. 7.209, de 11 de julho de 1984, dispõe: "São canceladas, na Parte Especial do Código Penal e nas leis especiais alcançadas pelo art. 12 do Código Penal, quaisquer referências a valores de multas, substituindo-se a expressão *multa de* por *multa*".

meira necessidade, seja à vista ou a prazo, e cuja importância exceda de dez cruzeiros, ou de especificar na nota ou caderno — que serão isentos de selo — o preço da mercadoria vendida, o nome e o endereço do estabelecimento, a firma ou o responsável, a data e local da transação e o nome e residência do freguês;

VIII — celebrar ajuste para impor determinado preço de revenda ou exigir do comprador que não compre de outro vendedor;

IX — obter ou tentar obter ganhos ilícitos em detrimento do povo ou de número indeterminado de pessoas mediante especulações ou processos fraudulentos ("bola de neve", "cadeias", "pichardismo" e quaisquer outros equivalentes);

X — violar contrato de venda a prestações, fraudando sorteios ou deixando de entregar a coisa vendida, sem devolução das prestações pagas, ou descontar destas, nas vendas com reserva de domínio, quando o contrato for rescindido por culpa do comprador, quantia maior do que a correspondente à depreciação do objeto;

XI — fraudar pesos ou medidas padronizados em lei ou regulamentos; possuí-los ou detê-los, para efeitos de comércio, sabendo estarem fraudados.

Pena — detenção, de 6 (seis) meses a 2 (dois) anos, e multa, de dois mil a cinquenta mil cruzeiros.

Parágrafo único. Na configuração dos crimes previstos nesta Lei, bem como na de qualquer outro de defesa da economia popular, sua guarda e seu emprego considerar-se-ão como de primeira necessidade ou necessários ao consumo do povo, os gêneros, artigos, mercadorias e qualquer outra espécie de coisas ou bens indispensáveis à subsistência do indivíduo em condições higiênicas e ao exercício normal de suas atividades. Estão compreendidos nesta definição os artigos destinados à alimentação, ao vestuário e à iluminação, os terapêuticos ou sanitários, o combustível, a habitação e os materiais de construção.

Art. 3º São também crimes desta natureza:

I — destruir ou inutilizar, intencionalmente e sem autorização legal, com o fim de determinar alta de preços, em proveito próprio ou de terceiro, matérias-primas ou produtos necessários ao consumo do povo;

II — abandonar ou fazer abandonar lavoura ou plantações, suspender ou fazer suspender a atividade de fábricas, usinas ou quaisquer estabelecimentos de produção, ou meios de transporte, mediante indenização paga pela desistência da competição;

III — promover ou participar de consórcio, convênio, ajuste, aliança ou fusão de capitais, com o fim de impedir ou dificultar, para o efeito de aumento arbitrário de lucros, a concorrência em matéria de produção, transportes ou comércio;

IV — reter ou açambarcar matérias-primas, meios de produção ou produtos necessários ao consumo do povo, com o fim de dominar o mercado em qualquer ponto do País e provocar a alta dos preços;

V — vender mercadorias abaixo do preço de custo com o fim de impedir a concorrência;

VI — provocar a alta ou baixa de preços de mercadorias, títulos públicos, valores ou salários por meio de notícias falsas, operações fictícias ou qualquer outro artifício;

VII — dar indicações ou fazer afirmações falsas em prospectos ou anúncios, para fim de substituição, compra ou venda de títulos, ações ou quotas;

VIII — exercer funções de direção, administração ou gerência de mais de uma empresa ou sociedade do mesmo ramo de indústria ou comércio com o fim de impedir ou dificultar a concorrência;

IX — gerir fraudulenta ou temerariamente bancos ou estabelecimentos bancários, ou de capitalização; sociedades de seguros, pecúlios ou pensões vitalícias; sociedades para empréstimos ou financiamento de construções e de vendas de imóveis a prestações, com ou sem sorteio ou preferência por meio de pontos ou quotas; caixas econômicas; caixas Raiffeisen;

caixas mútuas, de beneficência, socorros ou empréstimos; caixas de pecúlios, pensão e aposentadoria; caixas construtoras; cooperativas; sociedades de economia coletiva, levando-as à falência ou à insolvência, ou não cumprindo qualquer das cláusulas contratuais com prejuízo dos interessados;

X – fraudar de qualquer modo escriturações, lançamentos, registros, relatórios, pareceres e outras informações devidas a sócios de sociedades civis ou comerciais, em que o capital seja fracionado em ações ou quotas de valor nominativo igual ou inferior a um mil cruzeiros com o fim de sonegar lucros, dividendos, percentagens, rateios ou bonificações, ou de desfalcar ou desviar fundos de reserva ou reservas técnicas.

Pena – detenção, de 2 (dois) a 10 (dez) anos, e multa, de vinte mil a cem mil cruzeiros.

Art. 4º Constitui crime da mesma natureza a usura pecuniária ou real, assim se considerando:

a) cobrar juros, comissões ou descontos percentuais, sobre dívidas em dinheiro, superiores à taxa permitida por lei; cobrar ágio superior à taxa oficial de câmbio, sobre quantia permutada por moeda estrangeira; ou, ainda, emprestar sob penhor que seja privativo de instituição oficial de crédito;

b) obter, ou estipular, em qualquer contrato, abusando da premente necessidade, inexperiência ou leviandade de outra parte, lucro patrimonial que exceda o quinto do valor corrente ou justo da prestação feita ou prometida.

Pena – detenção, de 6 (seis) meses a 2 (dois) anos, e multa, de cinco mil a vinte mil cruzeiros.

§ 1º Nas mesmas penas incorrerão os procuradores, mandatários ou mediadores que intervierem na operação usurária, bem como os cessionários de crédito usurário que, cientes de sua natureza ilícita, o fizerem valer em sucessiva transmissão ou execução judicial.

§ 2º São circunstâncias agravantes do crime de usura:

I – ser cometido em época de grave crise econômica;

II – ocasionar grave dano individual;

III – dissimular-se a natureza usurária do contrato;

IV – quando cometido:

a) por militar, funcionário público, ministro de culto religioso; por pessoa cuja condição econômico-social seja manifestamente superior à da vítima;

b) em detrimento de operário ou de agricultor; de menor de 18 (dezoito) anos ou de deficiente mental, interditado ou não.

§ 3º (*Revogado pela Medida Provisória n. 2.172-32, de 23-8-2001.*)

Art. 5º Nos crimes definidos nesta Lei, haverá suspensão da pena e livramento condicional em todos os casos permitidos pela legislação comum. Será a fiança concedida nos termos da legislação em vigor, devendo ser arbitrada dentro dos limites de cinco mil cruzeiros a cinquenta mil cruzeiros, nas hipóteses do art. 2º, e dentro dos limites de dez mil a cem mil cruzeiros nos demais casos, reduzida a metade dentro desses limites, quando o infrator for empregado do estabelecimento comercial ou industrial, ou não ocupe cargo ou posto de direção dos negócios.

•• *Artigo com redação determinada pela Lei n. 3.290, de 23 de outubro de 1957.*

Art. 6º Verificado qualquer crime contra a economia popular ou contra a saúde pública (Capítulo III do Título VIII do Código Penal) e atendendo à gravidade do fato, sua repercussão e efeitos, o juiz, na sentença, declarará a interdição de direito, determinada no art. 69, IV, do Código Penal, de 6 (seis) meses a 1 (um) ano, assim como, mediante representação da autoridade policial, poderá decretar, dentro de 48 (quarenta e oito) horas, a suspensão provisória, pelo prazo de 15 (quinze) dias, do exercício da profissão ou atividade do infrator.

•• *Refere-se a dispositivo original do Código Penal, hoje disposto no art. 47 do mesmo Código, com a redação determinada pela Lei n. 7.209, de 11 de julho de 1984.*

Art. 7º Os juízes recorrerão de ofício sempre que absolverem os acusados em processo por crime contra a economia popular ou contra a saúde pública, ou quando determinarem o arquivamento dos autos do respectivo inquérito policial.

Art. 8º Nos crimes contra a saúde pública, os exames periciais serão realizados, no Distrito Federal, pelas repartições da Secretaria-Geral da Saúde e Assistência e da Secretaria da Agricultura, Indústria e Comércio da Prefeitura ou pelo Gabinete de Exames Periciais do Departamento de Segurança Pública e nos Estados e Territórios pelos serviços congêneres, valendo qualquer dos laudos como corpo de delito.

Art. 9º *(Revogado pela Lei n. 6.649, de 16-5-1979.)*

Art. 10. Terá forma sumária, nos termos do Capítulo V, Título II, Livro II, do Código de Processo Penal, o processo das contravenções e dos crimes contra a economia popular, não submetidos ao julgamento pelo júri.

§ 1º Os atos policiais (inquérito ou processo iniciado por portaria) deverão terminar no prazo de 10 (dez) dias.

§ 2º O prazo para oferecimento da denúncia será de 2 (dois) dias, esteja ou não o réu preso.

§ 3º A sentença do juiz será proferida dentro do prazo de 30 (trinta) dias contados do recebimento dos autos da autoridade policial (art. 536 do Código de Processo Penal).

§ 4º A retardação injustificada, pura e simples, dos prazos indicados nos parágrafos anteriores, importa em crime de prevaricação (art. 319 do Código Penal).

• *Citado dispositivo consta deste volume.*

Art. 11. No Distrito Federal, o processo das infrações penais relativas à economia popular caberá, indistintamente, a todas as varas criminais com exceção das 1ª e 20ª, observadas as disposições quanto aos crimes da competência do júri de que trata o art. 12.

Arts. 12 a 30. *(Prejudicados estes dispositivos que tratavam do Tribunal do Júri para os crimes contra a economia popular, em face da Emenda Constitucional n. 1, de 17-10-1969.)*

....

Art. 33. Esta Lei entrará em vigor 60 (sessenta) dias depois de sua publicação, aplicando-se aos processos iniciados na sua vigência.

Art. 34. Revogam-se as disposições em contrário.

Rio de Janeiro, 26 de dezembro de 1951; 130º da Independência e 63º da República.

GETÚLIO VARGAS

Lei Delegada n. 4,
de 26 de setembro de 1962 (*)

Dispõe sobre a intervenção no domínio econômico para assegurar a livre distribuição de produtos necessários ao consumo do povo.

O Presidente da República:

Faço saber que, no uso da delegação constante do Decreto Legislativo n. 9, de 27 de agosto de 1962, decreto a seguinte Lei:

Art. 1º A União, na forma do art. 146 da Constituição, fica autorizada a intervir no domínio econômico para assegurar a livre distribuição de mercadorias e serviços essenciais ao consumo e uso do povo, nos limites fixados nesta Lei.

•• *Refere-se à Constituição Federal de 1946.*

Parágrafo único. A intervenção se processará, também, para assegurar o suprimento dos bens necessários às atividades agropecuárias, da pesca e indústrias do País.

Art. 2º A intervenção consistirá:

(*) Publicada no *Diário Oficial da União*, de 27 de setembro de 1962, e retificada em 2 de outubro de 1962. Regulamentada pelo Decreto n. 51.644-A, de 26 de novembro de 1962.

I — na compra, armazenamento, distribuição e venda de:

a) gêneros e produtos alimentícios;

b) gado vacum, suíno, ovino e caprino, destinado ao abate;

c) aves e pescado próprios para alimentação;

d) tecidos e calçados de uso popular;

e) medicamentos;

f) instrumentos e ferramentas de uso individual;

g) máquinas, inclusive caminhões, jipes, tratores, conjuntos motomecanizados e peças sobressalentes, destinadas às atividades agropecuárias;

h) arames, farpados e lisos, quando destinados a emprego nas atividades rurais;

i) artigos sanitários e artefatos industrializados, de uso doméstico;

j) cimento e laminados de ferro, destinados à construção de casas próprias, de tipo popular, e às benfeitorias rurais;

k) produtos e materiais indispensáveis à produção de bens de consumo popular;

II — na fixação de preços e no controle do abastecimento, neste compreendidos a produção, transporte, armazenamento e comercialização;

III — na desapropriação de bens, por interesse social, ou na requisição de serviços, necessários à realização dos objetivos previstos nesta Lei;

- *A forma intervencionista da requisição de serviços a que se refere este inciso efetivar-se-á com ou sem a ocupação temporária das dependências da empresa, de acordo com o art. 2º do Decreto-lei n. 422, de 20 de janeiro de 1969.*

IV — na promoção de estímulos à produção.

§ 1º A aquisição far-se-á no País ou no estrangeiro, quando insuficiente a produção nacional; a venda, onde se verificar a escassez.

§ 2º Não podem ser objeto de desapropriação, com amparo nesta Lei, os animais de serviço ou destinados à reprodução.

Art. 3º Os produtos adquiridos por compra ou desapropriação serão entregues ao consumidor através de:

a) empresas estatais especializadas;

b) organismos federais, estaduais ou municipais, de administração direta ou indireta;

c) entidades privadas, de comprovada idoneidade.

Art. 4º Nas compras e desapropriações, efetuadas nos termos desta Lei, o Imposto de Vendas e Consignações será pago pelo vendedor ou pelo desapropriado.

•• *O Imposto de Vendas e Consignações passou a Imposto sobre Circulação de Mercadorias e Serviços (ICMS).*

Art. 5º Na execução desta Lei, não serão permitidas discriminações de caráter geográfico ou de grupos e pessoas, dentro do mesmo setor de produção e comércio.

Art. 6º Para o controle do abastecimento de mercadorias ou serviços e fixação de preços, são os órgãos incumbidos da aplicação desta Lei autorizados a:

I — regular e disciplinar, no território nacional, a circulação e distribuição dos bens sujeitos ao regime desta Lei, podendo, inclusive, proibir a sua movimentação, e ainda estabelecer prioridades para o transporte e armazenamento, sempre que o interesse público o exigir;

II — regular e disciplinar a produção, distribuição e consumo das matérias-primas, podendo requisitar meios de transporte e armazenamento;

III — tabelar os preços máximos de mercadorias e serviços essenciais em relação aos revendedores;

IV — tabelar os preços máximos e estabelecer condições de venda de mercadorias ou serviços, a fim de impedir lucros excessivos, inclusive diversões públicas populares;

V — estabelecer o racionamento dos serviços essenciais e dos bens mencionados no art. 2º, I, desta Lei, em casos de guerra, calamidade ou necessidade pública;

VI — assistir as cooperativas, ligadas à produção ou distribuição de gêneros alimentícios, na obtenção preferencial das mercadorias de que necessitem;

VII — manter estoque de mercadorias;

VIII — superintender e fiscalizar através de agentes federais, em todo o País, a execução das medidas adotadas e os serviços que estabelecer.

Art. 7º Os preços dos bens desapropriados, quando objeto de tabelamento em vigor, serão pagos previamente em moeda corrente e não poderão ser arbitrados em valor superior ao do respectivo tabelamento.

•• Caput *com redação determinada pelo Decreto-lei n. 422, de 20 de janeiro de 1969.*

Parágrafo único. Quando o bem desapropriado não for sujeito a prévio tabelamento, os preços serão arbitrados, tendo em vista o custo médio nos locais de produção ou de venda.

•• *Parágrafo único com redação determinada pelo Decreto-lei n. 422, de 20 de janeiro de 1969.*

Art. 8º A imissão na posse dos bens desapropriados será efetivada, liminarmente, antes da citação do réu, no foro da situação dos bens, mediante prévio depósito judicial do respectivo preço, que, na hipótese do parágrafo único do art. 7º, será fixado por perito nomeado pelo juiz.

•• Caput *com redação determinada pelo Decreto-lei n. 422, de 20 de janeiro de 1969.*

§ 1º Citado o réu, o processo seguirá o curso previsto na legislação vigente sobre desapropriação, reduzidos à metade, sempre que possível, a critério do juiz, os respectivos prazos.

§ 2º Depositado o preço, o desapropriado poderá levantá-lo sem que esse fato importe presunção de concordância com a avaliação, ou renúncia ao direito de defesa.

Art. 9º Os produtos adquiridos, por compra ou desapropriação, serão entregues ao consumo pelos preços tabelados.

Parágrafo único. As vendas aos distribuidores serão feitas com redução percentual e uniforme dos preços tabelados.

Art. 10. Compete à União dispor, normativamente, sobre as condições e oportunidade de uso dos poderes conferidos nesta Lei, cabendo aos Estados a execução das normas baixadas e a fiscalização do seu cumprimento, sem prejuízo de idênticas atribuições fiscalizadoras reconhecidas à União.

§ 1º A União exercerá suas atribuições através de ato do Poder Executivo ou por intermédio dos órgãos federais a que atribuir tais poderes.

§ 2º Na falta de instrumentos administrativos adequados, por parte dos Estados, a União encarregar-se-á dessa execução e fiscalização.

§ 3º No Distrito Federal e nos Territórios, a União exercerá todas as atribuições para a aplicação desta Lei.

Art. 11. Fica sujeito à multa de 150 a 200.000 Unidades Fiscais de Referência — UFIR, vigente na data da infração, sem prejuízo das sanções penais que couberem na forma da lei, aquele que:

•• Caput *com redação determinada pelo Decreto-lei n. 422, de 20 de janeiro de 1969.*

a) vender ou expuser à venda mercadorias ou contratar ou oferecer serviços por preços superiores aos oficialmente tabelados, aos fixados pelo órgão ou entidade competentes, aos estabilizados em regime legal de controle ou ao limite de variações previsto em plano de estabilização econômica, assim como aplicar fórmulas de reajustamento de preços diversas daquelas que forem pelos mesmos estabelecidas;

b) sonegar gêneros ou mercadorias, recusar vendê-los ou os retiver para fins de especulação;

c) não mantiver afixada, em lugar visível e de fácil leitura, tabela de preços dos gêneros e mercadorias, serviços ou diversões públicas populares;

d) favorecer ou preferir comprador ou freguês, em detrimento de outros, ressalvados os sistemas de entrega ao consumo por intermédio de distribuidores ou revendedores;

e) negar ou deixar de fornecer a fatura ou nota, quando obrigatório;

f) produzir, expuser ou vender mercadoria cuja embalagem, tipo, especificação, peso ou composição, transgrida determinações legais, ou não corresponda à respectiva classificação oficial ou real;

g) efetuar vendas ou ofertas de venda, compras ou ofertas de compra que incluam uma prestação oculta, caracterizada pela imposição de transporte, seguro e despesas ou recusa de entrega na fábrica, sempre que esta caracterize alteração imotivada nas condições costumeiramente praticadas, visando burlar o tabelamento de preços;

h) emitir fatura, duplicata ou nota de venda que não corresponda à mercadoria vendida em quantidade ou qualidade, ou, ainda, aos serviços efetivamente contratados;

• Vide *art. 172 do Código Penal.*

i) subordinar a venda de um produto à compra simultânea de outro produto ou à compra de uma quantidade imposta;

j) dificultar ou impedir a observância das resoluções que forem baixadas em decorrência desta Lei;

k) sonegar documentos ou comprovantes exigidos para apuração de custo de produção e de venda, ou impedir ou dificultar exames contábeis que forem julgados necessários, ou deixar de fornecer esclarecimentos que forem exigidos;

l) fraudar as regras concernentes ao controle oficial de preços, mediante qualquer artifício ou meio, inclusive pela alteração, sem modificação essencial ou de qualidade, de elementos como a embalagem, denominação, marca (*griffe*), especificações técnicas, volume ou peso dos produtos, mercadorias e gêneros;

m) exigir, cobrar ou receber qualquer vantagem ou importância adicional a valores relativos a preços tabelados, congelados, fixados, administrados ou controlados pelo Poder Público;

n) descumprir ato de intervenção, norma ou condição de comercialização ou industrialização estabelecidas;

o) organizar, promover ou participar de boicote no comércio de gêneros alimentícios ou, quando obrigado por contrato em regime de concessão, no comércio de produtos industrializados, deixar de retirá-los de fábrica, dificultando a sua distribuição ao consumidor;

p) impedir a produção, comercialização ou distribuição de bens ou a prestação de serviços no País;

q) promover ajuste ou acordo entre empresas ou entre pessoas vinculadas a tais empresas ou interessados no objeto de suas atividades, que possibilite fraude à livre concorrência, atuação lesiva à economia nacional ou ao interesse geral dos consumidores;

r) aplicar fórmulas de reajustamento de preços proibidas por lei, regulamento, instrução ministerial, órgão ou entidade competente;

s) fazer repercutir, nos preços de insumos, produtos ou serviços, aumentos havidos em outros setores, quando tais aumentos não os alcancem, ou fazê-los incidir acima de percentual que compõe seus custos;

t) negar-se a vender insumo ou matéria-prima à produção de bens essenciais;

u) monopolizar ou conspirar com outras pessoas para monopolizar qualquer atividade de comércio em prejuízo da competitividade, mesmo através da aquisição, direta ou indireta, de controle acionário de empresa concorrente.

•• *Alíneas* a *a* u *com redação determinada pela Lei n. 7.784, de 28 de junho de 1989.*

§ 1º Requerer a não liberação ou recusar, sem justa causa, quota de mercadoria ou de produtos essenciais, liberada por órgão ou entidade oficial, de forma a frustrar o seu consumo, implicará, além da multa a que se refere este artigo, diminuição da quota na proporção da recusa.

•• *§ 1º com redação determinada pela Lei n. 7.784, de 28 de junho de 1989.*

§ 2º Na aplicação da multa a que se refere este artigo, levar-se-á em conta o porte da empresa e as circunstâncias em que a infração foi praticada.

•• *§ 2º com redação determinada pela Lei n. 7.784, de 28 de junho de 1989.*

Art. 12. Nos casos de infração das alíneas *a*, *b* e *c* do art. 11 desta Lei, poderá ser determinada a interdição do estabelecimento por um prazo de 3 (três) a 90 (noventa) dias, cabendo ao órgão ou entidade incumbido da execução desta Lei fixar a competência para a prática do ato de interdição.

•• Caput *com redação determinada pelo Decreto-lei n. 422, de 20 de janeiro de 1969.*

§ 1º O interditado poderá, sem efeito suspensivo, recorrer da interdição através de petição endereçada ao dirigente máximo do órgão a que estiver subordinado quem determinou a medida.

•• *§ 1º com redação determinada pela Lei n. 7.784, de 28 de junho de 1989.*

§ 2º A autoridade competente para apreciar o recurso terá o prazo de 48 (quarenta e oito) horas para confirmar ou suspender a interdição.

•• *§ 2º acrescentado pela Lei n. 7.784, de 28 de junho de 1989.*

§ 3º Findo o prazo previsto no parágrafo anterior, sem que seja apreciado o recurso, considerar-se-á automaticamente suspensa a interdição.

•• *§ 3º acrescentado pela Lei n. 7.784, de 28 de junho de 1989.*

§ 4º O interditado poderá, antes do fechamento das portas do estabelecimento, dele retirar os gêneros perecíveis.

•• *§ 4º acrescentado pela Lei n. 7.784, de 28 de junho de 1989.*

§ 5º Responderão solidariamente pelo pagamento das multas e pelas demais penalidades os proprietários, os administradores, os gerentes, os signatários da fatura, nota ou caderno de venda, ou quem, de direito ou de fato, no estabelecimento, efetuar a venda.

•• *§ 5º acrescentado pela Lei n. 7.784, de 28 de junho de 1989.*

Art. 13. O infrator será autuado independentemente da presença de testemunhas, devendo constar do instrumento a sua assinatura ou a declaração, feita pelo autuante, de sua recusa.

•• Caput *com redação determinada pelo Decreto-lei n. 2.339, de 26 de junho de 1987.*

§ 1º O auto de infração será lavrado em três vias, devendo a primeira e a segunda dar entrada no órgão local incumbido da aplicação da lei, dentro do prazo de 24 (vinte e quatro) horas, entregando-se a terceira via, mediante recibo, ao autuado.

§ 2º O autuado, no prazo de 10 (dez) dias, apresentará defesa, juntando ou indicando as provas que tiver. Findo esse prazo, com ou sem a defesa, juntadas ou indicadas as provas, o processo será encaminhado ao responsável pelo órgão local incumbido da aplicação da lei para, em 5 (cinco) dias, homologar o auto de infração e arbitrar a multa.

Art. 14. Homologado o auto de infração e arbitrada a multa, será o autuado notificado para pagar, no prazo de 10 (dez) dias.

Art. 15. No prazo de 10 (dez) dias da data da entrega da notificação ao infrator, este, desde que deposite metade do valor da multa, poderá recorrer à autoridade a que estiver subordinado o prolator da decisão.

Art. 16. Feito o depósito, o processo será encaminhado ao prolator, o qual confirmará ou reformará a decisão antes de remetê-lo, *ex officio*, à instância final.

Art. 17. Se a decisão final mantiver a multa ou reduzi-la, o depósito converter-se-á, automaticamente, em pagamento, até a quantia depositada, restituindo-se ao infrator o excesso depositado.

Parágrafo único. Se o valor da multa for superior ao depósito o infrator pagará o saldo no prazo de 10 (dez) dias.

Art. 18. Decorrido o prazo, sem que seja feito o depósito ou o pagamento, o valor do débito será inscrito como dívida ativa, valendo a certidão de inscrição para cobrança pelo rito dos executivos fiscais.

Art. 19. São competentes para julgar os processos e impor as sanções previstas nesta Lei:

a) os responsáveis pelos órgãos estaduais que forem incumbidos de sua execução;

b) os responsáveis pelos órgãos locais das instituições federais que, nas Unidades da Federação, estejam incumbidos da execução desta Lei.

Art. 20. As multas aplicadas pelos órgãos estaduais constituirão receita da respectiva Unidade da Federação.

Art. 21. As cominações previstas nesta Lei cumulam-se com as sanções penais e são, umas e outras, independentes entre si, bem assim as instâncias administrativas, civil e penal.

Art. 22. Esta Lei será regulamentada no prazo de 60 (sessenta) dias contados de sua publicação.

Art. 23. Enquanto não expressamente revogadas, continuam em vigor as resoluções, portarias, determinações, ordens de serviço e mais atos baixados pela COFAP e seus órgãos auxiliares.

•• *COFAP: extinta nos termos do art. 11, § 1º, da Lei n. 3.782, de 22 de julho de 1960.*

Art. 24. A vigência desta Lei não prejudicará os processos civis fiscais, criminais e inquéritos administrativos, instaurados no regime da Lei n. 1.522, de 26 de dezembro de 1951, e suas alterações.

Art. 25. Esta Lei entrará em vigor 30 (trinta) dias após a sua publicação, revogadas, na mesma data, a Lei n. 1.522, de 26 de dezembro de 1951, suas alterações e outras disposições em contrário, ressalvando-se a continuação dos serviços por ela criados, os quais serão extintos à medida que forem substituídos pelos novos serviços.

Brasília, 26 de setembro de 1962; 141º da Independência e 74º da República.

João Goulart

Lei n. 4.591, de 16 de dezembro de 1964 (*)

Dispõe sobre o condomínio em edificações e as incorporações imobiliárias.

(*) Publicada no *Diário Oficial da União*, de 21 de dezembro de 1964. Retificada em 1º de fevereiro de 1965.

O Presidente da República:

Faço saber que o Congresso Nacional decreta e eu sanciono a seguinte Lei:

....

Título II
DAS INCORPORAÇÕES

....

Capítulo IV
DAS INFRAÇÕES

....

Art. 65. É crime contra a economia popular promover incorporação, fazendo, em proposta, contratos, prospectos ou comunicação ao público ou aos interessados, afirmação falsa sobre a constituição do condomínio, alienação das frações ideais do terreno ou sobre a construção das edificações.

Pena — reclusão de 1 (um) a 4 (quatro) anos e multa de 5 (cinco) a 50 (cinquenta) vezes o maior salário-mínimo legal vigente no País.

•• *O art. 2º da Lei n. 7.209, de 11 de julho de 1984, cancela, na Parte Especial do Código Penal e nas leis especiais alcançadas pelo art. 12 do mesmo Código, quaisquer referências a valores de multa, substituindo a expressão* multa de *por* multa.

§ 1º Incorrem na mesma pena:

I — o incorporador, o corretor e o construtor individuais, bem como os diretores ou gerentes de empresa coletiva, incorporadora, corretora ou construtora que, em proposta, contrato, publicidade, prospecto, relatório, parecer, balanço ou comunicação ao público ou aos condôminos, candidatos ou subscritores de unidades, fizerem afirmação falsa sobre a constituição do condomínio, alienação das frações ideais ou sobre a construção das edificações;

II — o incorporador, o corretor e o construtor individuais, bem como os diretores ou gerentes de empresa coletiva, incorporadora, corretora ou construtora que usar, ainda que a título de empréstimo, em proveito próprio ou de terceiro, bens ou haveres destinados a incorporação contratada por administração, sem prévia autorização dos interessados.

§ 2º O julgamento destes crimes será de competência de juízo singular, aplicando-se os arts. 5º, 6º e 7º da Lei n. 1.521, de 26 de dezembro de 1951.

§ 3º Em qualquer fase do procedimento criminal objeto deste artigo, a prisão do indiciado dependerá sempre de mandado do juízo referido no § 2º.

•• *§ 3º acrescentado pela Lei n. 4.864, de 29 de novembro de 1965.*

Art. 66. São contravenções relativas à economia popular, puníveis na forma do art. 10 da Lei n. 1.521, de 26 de dezembro de 1951:

I — negociar o incorporador frações ideais de terreno, sem previamente satisfazer às exigências constantes desta Lei;

II — omitir o incorporador, em qualquer documento de ajuste, as indicações a que se referem os arts. 37 e 38, desta Lei;

III — deixar o incorporador, sem justa causa, no prazo do art. 35 e ressalvada a hipótese de seus §§ 2º e 3º, de promover à celebração do contrato relativo à fração ideal de terreno, do contrato de construção ou da Convenção do Condomínio;

IV — (*Vetado*);

V — omitir o incorporador, no contrato, a indicação a que se refere o § 5º do art. 55 desta Lei;

VI — paralisar o incorporador a obra, por mais de 30 (trinta) dias, ou retardar-lhe excessivamente o andamento sem justa causa.

Pena — multa de 5 (cinco) a 20 (vinte) vezes o maior salário-mínimo legal vigente no País.

• Vide *nota ao art. 65,* caput.

Parágrafo único. No caso de contratos relativos a incorporações, de que não participe o incorporador, responderão solidariamente pelas faltas capituladas neste artigo o construtor, o corretor, o proprietário ou titular de direitos aquisitivos do terreno, desde que figurem no contrato, com direito regressivo sobre o incorporador, se as faltas cometidas lhe forem imputáveis.

....

Brasília, 16 de dezembro de 1964; 143º da Independência e 76º da República.

H. Castello Branco

Lei n. 6.463, de 9 de novembro de 1977 (*)

Torna obrigatória a declaração de preço total nas vendas a prestação, e dá outras providências.

O Presidente da República.

Faço saber que o Congresso Nacional decreta e eu sanciono a seguinte Lei:

Art. 1º Nas vendas a prestação de artigos de qualquer natureza e na respectiva publicidade escrita e falada será obrigatória a declaração do preço de venda à vista da mercadoria, o número e o valor das prestações, a taxa de juros mensal e demais encargos financeiros a serem pagos pelo comprador, incidentes sobre as vendas a prestação.

•• Caput *com redação determinada pela Lei n. 8.979, de 13 de janeiro de 1993.*

Parágrafo único. É obrigatória a emissão de fatura nas vendas de mercadoria a prestação, da qual, além dos demais requisitos legais, deverão constar, separadamente, o valor da mercadoria e o custo do financiamento, de forma a documentar o valor total da operação.

Art. 2º O valor do acréscimo cobrado nas vendas a prestação, em relação ao preço de venda à vista da mercadoria, não poderá ser superior ao estritamente necessário para a empresa atender às despesas de operação com seu departamento de crédito, adicionada a taxa de custo dos financiamentos das instituições de crédito autorizadas a funcionar no País.

(*) Publicada no *Diário Oficial da União*, de 10 de novembro de 1977.

Parágrafo único. O limite percentual máximo do valor do acréscimo cobrado nas vendas a prazo, em relação ao preço da venda à vista da mercadoria, será fixado e regulado através de atos do Ministro da Fazenda.

Art. 3º Às empresas e casas comerciais que infringirem as disposições desta Lei serão impostas multas nos valores que forem fixados pelo Ministério da Fazenda.

Art. 4º Dentro de 90 (noventa) dias, o Ministério da Fazenda expedirá instruções regulando a fiscalização e o comércio de que trata esta Lei, bem como fixará os valores das multas a que se refere o art. 3º.

Art. 5º Esta Lei entrará em vigor na data de sua publicação, revogadas as disposições em contrário.

Brasília, em 9 de novembro de 1977; 156º da Independência e 89º da República.

Ernesto Geisel

Lei n. 7.347, de 24 de julho de 1985 (*)

Disciplina a ação civil pública de responsabilidade por danos causados ao meio ambiente, ao consumidor, a bens e direitos de valor artístico, estético, histórico, turístico e paisagístico (Vetado), *e dá outras providências.*

O Presidente da República:

Faço saber que o Congresso Nacional decreta e eu sanciono a seguinte Lei:

Art. 1º Regem-se pelas disposições desta Lei, sem prejuízo da ação popular, as ações de responsabilidade por danos morais e patrimoniais causados:

•• Caput *com redação determinada pela Lei n. 8.884, de 11 de junho de 1994.*

• Vide *Súmula 329 do STJ.*

I — ao meio ambiente;

II — ao consumidor;

III — a bens e direitos de valor artístico, estético, histórico, turístico e paisagístico;

•• *A Lei n. 10.257, de 10 de julho de 2001, em seu art. 53, acrescentou novo inciso III a este artigo, renumerando os primitivos incisos III a V. Posteriormente, a Medida Provisória n. 2.180-35, de 24 de agosto de 2001, revogou tal determinação, prevalecendo sua redação original.*

IV — a qualquer outro interesse difuso ou coletivo;

•• *Inciso IV acrescentado pela Lei n. 8.078, de 11 de setembro de 1990.*

V — por infração da ordem econômica e da economia popular;

•• *Inciso V com redação determinada pela Medida Provisória n. 2.180-35, de 24 de agosto de 2001.*

VI — à ordem urbanística.

•• *Inciso VI acrescentado pela Medida Provisória n. 2.180-35, de 24 de agosto de 2001.*

Parágrafo único. Não será cabível ação civil pública para veicular pretensões que envolvam tributos, contribuições previdenciárias, o Fundo de Garantia do Tempo de Serviço — FGTS ou outros fundos de natureza institucional cujos beneficiários podem ser individualmente determinados.

•• *Parágrafo único acrescentado pela Medida Provisória n. 2.180-35, de 24 de agosto de 2001.*

Art. 2º As ações previstas nesta Lei serão propostas no foro do local onde ocorrer o dano, cujo juízo terá competência funcional para processar e julgar a causa.

Parágrafo único. A propositura da ação prevenirá a jurisdição do juízo para todas as ações posteriormente intentadas que possuam a mesma causa de pedir ou o mesmo objeto.

(*) Publicada no *Diário Oficial da União*, de 25 de julho de 1985.

•• *Parágrafo único acrescentado pela Medida Provisória n. 2.180-35, de 24 de agosto de 2001.*

Art. 3º A ação civil poderá ter por objeto a condenação em dinheiro ou o cumprimento de obrigação de fazer ou não fazer.

Art. 4º Poderá ser ajuizada ação cautelar para os fins desta Lei, objetivando, inclusive, evitar o dano ao meio ambiente, ao consumidor, à ordem urbanística ou aos bens e direitos de valor artístico, estético, histórico, turístico e paisagístico (*Vetado*).

•• *Artigo com redação determinada pela Lei n. 10.257, de 10 de julho de 2001.*

Art. 5º Têm legitimidade para propor a ação principal e a ação cautelar:

•• Caput *com redação determinada pela Lei n. 11.448, de 15 de janeiro de 2007.*

I — o Ministério Público;

•• *Inciso I com redação determinada pela Lei n. 11.448, de 15 de janeiro de 2007.*

II — a Defensoria Pública;

•• *Inciso II com redação determinada pela Lei n. 11.448, de 15 de janeiro de 2007.*

III — a União, os Estados, o Distrito Federal e os Municípios;

•• *Inciso III acrescentado pela Lei n. 11.448, de 15 de janeiro de 2007.*

IV — a autarquia, empresa pública, fundação ou sociedade de economia mista;

•• *Inciso IV acrescentado pela Lei n. 11.448, de 15 de janeiro de 2007.*

V — a associação que, concomitantemente:

•• *Inciso V,* caput, *acrescentado pela Lei n. 11.448, de 15 de janeiro de 2007.*

a) esteja constituída há pelo menos 1 (um) ano nos termos da lei civil;

•• *Alínea a acrescentada pela Lei n. 11.448, de 15 de janeiro de 2007.*

b) inclua, entre suas finalidades institucionais, a proteção ao meio ambiente, ao consumidor, à ordem econômica, à livre concorrência ou ao patrimônio artístico, estético, histórico, turístico e paisagístico.

•• *Alínea* b *acrescentada pela Lei n. 11.448, de 15 de janeiro de 2007.*

§ 1º O Ministério Público, se não intervier no processo como parte, atuará obrigatoriamente como fiscal da lei.

§ 2º Fica facultado ao Poder Público e a outras associações legitimadas nos termos deste artigo habilitar-se como litisconsortes de qualquer das partes.

§ 3º Em caso de desistência infundada ou abandono da ação por associação legitimada, o Ministério Público ou outro legitimado assumirá a titularidade ativa.

•• *§ 3º com redação determinada pela Lei n. 8.078, de 11 de setembro de 1990.*

§ 4º O requisito da pré-constituição poderá ser dispensado pelo juiz, quando haja manifesto interesse social evidenciado pela dimensão ou característica do dano, ou pela relevância do bem jurídico a ser protegido.

•• *§ 4º acrescentado pela Lei n. 8.078, de 11 de setembro de 1990.*

§ 5º Admitir-se-á o litisconsórcio facultativo entre os Ministérios Públicos da União, do Distrito Federal e dos Estados na defesa dos interesses e direitos de que cuida esta Lei.

•• *§ 5º acrescentado pela Lei n. 8.078, de 11 de setembro de 1990.*

§ 6º Os órgãos públicos legitimados poderão tomar dos interessados compromisso de ajustamento de sua conduta às exigências legais, mediante cominações, que terá eficácia de título executivo extrajudicial.

•• *§ 6º acrescentado pela Lei n. 8.078, de 11 de setembro de 1990.*

Art. 6º Qualquer pessoa poderá e o servidor público deverá provocar a iniciativa do Ministério Público, ministrando-lhe informações sobre fatos que constituam objeto da ação civil e indicando-lhe os elementos de convicção.

Art. 7º Se, no exercício de suas funções, os juízes e tribunais tiverem conhecimento de fatos que possam ensejar a propositura da ação civil, remeterão peças ao Ministério Público para as providências cabíveis.

Art. 8º Para instruir a inicial, o interessado poderá requerer às autoridades competentes as certidões e informações que julgar necessárias, a serem fornecidas no prazo de 15 (quinze) dias.

§ 1º O Ministério Público poderá instaurar, sob sua presidência, inquérito civil, ou requisitar, de qualquer organismo público ou particular, certidões, informações, exames ou perícias, no prazo que assinalar, o qual não poderá ser inferior a 10 (dez) dias úteis.

- *A Resolução n. 87, de 3 de agosto de 2006, do Conselho Superior do Ministério Público Federal, regulamenta a instauração e tramitação do inquérito civil.*

§ 2º Somente nos casos em que a lei impuser sigilo, poderá ser negada certidão ou informação, hipótese em que a ação poderá ser proposta desacompanhada daqueles documentos, cabendo ao juiz requisitá-los.

Art. 9º Se o órgão do Ministério Público, esgotadas todas as diligências, se convencer da inexistência de fundamento para a propositura da ação civil, promoverá o arquivamento dos autos do inquérito civil ou das peças informativas, fazendo-o fundamentadamente.

§ 1º Os autos do inquérito civil ou das peças de informação arquivadas serão remetidos, sob pena de se incorrer em falta grave, no prazo de 3 (três) dias, ao Conselho Superior do Ministério Público.

§ 2º Até que, em sessão do Conselho Superior do Ministério Público, seja homologada ou rejeitada a promoção de arquivamento, poderão as associações legitimadas apresentar razões escritas ou documentos, que serão juntados aos autos do inquérito ou anexados às peças de informação.

§ 3º A promoção de arquivamento será submetida a exame e deliberação do Conselho Superior do Ministério Público, conforme dispuser o seu Regimento.

§ 4º Deixando o Conselho Superior de homologar a promoção de arquivamento, designará, desde logo, outro órgão do Ministério Público para o ajuizamento da ação.

Art. 10. Constitui crime, punido com pena de reclusão de 1 (um) a 3 (três) anos, mais multa de 10 (dez) a 1.000 (mil) Obrigações do Tesouro Nacional — OTN, a recusa, o retardamento ou a omissão de dados técnicos indispensáveis à propositura da ação civil, quando requisitados pelo Ministério Público.

•• *Extinção da OTN: Lei n. 7.730, de 31 de janeiro de 1989.*

Art. 11. Na ação que tenha por objeto o cumprimento de obrigação de fazer ou não fazer, o juiz determinará o cumprimento da prestação da atividade devida ou a cessação da atividade nociva, sob pena de execução específica, ou de cominação de multa diária, se esta for suficiente ou compatível, independentemente de requerimento do autor.

Art. 12. Poderá o juiz conceder mandado liminar, com ou sem justificação prévia, em decisão sujeita a agravo.

§ 1º A requerimento de pessoa jurídica de direito público interessada, e para evitar grave lesão à ordem, à saúde, à segurança e à economia pública, poderá o Presidente do Tribunal a que competir o conhecimento do respectivo recurso suspender a execução da liminar, em decisão fundamentada, da qual caberá agravo para uma das turmas julgadoras, no prazo de 5 (cinco) dias a partir da publicação do ato.

§ 2º A multa cominada liminarmente só será exigível do réu após o trânsito em julgado da decisão favorável ao autor, mas será devida desde o dia em que se houver configurado o descumprimento.

Art. 13. Havendo condenação em dinheiro, a indenização pelo dano causado reverterá a um fundo gerido por um Conselho Federal ou por Conselhos Estaduais de que participarão necessariamente o Ministério Público e representantes da comunidade, sendo seus recursos destinados à reconstituição dos bens lesados.

•• Vide *Decreto n. 1.306, de 9 de novembro de 1994, que regulamenta o Fundo de Defesa de Direitos Difusos de que trata este artigo.*

•• *Vide Lei n. 9.008, de 21 de março de 1995, que cria o Conselho Federal de que trata este artigo.*

Parágrafo único. Enquanto o fundo não for regulamentado, o dinheiro ficará depositado em estabelecimento oficial de crédito, em conta com correção monetária.

Art. 14. O juiz poderá conferir efeito suspensivo aos recursos, para evitar dano irreparável à parte.

Art. 15. Decorridos 60 (sessenta) dias do trânsito em julgado da sentença condenatória, sem que a associação autora lhe promova a execução, deverá fazê-lo o Ministério Público, facultada igual iniciativa aos demais legitimados.

•• *Artigo com redação determinada pela Lei n. 8.078, de 11 de setembro de 1990.*

Art. 16. A sentença civil fará coisa julgada *erga omnes*, nos limites da competência territorial do órgão prolator, exceto se o pedido for julgado improcedente por insuficiência de provas, hipótese em que qualquer legitimado poderá intentar outra ação com idêntico fundamento, valendo-se de nova prova.

•• *Artigo com redação determinada pela Lei n. 9.494, de 10 de setembro de 1997.*

Art. 17. Em caso de litigância de má-fé, a associação autora e os diretores responsáveis pela propositura da ação serão solidariamente condenados em honorários advocatícios e ao décuplo das custas sem prejuízo da responsabilidade por perdas e danos.

•• *Artigo com redação determinada pela Lei n. 8.078, de 11 de setembro de 1990.*

Art. 18. Nas ações de que trata esta Lei não haverá adiantamento de custas, emolumentos, honorários periciais e quaisquer outras despesas, nem condenação da associação autora, salvo comprovada de má-fé, em honorários de advogado, custas e despesas processuais.

•• *Artigo com redação determinada pela Lei n. 8.078, de 11 de setembro de 1990.*

Art. 19. Aplica-se à ação civil pública, prevista nesta Lei, o Código de Processo Civil, aprovado pela Lei n. 5.869, de 11 de janeiro de 1973, naquilo em que não contrarie suas disposições.

Art. 20. O fundo de que trata o art. 13 desta Lei será regulamentado pelo Poder Executivo no prazo de 90 (noventa) dias.

• *Vide nota ao art. 13 desta Lei.*

Art. 21. Aplicam-se à defesa dos direitos e interesses difusos, coletivos e individuais, no que for cabível, os dispositivos do Título III da Lei n. 8.078, de 11 de setembro de 1990, que instituiu o Código de Defesa do Consumidor.

•• *Artigo acrescentado pela Lei n. 8.078, de 11 de setembro de 1990.*

Art. 22. Esta Lei entra em vigor na data de sua publicação.

•• *Artigo renumerado pela Lei n. 8.078, de 11 de setembro de 1990.*

Art. 23. Revogam-se as disposições em contrário.

•• *Artigo renumerado pela Lei n. 8.078, de 11 de setembro de 1990.*

Brasília, em 24 de julho de 1985; 164º da Independência e 97º da República.

José Sarney

Lei n. 7.492,
de 16 de junho de 1986 (*)

Define os crimes contra o sistema financeiro nacional e dá outras providências.

O Presidente da República.

(*) Publicada no *Diário Oficial da União*, de 18 de junho de 1986. Vide art. 1º, III, *o*, da Lei n. 7.960, de 21 de dezembro de 1989. A Resolução n. 314, de 12 de maio de 2003, do Conselho da Justiça Federal, dispõe sobre a especialização de varas federais criminais para processar e julgar, na Justiça Federal, crimes contra o sistema financeiro nacional e de lavagem ou ocultação de bens, direitos e valores.

Faço saber que o Congresso Nacional decreta e eu sanciono a seguinte Lei:

Art. 1º Considera-se instituição financeira, para efeito desta Lei, a pessoa jurídica de direito público ou privado, que tenha como atividade principal ou acessória, cumulativamente ou não, a captação, intermediação ou aplicação de recursos financeiros (*vetado*) de terceiros, em moeda nacional ou estrangeira, ou a custódia, emissão, distribuição, negociação, intermediação ou administração de valores mobiliários.

Parágrafo único. Equipara-se à instituição financeira:

I — a pessoa jurídica que capte ou administre seguros, câmbio, consórcio, capitalização ou qualquer tipo de poupança, ou recursos de terceiros;

II — a pessoa natural que exerça quaisquer das atividades referidas neste artigo, ainda que de forma eventual.

DOS CRIMES CONTRA O SISTEMA FINANCEIRO NACIONAL

Art. 2º Imprimir, reproduzir ou, de qualquer modo, fabricar ou pôr em circulação, sem autorização escrita da sociedade emissora, certificado, cautela ou outro documento representativo de título ou valor mobiliário:

Pena — reclusão, de 2 (dois) a 8 (oito) anos, e multa.

Parágrafo único. Incorre na mesma pena quem imprime, fabrica, divulga, distribui ou faz distribuir prospecto ou material de propaganda relativo aos papéis referidos neste artigo.

Art. 3º Divulgar informação falsa ou prejudicialmente incompleta sobre instituição financeira:

Pena — reclusão, de 2 (dois) a 6 (seis) anos, e multa.

Art. 4º Gerir fraudulentamente instituição financeira:

Pena — reclusão, de 3 (três) a 12 (doze) anos, e multa.

Parágrafo único. Se a gestão é temerária:

Pena — reclusão, de 2 (dois) a 8 (oito) anos, e multa.

Art. 5º Apropriar-se, quaisquer das pessoas mencionadas no art. 25 desta Lei, de dinheiro, título, valor ou qualquer outro bem móvel de que tem a posse, ou desviá-lo em proveito próprio ou alheio:

Pena — reclusão, de 2 (dois) a 6 (seis) anos, e multa.

Parágrafo único. Incorre na mesma pena qualquer das pessoas mencionadas no art. 25 desta Lei, que negociar direito, título ou qualquer outro bem móvel ou imóvel de que tem a posse, sem autorização de quem de direito.

Art. 6º Induzir ou manter em erro sócio, investidor ou repartição pública competente, relativamente a operação ou situação financeira, sonegando-lhe informação ou prestando-a falsamente:

Pena — reclusão, de 2 (dois) a 6 (seis) anos, e multa.

Art. 7º Emitir, oferecer ou negociar, de qualquer modo, títulos ou valores mobiliários:

I — falsos ou falsificados;

II — sem registro prévio de emissão junto à autoridade competente, em condições divergentes das constantes do registro ou irregularmente registrados;

III — sem lastro ou garantia suficientes, nos termos da legislação;

IV — sem autorização prévia da autoridade competente, quando legalmente exigida:

Pena — reclusão, de 2 (dois) a 8 (oito) anos, e multa.

Art. 8º Exigir, em desacordo com a legislação (*vetado*) juro, comissão ou qualquer tipo de remuneração sobre operação de crédito ou de seguro, administração de fundo mútuo ou fiscal ou de consórcio, serviço de corretagem ou distribuição de títulos ou valores mobiliários:

Pena — reclusão, de 1 (um) a 4 (quatro) anos, e multa.

Art. 9º Fraudar a fiscalização ou o investidor,

inserindo ou fazendo inserir, em documento comprobatório de investimento em títulos ou valores mobiliários, declaração falsa ou diversa da que dele deveria constar:

Pena — reclusão, de 1 (um) a 5 (cinco) anos, e multa.

Art. 10. Fazer inserir elemento falso ou omitir elemento exigido pela legislação, em demonstrativos contábeis de instituição financeira, seguradora ou instituição integrante do sistema de distribuição de títulos de valores mobiliários:

Pena — reclusão, de 1 (um) a 5 (cinco) anos, e multa.

Art. 11. Manter ou movimentar recurso ou valor paralelamente à contabilidade exigida pela legislação:

Pena — reclusão, de 1 (um) a 5 (cinco) anos, e multa.

Art. 12. Deixar, o ex-administrador de instituição financeira, de apresentar, ao interventor, liquidante, ou síndico, nos prazos e condições estabelecidas em lei as informações, declarações ou documentos de sua responsabilidade:

Pena — reclusão, de 1 (um) a 4 (quatro) anos, e multa.

Art. 13. Desviar (*vetado*) bem alcançado pela indisponibilidade legal resultante de intervenção, liquidação extrajudicial ou falência de instituição financeira:

Pena — reclusão, de 2 (dois) a 6 (seis) anos, e multa.

Parágrafo único. Na mesma pena incorre o interventor, o liquidante ou o síndico que se apropriar de bem abrangido pelo *caput* deste artigo, ou desviá-lo em proveito próprio ou alheio.

Art. 14. Apresentar, em liquidação extrajudicial, ou em falência de instituição financeira, declaração de crédito ou reclamação falsa, ou juntar a elas título falso ou simulado:

Pena — reclusão, de 2 (dois) a 8 (oito) anos, e multa.

Parágrafo único. Na mesma pena incorre o ex-administrador ou falido que reconhecer, como verdadeiro, crédito que não o seja.

Art. 15. Manifestar-se falsamente o interventor, o liquidante ou o síndico (*vetado*) a respeito de assunto relativo a intervenção, liquidação extrajudicial ou falência de instituição financeira:

Pena — reclusão, de 2 (dois) a 8 (oito) anos, e multa.

Art. 16. Fazer operar, sem a devida autorização, ou com autorização obtida mediante declaração (*vetado*) falsa, instituição financeira, inclusive de distribuição de valores mobiliários ou de câmbio:

Pena — reclusão, de 1 (um) a 4 (quatro) anos, e multa.

Art. 17. Tomar ou receber, qualquer das pessoas mencionadas no art. 25 desta Lei, direta ou indiretamente, empréstimo ou adiantamento, ou deferi-lo a controlador, a administrador, a membro de conselho estatutário, aos respectivos cônjuges, aos ascendentes ou descendentes, a parentes na linha colateral até o 2º grau, consanguíneos ou afins, ou a sociedade cujo controle seja por ela exercido, direta ou indiretamente, ou por qualquer dessas pessoas:

Pena — reclusão, de 2 (dois) a 6 (seis) anos, e multa.

Parágrafo único. Incorre na mesma pena quem:

I — em nome próprio, como controlador ou na condição de administrador da sociedade, conceder ou receber adiantamento de honorários, remuneração, salário ou qualquer outro pagamento, nas condições referidas neste artigo;

II — de forma disfarçada, promover a distribuição ou receber lucros de instituição financeira.

Art. 18. Violar sigilo de operação ou de serviço prestado por instituição financeira ou integrante do sistema de distribuição de títulos mobiliários de que tenha conhecimento, em razão de ofício:

Pena — reclusão, de 1 (um) a 4 (quatro) anos, e multa.

Art. 19. Obter, mediante fraude, financiamento em instituição financeira:

Pena — reclusão, de 2 (dois) a 6 (seis) anos, e multa.

Parágrafo único. A pena é aumentada de 1/3 (um terço) se o crime é cometido em detrimento de instituição financeira oficial ou por ela credenciada para o repasse de financiamento.

Art. 20. Aplicar, em finalidade diversa da prevista em lei ou contrato, recursos provenientes de financiamento concedido por instituição financeira oficial ou por instituição credenciada para repassá-lo:

Pena — reclusão, de 2 (dois) a 6 (seis) anos, e multa.

Art. 21. Atribuir-se, ou atribuir a terceiro, falsa identidade, para realização de operação de câmbio:

Pena — detenção, de 1 (um) a 4 (quatro) anos, e multa.

Parágrafo único. Incorre na mesma pena quem, para o mesmo fim, sonega informação que devia prestar ou presta informação falsa.

Art. 22. Efetuar operação de câmbio não autorizada, com o fim de promover evasão de divisas do País:

Pena — reclusão, de 2 (dois) a 6 (seis) anos, e multa.

Parágrafo único. Incorre na mesma pena quem, a qualquer título, promove, sem autorização legal, a saída de moeda ou divisa para o exterior, ou nele mantiver depósitos não declarados à repartição federal competente.

Art. 23. Omitir, retardar ou praticar, o funcionário público, contra disposição expressa de lei, ato de ofício necessário ao regular funcionamento do sistema financeiro nacional, bem como a preservação dos interesses e valores da ordem econômico-financeira:

Pena — reclusão, de 1 (um) a 4 (quatro) anos, e multa.

Art. 24. (*Vetado.*)

DA APLICAÇÃO E DO PROCEDIMENTO CRIMINAL

Art. 25. São penalmente responsáveis, nos termos desta Lei, o controlador e os administradores de instituição financeira, assim considerados os diretores, gerentes (*vetado*).

§ 1º Equiparam-se aos administradores de instituição financeira (*vetado*) o interventor, o liquidante ou o síndico.

•• *Primitivo parágrafo único renumerado pela Lei n. 9.080, de 19 de julho de 1995.*

§ 2º Nos crimes previstos nesta Lei, cometidos em quadrilha ou coautoria, o coautor ou partícipe que através de confissão espontânea revelar à autoridade policial ou judicial toda a trama delituosa terá a sua pena reduzida de um a dois terços.

•• *§ 2º acrescentado pela Lei n. 9.080, de 19 de julho de 1995.*

Art. 26. A ação penal, nos crimes previstos nesta Lei, será promovida pelo Ministério Público Federal, perante a Justiça Federal.

Parágrafo único. Sem prejuízo do disposto no art. 268 do Código de Processo Penal, aprovado pelo Decreto-lei n. 3.689, de 3 de outubro de 1941, será admitida a assistência da Comissão de Valores Mobiliários — CVM, quando o crime tiver sido praticado no âmbito de atividade sujeita à disciplina e à fiscalização dessa Autarquia, e do Banco Central do Brasil quando, fora daquela hipótese, houver sido cometido na órbita de atividade sujeita à sua disciplina e fiscalização.

Art. 27. Quando a denúncia não for intentada no prazo legal, o ofendido poderá representar ao Procurador-Geral da República, para que este a ofereça, designe outro órgão do Ministério Público para oferecê-la ou determine o arquivamento das peças de informação recebidas.

Art. 28. Quando, no exercício de suas atribuições legais, o Banco Central do Brasil ou a Comissão de Valores Mobiliários — CVM, verificar a ocorrência de crime previsto nesta Lei, disso deverá informar ao Ministério Público Federal, enviando-lhe os documentos necessários à comprovação do fato.

Parágrafo único. A conduta de que trata este artigo será observada pelo interventor, liquidante ou síndico que, no curso de intervenção, liquidação extrajudicial ou falência, verificar a ocorrência de crime de que trata esta Lei.

Art. 29. O órgão do Ministério Público Federal, sempre que julgar necessário, poderá requisitar, a qualquer autoridade, informação, documento ou diligência relativa à prova dos crimes previstos nesta Lei.

Parágrafo único. O sigilo dos serviços e operações financeiras não pode ser invocado como óbice ao atendimento da requisição prevista no *caput* deste artigo.

Art. 30. Sem prejuízo do disposto no art. 312 do Código de Processo Penal, aprovado pelo Decreto-lei n. 3.689, de 3 de outubro de 1941, a prisão preventiva do acusado da prática de crime previsto nesta Lei poderá ser decretada em razão da magnitude da lesão causada (*vetado*).

Art. 31. Nos crimes previstos nesta Lei e punidos com pena de reclusão, o réu não poderá prestar fiança, nem apelar antes de ser recolhido à prisão, ainda que primário e de bons antecedentes, se estiver configurada situação que autoriza a prisão preventiva.

Art. 32. (*Vetado.*)

§ 1º (*Vetado.*)

§ 2º (*Vetado.*)

§ 3º (*Vetado.*)

Art. 33. Na fixação da pena de multa relativa aos crimes previstos nesta Lei, o limite a que se refere o § 1º do art. 49 do Código Penal, aprovado pelo Decreto-lei n. 2.848, de 7 de dezembro de 1940, pode ser estendido até o décuplo, se verificada a situação nele cogitada.

Art. 34. Esta Lei entra em vigor na data de sua publicação.

Art. 35. Revogam-se as disposições em contrário.

Brasília, em 16 de junho de 1986; 165º da Independência e 98º da República.

José Sarney

Constituição da República Federativa do Brasil (*)

....

Título I

DOS PRINCÍPIOS FUNDAMENTAIS

Art. 1º A República Federativa do Brasil, formada pela união indissolúvel dos Estados e Municípios e do Distrito Federal, constitui-se em Estado Democrático de Direito e tem como fundamentos:

I — a soberania;

II — a cidadania;

III — a dignidade da pessoa humana;

IV — os valores sociais do trabalho e da livre iniciativa;

V — o pluralismo político.

Parágrafo único. Todo o poder emana do povo, que o exerce por meio de representantes eleitos ou diretamente, nos termos desta Constituição.

....

Título II

DOS DIREITOS E GARANTIAS FUNDAMENTAIS

Capítulo I

DOS DIREITOS E DEVERES INDIVIDUAIS E COLETIVOS

Art. 5º Todos são iguais perante a lei, sem distinção de qualquer natureza, garantindo-se aos brasileiros e aos estrangeiros residentes no País a inviolabilidade do direito à vida, à liberdade, à igualdade, à segurança e à propriedade, nos termos seguintes:

....

(*) Publicada no *Diário Oficial da União* n. 191-A, de 5 de outubro de 1988.

XXXII — o Estado promoverá, na forma da lei, a defesa do consumidor;

XXXIII – todos têm direito a receber dos órgãos públicos informações de seu interesse particular, ou de interesse coletivo ou geral, que serão prestadas no prazo da lei, sob pena de responsabilidade, ressalvadas aquelas cujo sigilo seja imprescindível à segurança da sociedade e do Estado;

•• *A Lei n. 11.111, de 5 de maio de 2005, regulamenta a parte final do disposto neste inciso.*

XXXIV – são a todos assegurados, independentemente do pagamento de taxas:

a) o direito de petição aos Poderes Públicos em defesa de direitos ou contra ilegalidade ou abuso de poder;

b) a obtenção de certidões em repartições públicas, para defesa de direitos e esclarecimento de situações de interesse pessoal;

XXXV – a lei não excluirá da apreciação do Poder Judiciário lesão ou ameaça a direito;

...

LXXIV – o Estado prestará assistência jurídica integral e gratuita aos que comprovarem insuficiência de recursos;

• *Defensoria Pública: Lei Complementar n. 80, de 12 de janeiro de 1994.*

...

Título III
DA ORGANIZAÇÃO DO ESTADO

...

Capítulo II
DA UNIÃO

...

Art. 22. Compete privativamente à União legislar sobre:

...

XXIX — propaganda comercial;

...

Art. 24. Compete à União, aos Estados e ao Distrito Federal legislar corretamente sobre:

...

V — produção e consumo;

...

VIII — responsabilidade por dano ao meio ambiente, ao consumidor, a bens e direitos de valor artístico, estético, histórico, turístico e paisagístico;

...

Título V
DA DEFESA DO ESTADO E DAS INSTITUIÇÕES DEMOCRÁTICAS

...

Capítulo III
DA SEGURANÇA PÚBLICA

Art. 144. A segurança pública, dever do Estado, direito e responsabilidade de todos, é exercida para a preservação da ordem pública e da incolumidade das pessoas e do patrimônio, através dos seguintes órgãos:

...

§ 1º A polícia federal, instituída por lei como órgão permanente, organizado e mantido pela União e estruturado em carreira, destina-se a:

•• *§ 1º,* caput, *com redação determinada pela Emenda Constitucional n. 19, de 4 de junho de 1998.*

I — apurar infrações penais contra a ordem política e social ou em detrimento de bens, serviços e interesses da União ou de suas entidades autárquicas e empresas públicas, assim como outras infrações cuja prática tenha repercussão interestadual ou internacional e exija repressão uniforme, segundo se dispuser em lei;

• *A Lei n. 10.446, de 8 de maio de 2002, dispõe sobre infrações penais de repercussão interestadual ou internacional que exigem repressão uniforme, para os fins do disposto neste inciso.*

• Vide *art. 4º, I, a, II, III e VII, da Lei n. 8.137, de 27 de dezembro de 1990.*

...

Título VI
DA TRIBUTAÇÃO E DO ORÇAMENTO

Capítulo I
DO SISTEMA TRIBUTÁRIO NACIONAL

....

Seção IV
Dos Impostos dos Estados e do Distrito Federal

Art. 155. Compete aos Estados e ao Distrito Federal instituir impostos sobre:

•• *Caput com redação determinada pela Emenda Constitucional n. 3, de 17 de março de 1993.*

....

§ 2º O imposto previsto no inciso II atenderá ao seguinte:

•• *§ 2º, caput, com redação determinada pela Emenda Constitucional n. 3, de 17 de março de 1993.*

....

VII — em relação às operações e prestações que destinem bens e serviços a consumidor final localizado em outro Estado, adotar-se-á:

a) a alíquota interestadual, quando o destinatário for contribuinte do imposto;

b) a alíquota interna, quando o destinatário não for contribuinte dele;

....

Título VII
DA ORDEM ECONÔMICA E FINANCEIRA

Capítulo I
DOS PRINCÍPIOS GERAIS DA ATIVIDADE ECONÔMICA

Art. 170. A ordem econômica, fundada na valorização do trabalho humano e na livre iniciativa, tem por fim assegurar a todos existência digna, conforme os ditames da justiça social, observados os seguintes princípios:

....

V — defesa do consumidor;

....

Art. 173. Ressalvados os casos previstos nesta Constituição, a exploração direta de atividade econômica pelo Estado só será permitida quando necessária aos imperativos da segurança nacional ou a relevante interesse coletivo, conforme definidos em lei.

....

§ 4º A lei reprimirá o abuso do poder econômico que vise à dominação dos mercados, à eliminação da concorrência e ao aumento arbitrário dos lucros.

• *Lei Antitruste e de infrações à ordem econômica: Lei n. 8.884, de 11 de junho de 1994.*

....

Título VIII
DA ORDEM SOCIAL

....

Capítulo V
DA COMUNICAÇÃO SOCIAL

Art. 220. A manifestação do pensamento, a criação, a expressão e a informação, sob qualquer forma, processo ou veículo não sofrerão qualquer restrição, observado o disposto nesta Constituição.

....

§ 3º Compete à lei federal:

I — regular as diversões e espetáculos públicos, cabendo ao Poder Público informar sobre a natureza deles, as faixas etárias a que não se recomendem, locais e horários em que sua apresentação se mostre inadequada;

• *A Portaria n. 1.100, de 14 de julho de 2006, do Ministério da Justiça, regulamenta o exercício da Classificação Indicativa de diversões públicas.*

• *A Portaria n. 1.220, de 11 de julho de 2007, do Ministério da Justiça, regulamenta o processo de classificação indicativa de obras audiovisuais destinadas à televisão e congêneres.*

II — estabelecer os meios legais que garantam à pessoa e à família a possibilidade de se defenderem de programas ou programações de rádio e televisão que contrariem o disposto no art. 221, bem como da propaganda de produtos, práticas e serviços que possam ser nocivos à saúde e ao meio ambiente.

§ 4º A propaganda comercial de tabaco, bebidas alcoólicas, agrotóxicos, medicamentos e terapias estará sujeita a restrições legais, nos termos do inciso II do parágrafo anterior, e conterá, sempre que necessário, advertência sobre os malefícios decorrentes de seu uso.

• *A Lei n. 9.294, de 15 de julho de 1996, regulamentada pelo Decreto n. 2.018, de 1º de outubro de 1996, dispõe sobre as restrições ao uso e à propaganda de produtos fumígenos, bebidas alcoólicas, medicamentos, terapias e defensivos agrícolas aqui referidos.*

....

Art. 221. A produção e a programação das emissoras de rádio e televisão atenderão aos seguintes princípios:

I — preferência a finalidades educativas, artísticas, culturais e informativas;

II — promoção da cultura nacional e regional e estímulo à produção independente que objetive sua divulgação;

III — regionalização da produção cultural, artística e jornalística, conforme percentuais estabelecidos em lei;

IV — respeito aos valores éticos e sociais da pessoa e da família.

Art. 222. A propriedade de empresa jornalística e de radiodifusão sonora e de sons e imagens é privativa de brasileiros natos ou naturalizados há mais de dez anos, ou de pessoas jurídicas constituídas sob as leis brasileiras e que tenham sede no País.

•• Caput *com redação determinada pela Emenda Constitucional n. 36, de 28 de maio de 2002.*

§ 1º Em qualquer caso, pelo menos setenta por cento do capital total e do capital votante das empresas jornalísticas e de radiodifusão sonora e de sons e imagens deverá pertencer, direta ou indiretamente, a brasileiros natos ou naturalizados há mais de dez anos, que exercerão obrigatoriamente a gestão das atividades e estabelecerão o conteúdo da programação.

•• *§ 1º com redação determinada pela Emenda Constitucional n. 36, de 28 de maio de 2002.*

§ 2º A responsabilidade editorial e as atividades de seleção e direção da programação veiculada são privativas de brasileiros natos ou naturalizados há mais de dez anos, em qualquer meio de comunicação social.

•• *§ 2º com redação determinada pela Emenda Constitucional n. 36, de 28 de maio de 2002.*

§ 3º Os meios de comunicação social eletrônica, independentemente da tecnologia utilizada para a prestação do serviço, deverão observar os princípios enunciados no art. 221, na forma de lei específica, que também garantirá a prioridade de profissionais brasileiros na execução de produções nacionais.

•• *§ 3º acrescentado pela Emenda Constitucional n. 36, de 28 de maio de 2002.*

§ 4º Lei disciplinará a participação de capital estrangeiro nas empresas de que trata o § 1º.

•• *§ 4º acrescentado pela Emenda Constitucional n. 36, de 28 de maio de 2002.*

• *A Lei n. 10.610, de 20 de dezembro de 2002, disciplina a participação do estrangeiro nas empresas jornalísticas e de radiodifusão sonora e de sons e imagens de que trata este parágrafo.*

§ 5º As alterações de controle societário das empresas de que trata o § 1º serão comunicadas ao Congresso Nacional.

•• *§ 5º acrescentado pela Emenda Constitucional n. 36, de 28 de maio de 2002.*

....

ATO DAS DISPOSIÇÕES CONSTITUCIONAIS TRANSITÓRIAS

....

Art. 48. O Congresso Nacional, dentro de 120 (cento e vinte) dias da promulgação da Constituição, elaborará código de defesa do consumidor.

....

Brasília, 5 de outubro de 1988.

Ulysses Guimarães

Lei n. 7.960, de 21 de dezembro de 1989 (*)

Dispõe sobre prisão temporária.

(*) Publicada no *Diário Oficial da União*, de 22 de dezembro de 1989.

O Presidente da República

Faço saber que o Congresso Nacional decreta e eu sanciono a seguinte Lei:

Art. 1º Caberá prisão temporária:

....

III – quando houver fundadas razões, de acordo com qualquer prova admitida na legislação penal, de autoria ou participação do indiciado nos seguintes crimes:

....

j) envenenamento de água potável ou substância alimentícia ou medicinal qualificado pela morte (art. 270, *caput*, combinado com o art. 285);

....

o) crimes contra o sistema financeiro (Lei n. 7.492, de 16 de junho de 1986).

Art. 2º A prisão temporária será decretada pelo Juiz, em face da representação da autoridade policial ou de requerimento do Ministério Público, e terá o prazo de 5 (cinco) dias, prorrogável por igual período em caso de extrema e comprovada necessidade.

- *O art. 2º, § 4º, da Lei n. 8.072, de 25 de julho de 1990, estabelece que a prisão temporária de que trata esta Lei, nos crimes hediondos, prática de tortura, tráfico ilícito de entorpecentes e drogas afins e terrorismo, terá prazo de 30 (trinta) dias, prorrogáveis por igual período em caso de extrema e comprovada necessidade.*

§ 1º Na hipótese de representação da autoridade policial, o Juiz, antes de decidir, ouvirá o Ministério Público.

§ 2º O despacho que decretar a prisão temporária deverá ser fundamentado e prolatado dentro do prazo de 24 (vinte e quatro) horas, contadas a partir do recebimento da representação ou do requerimento.

§ 3º O Juiz poderá, de ofício, ou a requerimento do Ministério Público e do Advogado, determinar que o preso lhe seja apresentado, solicitar informações e esclarecimentos da autoridade policial e submetê-lo a exame de corpo de delito.

§ 4º Decretada a prisão temporária, expedir-se-á mandado de prisão, em duas vias, uma das quais será entregue ao indiciado e servirá como nota de culpa.

§ 5º A prisão somente poderá ser executada depois da expedição de mandado judicial.

§ 6º Efetuada a prisão, a autoridade policial informará o preso dos direitos previstos no art. 5º da Constituição Federal.

§ 7º Decorrido o prazo de 5 (cinco) dias de detenção, o preso deverá ser posto imediatamente em liberdade, salvo se já tiver sido decretada sua prisão preventiva.

Art. 3º Os presos temporários deverão permanecer, obrigatoriamente, separados dos demais detentos.

....

Art. 5º Em todas as comarcas e seções judiciárias haverá um plantão permanente de 24 (vinte e quatro) horas do Poder Judiciário e do Ministério Público para apreciação dos pedidos de prisão temporária.

Art. 6º Esta Lei entra em vigor na data de sua publicação.

Art. 7º Revogam-se as disposições em contrário.

Brasília, em 21 de dezembro de 1989; 168º da Independência e 101º da República.

JOSÉ SARNEY

Lei n. 8.137,
de 27 de dezembro de 1990 (*)

Define os crimes contra a ordem tributária, econômica e contra as relações de consumo, e dá outras providências.

(*) Publicada no *Diário Oficial da União*, de 28 de dezembro de 1990. *Vide* Medida Provisória n. 2.172-32, de 23 de agosto de 2001, que estabelece a nulidade para as disposições contratuais com estipulações usurárias. Diz o art. 59 da Lei n. 9.069, de 29 de junho de 1995: "A prática de atos que configurem crimes contra a ordem tributária (Lei n. 8.137, de 27-12-1990), bem assim a falta de emissão de notas fiscais nos termos da Lei n. 8.846, de 21 de janeiro de 1994, acarretarão à pessoa jurídica infratora a perda, no ano-calendário correspondente, dos incentivos e benefícios de redução ou isenção previstos na legislação tributária".

O Presidente da República.

Faço saber que o Congresso Nacional decreta e eu sanciono a seguinte Lei:

Capítulo I
DOS CRIMES CONTRA A ORDEM TRIBUTÁRIA

Seção I
Dos Crimes Praticados por Particulares

Art. 1º Constitui crime contra a ordem tributária suprimir ou reduzir tributo, ou contribuição social e qualquer acessório, mediante as seguintes condutas:

•• *Sobre suspensão da pretensão punitiva do Estado e extinção da punibilidade dos crimes previstos neste artigo, tratam as Leis n. 9.249, de 26 de dezembro de 1995, art. 34, n. 9.964, de 10 de abril de 2000, art. 15, n. 10.684, de 30 de maio de 2003, art. 9º, e n. 11.941, de 27 de maio de 2009, arts. 68 e 69.*

....

II – fraudar a fiscalização tributária, inserindo elementos inexatos, ou omitindo operação de qualquer natureza, em documento ou livro exigido pela lei fiscal;

III – falsificar ou alterar nota fiscal, fatura, duplicata, nota de venda, ou qualquer outro documento relativo à operação tributável;

....

V – negar ou deixar de fornecer, quando obrigatório, nota fiscal ou documento equivalente, relativa a venda de mercadoria ou prestação de serviço, efetivamente realizada, ou fornecê-la em desacordo com a legislação.

Pena – reclusão, de 2 (dois) a 5 (cinco) anos, e multa.

Parágrafo único. A falta de atendimento da exigência da autoridade, no prazo de 10 (dez) dias, que poderá ser convertido em horas em razão da maior ou menor complexidade da matéria ou da dificuldade quanto ao atendimento da exigência, caracteriza a infração prevista no inciso V.

Capítulo II
DOS CRIMES CONTRA A ORDEM ECONÔMICA E AS RELAÇÕES DE CONSUMO

Art. 4º Constitui crime contra a ordem econômica:

•• *O art. 34 da Lei n. 9.249, de 26 de dezembro de 1995, dispõe sobre a extinção da punibilidade dos crimes previstos neste artigo.*

I – abusar do poder econômico, dominando o mercado ou eliminando, total ou parcialmente, a concorrência mediante:

a) ajuste ou acordo de empresas;

• Vide *nota ao inciso III deste artigo.*

b) aquisição de acervos de empresas ou cotas, ações, títulos ou direitos;

c) coalizão, incorporação, fusão ou integração de empresas;

d) concentração de ações, títulos, cotas, ou direitos em poder de empresa, empresas coligadas ou controladas, ou pessoas físicas;

e) cessação parcial ou total das atividades da empresa;

f) impedimento a constituição, funcionamento ou desenvolvimento de empresa concorrente;

II – formar acordo, convênio, ajuste ou aliança entre ofertantes, visando:

• Vide *nota ao inciso III deste artigo.*

a) à fixação artificial de preços ou quantidades vendidas ou produzidas;

b) ao controle regionalizado do mercado por empresa ou grupo de empresas;

c) ao controle, em detrimento da concorrência, de rede de distribuição ou de fornecedores;

III – discriminar preços de bens ou de prestação de serviços por ajustes ou acordo de grupo econômico, com o fim de estabelecer monopólio, ou de eliminar, total ou parcialmente, a concorrência;

• *Formação de Cartel: o art. 1º, II, da Lei n. 10.446, de 8 de maio de 2002, dispõe sobre infrações penais de repercussão interestadual e internacional que exigem repressão uniforme para os fins do disposto no inciso I do § 1º do art. 144 da Constituição Federal.*

IV – açambarcar, sonegar, destruir ou inutilizar bens de produção ou de consumo, com o fim de estabelecer monopólio ou de eliminar, total ou parcialmente, a concorrência;

V – provocar oscilação de preços em detrimento de empresa concorrente ou vendedor de matéria-prima, mediante ajuste ou acordo, ou por outro meio fraudulento;

VI — vender mercadorias abaixo do preço de custo, com o fim de impedir a concorrência;

VII — elevar sem justa causa o preço de bem ou serviço, valendo-se de posição dominante no mercado.

•• *Inciso VII com redação determinada pela Lei n. 8.884, de 11 de junho de 1994.*

• Vide *nota ao inciso III deste artigo.*

Pena — reclusão, de 2 (dois) a 5 (cinco) anos, ou multa.

Art. 5º Constitui crime da mesma natureza:

•• *O art. 34 da Lei n. 9.249, de 26 de dezembro de 1995, dispõe sobre a extinção da punibilidade dos crimes previstos neste artigo.*

I — exigir exclusividade de propaganda, transmissão ou difusão de publicidade, em detrimento de concorrência;

II — subordinar a venda de bem ou a utilização de serviço à aquisição de outro bem, ou ao uso de determinado serviço;

III — sujeitar a venda de bem ou a utilização de serviço à aquisição de quantidade arbitrariamente determinada;

IV — recusar-se, sem justa causa, o diretor, administrador, ou gerente de empresa a prestar à autoridade competente ou prestá-la de modo inexato, informação sobre o custo de produção ou preço de venda:

Pena — detenção, de 2 (dois) a 5 (cinco) anos, ou multa.

Parágrafo único. A falta de atendimento da exigência da autoridade, no prazo de 10 (dez) dias, que poderá ser convertido em horas em razão da maior ou menor complexidade da matéria ou da dificuldade quanto ao atendimento da exigência, caracteriza a infração prevista no inciso IV.

Art. 6º Constitui crime da mesma natureza:

•• *O art. 34 da Lei n. 9.249, de 26 de dezembro de 1995, dispõe sobre a extinção da punibilidade dos crimes previstos neste artigo.*

I — vender ou oferecer à venda mercadoria, ou contratar ou oferecer serviço, por preço superior ao oficialmente tabelado, ao fixado por órgão ou entidade governamental, e ao estabelecido em regime legal de controle;

II — aplicar fórmula de reajustamento de preços ou indexação de contrato proibida, ou diversa daquela que for legalmente estabelecida, ou fixada por autoridade competente;

III — exigir, cobrar ou receber qualquer vantagem ou importância adicional de preço tabelado, congelado, administrado, fixado ou controlado pelo Poder Público, inclusive por meio da adoção ou de aumento de taxa ou outro percentual, incidente sobre qualquer contratação:

Pena — detenção, de 1 (um) a 4 (quatro) anos, ou multa.

Art. 7º Constitui crime contra as relações de consumo:

•• *O art. 34 da Lei n. 9.249, de 26 de dezembro de 1995, dispõe sobre a extinção da punibilidade dos crimes previstos neste artigo.*

I — favorecer ou preferir, sem justa causa, comprador ou freguês, ressalvados os sistemas de entrega ao consumo por intermédio de distribuidores ou revendedores;

II — vender ou expor à venda mercadoria cuja embalagem, tipo, especificação, peso ou composição esteja em desacordo com as prescrições legais, ou que não corresponda à respectiva classificação oficial;

III — misturar gêneros e mercadorias de espécies diferentes, para vendê-los ou expô-los à venda como puros; misturar gêneros e mercadorias de qualidades desiguais para vendê-los ou expô-los à venda por preço estabelecido para os de mais alto custo;

IV — fraudar preços por meio de:

a) alteração, sem modificação essencial ou de qualidade, de elementos tais como denominação, sinal externo, marca, embalagem, especificação técnica, descrição, volume, peso, pintura ou acabamento de bem ou serviço;

b) divisão em partes de bem ou serviço, habitualmente oferecido à venda em conjunto;

c) junção de bens ou serviços, comumente oferecidos à venda em separado;

d) aviso de inclusão de insumo não empregado na produção do bem ou na prestação dos serviços;

V — elevar o valor cobrado nas vendas a prazo de bens ou serviços, mediante a exigência de comissão ou de taxa de juros ilegais;

VI — sonegar insumos ou bens, recusando-se a vendê-los a quem pretenda comprá-los nas condições publicamente ofertadas, ou retê-los para o fim de especulação;

VII — induzir o consumidor ou usuário a erro, por via de indicação ou afirmação falsa ou enganosa sobre a natureza, qualidade de bem ou serviço, utilizando-se de qualquer meio, inclusive a veiculação ou divulgação publicitária;

VIII — destruir, inutilizar ou danificar matéria-prima ou mercadoria, com o fim de provocar alta de preço, em proveito próprio ou de terceiros;

IX — vender, ter em depósito para vender ou expor à venda ou, de qualquer forma, entregar matéria-prima ou mercadoria, em condições impróprias ao consumo:

Pena — detenção, de 2 (dois) a 5 (cinco) anos, ou multa.

Parágrafo único. Nas hipóteses dos incisos II, III e IX pune-se a modalidade culposa, reduzindo-se a pena e a detenção de 1/3 (um terço) ou a de multa à quinta parte.

....

Capítulo IV
DAS DISPOSIÇÕES GERAIS

Art. 11. Quem, de qualquer modo, inclusive por meio de pessoa jurídica, concorre para os crimes definidos nesta Lei, incide nas penas a estes cominadas, na medida de sua culpabilidade.

Parágrafo único. Quando a venda ao consumidor for efetuada por sistema de entrega ao consumo ou por intermédio de distribuidor ou revendedor, seja em regime de concessão comercial ou outro em que o preço ao consumidor é estabelecido ou sugerido pelo fabricante ou concedente, o ato por este praticado não alcança o distribuidor ou revendedor.

Art. 12. São circunstâncias que podem agravar de 1/3 (um terço) até a metade as penas previstas nos arts. 1º, 2º e 4º a 7º:

I — ocasionar grave dano à coletividade;

....

III — ser o crime praticado em relação à prestação de serviços ou ao comércio de bens essenciais à vida ou à saúde.

....

Art. 15. Os crimes previstos nesta Lei são de ação penal pública, aplicando-se-lhes o disposto no art. 100 do Decreto-lei n. 2.848, de 7 de dezembro de 1940 — Código Penal.

• *Citado dispositivo consta deste volume.*

Art. 16. Qualquer pessoa poderá provocar a iniciativa do Ministério Público nos crimes descritos nesta Lei, fornecendo-lhe por escrito informações sobre o fato e autoria, bem como indicando o tempo, o lugar e os elementos de convicção.

Parágrafo único. Nos crimes previstos nesta Lei, cometidos em quadrilha ou coautoria, o coautor ou partícipe que através de confissão espontânea revelar à autoridade policial ou judicial toda a trama delituosa terá a sua pena reduzida de um a dois terços.

•• *Parágrafo único acrescentado pela Lei n. 9.080, de 19 de julho de 1995.*

Art. 17. Compete ao Departamento Nacional de Abastecimento e Preços, quando e se necessário, providenciar a desapropriação de estoques, a fim de evitar crise no mercado ou colapso no abastecimento.

....

Brasília, em 27 de dezembro de 1990; 169º da Independência e 102º da República.

Fernando Collor

Lei Complementar n. 80,
de 12 de janeiro de 1994 (*)

Organiza a Defensoria Pública da União, do Distrito Federal e dos Territórios e prescreve normas gerais para sua organização nos Estados, e dá outras providências.

O Presidente da República:

(*) Publicada no *Diário Oficial da União*, de 13 de janeiro de 1994. A Lei n. 10.448, de 9 de maio de 2002, institui o Dia Nacional da Defensoria Pública, a ser comemorado, anualmente, no dia 19 de maio.

Faço saber que o Congresso Nacional decreta e eu sanciono a seguinte Lei:

Título I
DAS DISPOSIÇÕES PRELIMINARES

Art. 1º A Defensoria Pública é instituição permanente, essencial à função jurisdicional do Estado, incumbindo-lhe, como expressão e instrumento do regime democrático, fundamentalmente, a orientação jurídica, a promoção dos direitos humanos e a defesa, em todos os graus, judicial e extrajudicial, dos direitos individuais e coletivos, de forma integral e gratuita, aos necessitados, assim considerados na forma do inciso LXXIV do art. 5º da Constituição Federal.

•• *Artigo com redação determinada pela Lei Complementar n. 132, de 7 de outubro de 2009.*

....

Art. 4º São funções institucionais da Defensoria Pública, dentre outras:

....

VII – promover ação civil pública e todas as espécies de ações capazes de propiciar a adequada tutela dos direitos difusos, coletivos ou individuais homogêneos quando o resultado da demanda puder beneficiar grupo de pessoas hipossuficientes;

•• *Inciso VII com redação determinada pela Lei Complementar n. 132, de 7 de outubro de 2009.*

VIII – exercer a defesa dos direitos e interesses individuais, difusos, coletivos e individuais homogêneos e dos direitos do consumidor, na forma do inciso LXXIV do art. 5º da Constituição Federal;

•• *Inciso VIII com redação determinada pela Lei Complementar n. 132, de 7 de outubro de 2009.*

....

X – promover a mais ampla defesa dos direitos fundamentais dos necessitados, abrangendo seus direitos individuais, coletivos, sociais, econômicos, culturais e ambientais, sendo admissíveis todas as espécies de ações capazes de propiciar sua adequada e efetiva tutela;

•• *Inciso X com redação determinada pela Lei Complementar n. 132, de 7 de outubro de 2009.*

XI – exercer a defesa dos interesses individuais e coletivos da criança e do adolescente, do idoso, da pessoa portadora de necessidades especiais, da mulher vítima de violência doméstica e familiar e de outros grupos sociais vulneráveis que mereçam proteção especial do Estado;

•• *Inciso XI com redação determinada pela Lei Complementar n. 132, de 7 de outubro de 2009.*

....

Título V
DAS DISPOSIÇÕES FINAIS E TRANSITÓRIAS

....

Art. 148. Esta Lei Complementar entra em vigor na data de sua publicação.

Art. 149. Revogam-se as disposições em contrário.

Brasília, 12 de janeiro de 1994; 173º da Independência e 106º da República.

Itamar Franco

Lei n. 8.846, de 21 de janeiro de 1994 (*)

Dispõe sobre a emissão de documentos fiscais e o arbitramento da receita mínima para efeitos tributários, e dá outras providências.

O Presidente da República

Faço saber que o Congresso Nacional decreta e eu sanciono a seguinte lei:

Art. 1º A emissão de nota fiscal, recibo ou documento equivalente, relativo à venda de mer-

(*) Publicada no *Diário Oficial da União*, de 24 de janeiro de 1994.

cadorias, prestação de serviços ou operações de alienação de bens móveis, deverá ser efetuada, para efeito da legislação do imposto sobre a renda e proventos de qualquer natureza, no momento da efetivação da operação.

§ 1º O disposto neste artigo também alcança:

a) a locação de bens móveis e imóveis;

b) quaisquer outras transações realizadas com bens e serviços, praticadas por pessoas físicas ou jurídicas.

§ 2º O Ministro da Fazenda estabelecerá, para efeito da legislação do imposto sobre a renda e proventos de qualquer natureza, os documentos equivalentes à nota fiscal ou recibo podendo dispensá-los quando os considerar desnecessários.

Art. 2º Caracteriza omissão de receita ou de rendimentos, inclusive ganhos de capital para efeito do imposto sobre a renda e proventos de qualquer natureza e das contribuições sociais, incidentes sobre o lucro e o faturamento, a falta de emissão da nota fiscal, recibo ou documento equivalente, no momento da efetivação das operações a que se refere o artigo anterior, bem como a sua emissão com valor inferior ao da operação.

Art. 3º (*Revogado pela Lei n. 9.532, de 10-12-1997.*)

Art. 4º (*Revogado pela Lei n. 9.532, de 10-12-1997.*)

Art. 5º Em todo local onde se proceda à venda de bens ou à prestação de serviços, deverão ser afixados, em lugar visível e de fácil leitura, o teor dos arts. 1º a 4º desta Lei, além de cartazes informativos elaborados pela Secretaria da Receita Federal.

§ 1º A pessoa física ou jurídica que descumprir o disposto neste artigo ficará sujeita à multa correspondente a CR$ 200.000,00 (duzentos mil cruzeiros reais), atualizados monetariamente pela variação da Unidade Fiscal de Referência — UFIR mensal, a ser aplicada pelos órgãos de proteção ao direito do consumidor, vinculados ao Ministério da Justiça.

§ 2º A multa será reaplicada a cada 10 (dez) dias se não atendida a exigência a que se refere o *caput* deste artigo.

....

Art. 10. Ficam convalidados os atos praticados com base nas Medidas Provisórias n. 374, de 22 de novembro de 1993, e n. 391, de 23 de dezembro de 1993.

Art. 11. Esta Lei entra em vigor na data de sua publicação.

Brasília, 24 de janeiro de 1994; 173º da Independência e 106º da República.

ITAMAR FRANCO

Lei n. 8.880, de 27 de maio de 1994 (*)

Dispõe sobre o Programa de Estabilização Econômica e o Sistema Monetário Nacional, institui a Unidade Real de Valor — URV, e dá outras providências.

O Presidente da República

Faço saber que o Congresso Nacional decreta e eu sanciono a seguinte Lei:

....

Art. 36. O Poder Executivo, por intermédio do Ministério da Fazenda, poderá exigir que, em prazo máximo de 5 (cinco) dias úteis, sejam justificadas as distorções apuradas quanto a aumentos abusivos de preços em setores de alta concentração econômica, de preços públicos e de tarifas de serviços públicos.

§ 1º Até a primeira emissão do Real, será considerado como abusivo, para os fins previstos no *caput* deste artigo, o aumento injustificado que resultar em preço equivalente em URV superior à média dos meses de setembro, outubro, novembro e dezembro de 1993.

§ 2º A justificação a que se refere o *caput* deste artigo far-se-á perante a Secretaria de Acompanhamento Econômico do Ministério da Fazenda, que dará conhecimento total dos fatos e

(*) Publicada no *Diário Oficial da União*, de 28 de maio de 1994.

medidas adotadas à Secretaria de Direito Econômico do Ministério da Justiça.

•• *§ 2º com redação determinada pela Lei n. 9.069, de 29 de junho de 1995.*

....

Art. 44. Esta Lei entra em vigor na data de sua publicação.

Brasília, 27 de maio de 1994; 173º da Independência e 106º da República.

ITAMAR FRANCO

Lei n. 8.884, de 11 de junho de 1994 (*)

Transforma o Conselho Administrativo de Defesa Econômica — CADE em autarquia, dispõe sobre a prevenção e a repressão às infrações contra a ordem econômica e dá outras providências.

O Presidente da República.

Faço saber que o Congresso Nacional decreta e eu sanciono a seguinte Lei:

TÍTULO I
DAS DISPOSIÇÕES GERAIS

CAPÍTULO I
DA FINALIDADE

Art. 1º Esta Lei dispõe sobre a prevenção e a repressão às infrações contra a ordem econômica, orientada pelos ditames constitucionais de liberdade de iniciativa, livre concorrência, função social da propriedade, defesa dos consumidores e repressão ao abuso do poder econômico.

Parágrafo único. A coletividade é a titular dos bens jurídicos protegidos por esta Lei.

(*) Publicada no *Diário Oficial da União*, de 13 de junho de 1994.

CAPÍTULO II
DA TERRITORIALIDADE

Art. 2º Aplica-se esta Lei, sem prejuízo de convenções e tratados de que seja signatário o Brasil, às práticas cometidas no todo ou em parte no território nacional ou que nele produzam ou possam produzir efeitos.

§ 1º Reputa-se domiciliada no Território Nacional a empresa estrangeira que opere ou tenha no Brasil filial, agência, sucursal, escritório, estabelecimento, agente ou representante.

•• *§ 1º com redação determinada pela Lei n. 10.149, de 21 de dezembro de 2000.*

§ 2º A empresa estrangeira será notificada e intimada de todos os atos processuais, independentemente de procuração ou de disposição contratual ou estatutária, na pessoa do responsável por sua filial, agência, sucursal, estabelecimento ou escritório instalado no Brasil.

•• *§ 2º acrescentado pela Lei n. 10.149, de 21 de dezembro de 2000.*

TÍTULO II
DO CONSELHO ADMINISTRATIVO DE DEFESA ECONÔMICA — CADE

• *O Decreto n. 5.344, de 14 de janeiro de 2005, aprova a estrutura regimental e o quadro demonstrativo dos cargos em comissão do Conselho Administrativo de Defesa Econômica — CADE.*

• *Regimento Interno do CADE: Resolução n. 45, de 28 de março de 2007, do Ministério da Justiça.*

CAPÍTULO I
DA AUTARQUIA

Art. 3º O Conselho Administrativo de Defesa Econômica — CADE, órgão judicante com jurisdição em todo o território nacional, criado pela Lei n. 4.137, de 10 de setembro de 1962, passa a se constituir em autarquia federal, vinculada ao Ministério da Justiça, com sede e foro no Distrito Federal, e atribuições previstas nesta Lei.

• *A Resolução n. 45, de 28 de março de 2007, aprova o Regimento Interno do Conselho Administrativo de Defesa Econômica – CADE.*

CAPÍTULO II
DA COMPOSIÇÃO DO CONSELHO

Art. 4º O Plenário do CADE é composto por um Presidente e 6 (seis) Conselheiros, escolhidos dentre cidadãos com mais de 30 (trinta) anos de idade, de notório saber jurídico ou econômico e reputação ilibada, nomeados pelo Presidente da República, depois de aprovados pelo Senado Federal.

•• Caput *com redação determinada pela Lei n. 9.021, de 30 de março de 1995.*

• *A Portaria n. 42, de 18 de junho de 2001, cria a Secretaria do Plenário do Conselho Administrativo de Defesa Econômica — CADE.*

§ 1º O mandato do Presidente e dos Conselheiros é de 2 (dois) anos, permitida uma recondução.

§ 2º Os cargos de Presidente e de Conselheiro são de dedicação exclusiva, não se admitindo qualquer acumulação, salvo as constitucionalmente permitidas.

§ 3º No caso de renúncia, morte ou perda de mandato do Presidente do CADE, assumirá o Conselheiro mais antigo ou o mais idoso, nessa ordem, até nova nomeação, sem prejuízo de suas atribuições.

§ 4º No caso de renúncia, morte ou perda de mandato de Conselheiro, proceder-se-á a nova nomeação, para completar o mandato do substituído.

§ 5º Se, nas hipóteses previstas no parágrafo anterior, ou no caso de encerramento de mandato dos Conselheiros, a composição do Conselho ficar reduzida a número inferior ao estabelecido no art. 49, considerar-se-ão automaticamente interrompidos os prazos previstos nos arts. 28, 31, 32, 33, 35, 37, 39, 42, 45, 46, parágrafo único, 52, § 2º, 54, §§ 4º, 6º, 7º e 10, desta Lei, e suspensa a tramitação de processos, iniciando-se a nova contagem imediatamente após a recomposição do *quorum*.

•• *§ 5º acrescentado pela Lei n. 9.470, de 10 de julho de 1997.*

Art. 5º A perda de mandato do Presidente ou dos Conselheiros do CADE só poderá ocorrer em virtude de decisão do Senado Federal, por provocação do Presidente da República, ou em razão de condenação penal irrecorrível por crime doloso, ou de processo disciplinar de conformidade com o que prevê a Lei n. 8.112, de 11 de dezembro de 1990 e a Lei n. 8.429, de 2 de junho de 1992, e por infringência de quaisquer das vedações previstas no art. 6º.

• *A Lei n. 8.112, de 11 de dezembro de 1990, dispõe sobre o regime jurídico dos Servidores Públicos Civis da União, das autarquias e das fundações públicas federais.*

• *A Lei n. 8.429, de 2 de junho de 1992, dispõe sobre as sanções aplicáveis aos agentes públicos nos casos de enriquecimento ilícito no exercício de mandato, cargo, emprego ou função na administração pública direta, indireta ou fundacional.*

Parágrafo único. Também perderá o mandato, automaticamente, o membro do CADE que faltar a 3 (três) reuniões ordinárias consecutivas, ou 20 (vinte) intercaladas, ressalvados os afastamentos temporários autorizados pelo Colegiado.

Art. 6º Ao Presidente e aos Conselheiros é vedado:

I — receber, a qualquer título, e sob qualquer pretexto, honorários, percentagens ou custas;

II — exercer profissão liberal;

III — participar, na forma de controlador, diretor, administrador, gerente, preposto ou mandatário, de sociedade civil, comercial ou empresas de qualquer espécie;

IV — emitir parecer sobre matéria de sua especialização, ainda que em tese, ou funcionar como consultor de qualquer tipo de empresa;

V — manifestar, por qualquer meio de comunicação, opinião sobre processo pendente de julgamento, ou juízo depreciativo sobre despachos, votos ou sentenças de órgãos judiciais, ressalvada a crítica nos autos, em obras técnicas ou no exercício do magistério;

VI — exercer atividade político-partidária.

CAPÍTULO III
DA COMPETÊNCIA DO PLENÁRIO DO CADE

• *A Portaria n. 42, de 18 de junho de 2001, cria a Secretaria do Plenário do Conselho Administrativo de Defesa Econômica — CADE.*

Art. 7º Compete ao Plenário do CADE:

I — zelar pela observância desta Lei e seu Regulamento e do Regimento Interno do Conselho;

• *A Resolução n. 45, de 28 de março de 2007, aprova o Regimento Interno do CADE.*

II — decidir sobre a existência de infração à ordem econômica e aplicar as penalidades previstas na Lei;

III — decidir os processos instaurados pela Secretaria de Direito Econômico do Ministério da Justiça;

IV — decidir os recursos de ofício do Secretário da SDE;

V — ordenar providências que conduzam à cessação de infração à ordem econômica, dentro do prazo que determinar;

VI — aprovar os termos do compromisso de cessação de prática e do compromisso de desempenho, bem como determinar à SDE que fiscalize seu cumprimento;

VII — apreciar em grau de recurso as medidas preventivas adotadas pela SDE ou pelo Conselheiro-Relator;

VIII — intimar os interessados de suas decisões;

IX — requisitar informações de quaisquer pessoas, órgãos, autoridades e entidades públicas ou privadas, respeitando e mantendo o sigilo legal quando for o caso, bem como determinar as diligências que se fizerem necessárias ao exercício das suas funções;

X — requisitar dos órgãos do Poder Executivo Federal e solicitar das autoridades dos Estados, Municípios, Distrito Federal e Territórios as medidas necessárias ao cumprimento desta Lei;

XI — contratar a realização de exames, vistorias e estudos, aprovando, em cada caso, os respectivos honorários profissionais e demais despesas de processo, que deverão ser pagas pela empresa, se vier a ser punida nos termos desta Lei;

• *A Resolução n. 13, de 13 de maio de 1998, do Conselho Administrativo de Defesa Econômica, aprova o modelo de termo de responsabilidade para empresas de auditoria que farão acompanhamento das decisões plenárias com compromisso de desempenho.*

XII — apreciar os atos ou condutas, sob qualquer forma manifestados, sujeitos à aprovação nos termos do art. 54, fixando compromisso de desempenho, quando for o caso;

XIII — requerer ao Poder Judiciário a execução de suas decisões, nos termos desta Lei;

XIV — requisitar serviços e pessoal de quaisquer órgãos e entidades do Poder Público Federal;

XV — determinar à Procuradoria do CADE a adoção de providências administrativas e judiciais;

XVI — firmar contratos e convênios com órgãos ou entidades nacionais e submeter, previamente, ao Ministro de Estado da Justiça os que devam ser celebrados com organismos estrangeiros ou internacionais;

XVII — responder a consultas sobre matéria de sua competência;

• *A Lei n. 9.781, de 19 de janeiro de 1999, regulamentada pelo Decreto n. 2.978, de 2 de março de 1999, institui taxa processual sobre processos de competência do Conselho Administrativo de Defesa Econômica – CADE.*

XVIII — instruir o público sobre as formas de infração da ordem econômica;

XIX — elaborar e aprovar seu regimento interno, dispondo sobre seu funcionamento, na forma das deliberações, normas de procedimento e organização de seus serviços internos, inclusive estabelecendo férias coletivas do Colegiado e do Procurador-Geral, durante o qual não correrão os prazos processuais nem aquele referido no § 6º do art. 54 desta Lei;

•• *Inciso XIX com redação determinada pela Lei n. 9.069, de 29 de junho de 1995.*

• *A Resolução n. 45, de 28 de março de 2007, aprova o Regimento Interno do CADE.*

XX — propor a estrutura do quadro de pessoal da Autarquia, observado o disposto no inciso II do art. 37 da Constituição Federal;

• *O Decreto n. 5.344, de 14 de janeiro de 2005, aprova a Estrutura Regimental e o Quadro Demonstrativo dos Cargos em Comissão do Conselho Administrativo de Defesa Econômica — CADE.*

XXI — elaborar proposta orçamentária nos termos desta Lei;

XXII — indicar o substituto eventual do Procurador-Geral nos casos de faltas, afastamento ou impedimento.

•• *Inciso XXII acrescentado pela Lei n. 9.069, de 29 de junho de 1995.*

Capítulo IV
DA COMPETÊNCIA DO PRESIDENTE DO CADE

Art. 8º Compete ao Presidente do CADE:

I — representar legalmente a Autarquia, em juízo e fora dele;

II — presidir, com direito a voto, inclusive o de qualidade, as reuniões do Plenário;

III — distribuir os processos, por sorteio, nas reuniões do Plenário;

IV — convocar as sessões e determinar a organização da respectiva pauta;

V — cumprir e fazer cumprir as decisões do CADE;

VI — determinar à Procuradoria as providências judiciais para execução das decisões e julgados da Autarquia;

VII — assinar os compromissos de cessação de infração da ordem econômica e os compromissos de desempenho;

VIII — submeter à aprovação do Plenário a proposta orçamentária, e a lotação ideal do pessoal que prestará serviço à entidade;

IX — orientar, coordenar e supervisionar as atividades administrativas da entidade.

Capítulo V
DA COMPETÊNCIA DOS CONSELHEIROS DO CADE

Art. 9º Compete aos Conselheiros do CADE:

I — emitir voto nos processos e questões submetidas ao Plenário;

II — proferir despachos e lavrar as decisões nos processos em que forem relatores;

III — submeter ao Plenário a requisição de informações e documentos de quaisquer pessoas, órgãos, autoridades e entidades públicas ou privadas, a serem mantidas sob sigilo legal, quando for o caso, bem como determinar as diligências que se fizerem necessárias ao exercício das suas funções;

IV — adotar medidas preventivas fixando o valor da multa diária pelo seu descumprimento;

V — desincumbir-se das demais tarefas que lhes forem cometidas pelo regimento.

Capítulo VI
DA PROCURADORIA DO CADE

Art. 10. Junto ao CADE funcionará uma Procuradoria, com as seguintes atribuições:

I — prestar assessoria jurídica à Autarquia e defendê-la em juízo;

II — promover a execução judicial das decisões e julgados da Autarquia;

III — requerer, com autorização do Plenário, medidas judiciais visando à cessação de infrações da ordem econômica;

IV — promover acordos judiciais nos processos relativos a infrações contra a ordem econômica, mediante autorização do Plenário do CADE, e ouvido o representante do Ministério Público Federal;

V — emitir parecer nos processos de competência do CADE;

VI — zelar pelo cumprimento desta Lei;

VII — desincumbir-se das demais tarefas que lhe sejam atribuídas pelo Regimento Interno.

Art. 11. O Procurador-Geral será indicado pelo Ministro de Estado da Justiça e nomeado pelo Presidente da República, dentre brasileiros de ilibada reputação e notório conhecimento jurídico, depois de aprovado pelo Senado Federal.

§ 1º O Procurador-Geral participará das reuniões do CADE, sem direito a voto.

§ 2º Aplicam-se ao Procurador-Geral as mesmas normas de tempo de mandato, recondução, impedimentos, perda de mandato e substituição aplicáveis aos Conselheiros do CADE.

§ 3º Nos casos de faltas, afastamento temporário ou impedimento do Procurador-Geral, o Plenário indicará e o Presidente do CADE nomeará o substituto eventual, para atuar por prazo não superior a 90 (noventa) dias, dispensada a aprovação pelo Senado Federal, fazendo ele jus à remuneração do cargo enquanto durar a substituição.

•• *§ 3º acrescentado pela Lei n. 9.069, de 29 de junho de 1995.*

Título III

DO MINISTÉRIO PÚBLICO FEDERAL PERANTE O CADE

Art. 12. O Procurador-Geral da República, ouvido o Conselho Superior, designará membro do Ministério Público Federal para, nesta qualidade, oficiar nos processos sujeitos à apreciação do CADE.

Parágrafo único. O CADE poderá requerer ao Ministério Público Federal que promova a execução de seus julgados ou do compromisso de cessação, bem como a adoção de medidas judiciais, no exercício da atribuição estabelecida pela alínea *b* do inciso XIV do art. 6º da Lei Complementar n. 75, de 20 de maio de 1993.

• *A Lei Complementar n. 75, de 20 de maio de 1993, em seu art. 6º, XIV, b, dispõe: "Compete ao Ministério Público da União: ... XIV — promover outras ações necessárias ao exercício de suas funções institucionais, em defesa da ordem jurídica, do regime democrático e dos interesses sociais e individuais indisponíveis, especialmente quanto: ... b) à ordem econômica e financeira;".*

Título IV

DA SECRETARIA DE DIREITO ECONÔMICO

• *A Portaria n. 961, de 16 de agosto de 2002, do Ministério da Justiça, aprova o regimento interno da Secretaria de Direito Econômico.*

Art. 13. A Secretaria de Direito Econômico do Ministério da Justiça — SDE, com a estrutura que lhe confere a lei, será dirigida por um Secretário, indicado pelo Ministro de Estado de Justiça, dentre brasileiros de notório saber jurídico ou econômico e ilibada reputação, nomeado pelo Presidente da República.

Art. 14. Compete à SDE:

I — zelar pelo cumprimento desta Lei, monitorando e acompanhando as práticas de mercado;

II — acompanhar, permanentemente, as atividades e práticas comerciais de pessoas físicas ou jurídicas que detiverem posição dominante em mercado relevante de bens ou serviços, para prevenir infrações da ordem econômica, podendo, para tanto, requisitar as informações e documentos necessários, mantendo o sigilo legal, quando for o caso;

III — proceder, em face de indícios de infração da ordem econômica, a averiguações preliminares para instauração de processo administrativo;

IV — decidir pela insubsistência dos indícios, arquivando os autos das averiguações preliminares;

V — requisitar informações de quaisquer pessoas, órgãos, autoridades e entidades públicas ou privadas, mantendo o sigilo legal quando for o caso, bem como determinar as diligências que se fizerem necessárias ao exercício das suas funções;

VI — instaurar processo administrativo para apuração e repressão de infrações da ordem econômica;

VII — recorrer de ofício ao CADE, quando decidir pelo arquivamento das averiguações preliminares ou do processo administrativo;

VIII — remeter ao CADE, para julgamento, os processos que instaurar, quando entender configurada infração da ordem econômica;

IX — celebrar, nas condições que estabelecer, compromisso de cessação, submetendo-o ao CADE, e fiscalizar o seu cumprimento;

X — sugerir ao CADE condições para a celebração de compromisso de desempenho, e fiscalizar o seu cumprimento;

XI — adotar medidas preventivas que conduzam à cessação de prática que constitua infração da ordem econômica, fixando prazo para seu cumprimento e o valor da multa diária a ser aplicada, no caso de descumprimento;

XII — receber e instruir os processos a serem julgados pelo CADE, inclusive consultas, e fiscalizar o cumprimento das decisões do CADE;

XIII — orientar os órgãos da administração pública quanto à adoção de medidas necessárias ao cumprimento desta Lei;

XIV — desenvolver estudos e pesquisas objetivando orientar a política de prevenção de infrações da ordem econômica;

XV — instruir o público sobre as diversas formas de infração da ordem econômica, e os modos de sua prevenção e repressão;

XVI — exercer outras atribuições previstas em lei.

Título V
DAS INFRAÇÕES DA ORDEM ECONÔMICA

Capítulo I
DAS DISPOSIÇÕES GERAIS

Art. 15. Esta Lei aplica-se às pessoas físicas ou jurídicas de direito público ou privado, bem como a quaisquer associações de entidades ou pessoas, constituídas de fato ou de direito, ainda que temporariamente, com ou sem personalidade jurídica, mesmo que exerçam atividade sob regime de monopólio legal.

Art. 16. As diversas formas de infração da ordem econômica implicam a responsabilidade da empresa e a responsabilidade individual de seus dirigentes ou administradores, solidariamente.

Art. 17. Serão solidariamente responsáveis as empresas ou entidades integrantes de grupo econômico, de fato ou de direito, que praticarem infração da ordem econômica.

Art. 18. A personalidade jurídica do responsável por infração da ordem econômica poderá ser desconsiderada quando houver da parte deste abuso de direito, excesso de poder, infração da lei, fato ou ato ilícito ou violação dos estatutos ou contrato social. A desconsideração também será efetivada quando houver falência, estado de insolvência, encerramento ou inatividade da pessoa jurídica provocados por má administração.

- Vide *art. 28 da Lei n. 8.078, de 11 de setembro de 1990.*

Art. 19. A repressão das infrações da ordem econômica não exclui a punição de outros ilícitos previstos em lei.

Capítulo II
DAS INFRAÇÕES

- A *Lei n. 8.137, de 27 de dezembro de 1990, define os crimes contra a ordem tributária, econômica e contra as relações de consumo.*

Art. 20. Constituem infração da ordem econômica, independentemente de culpa, os atos sob qualquer forma manifestados, que tenham por objeto ou possam produzir os seguintes efeitos, ainda que não sejam alcançados:

I — limitar, falsear ou de qualquer forma prejudicar a livre concorrência ou a livre iniciativa;

II — dominar mercado relevante de bens ou serviços;

III — aumentar arbitrariamente os lucros;

IV — exercer de forma abusiva posição dominante.

- Vide *art. 10 da Lei n. 9.021, de 30 de março de 1995.*

§ 1º A conquista de mercado resultante de processo natural fundado na maior eficiência de agente econômico em relação a seus competidores não caracteriza o ilícito previsto no inciso II.

§ 2º Ocorre posição dominante quando uma empresa ou grupo de empresas controla parcela substancial de mercado relevante, como fornecedor, intermediário, adquirente ou financiador de um produto, serviço ou tecnologia a ele relativa.

§ 3º A posição dominante a que se refere o parágrafo anterior é presumida quando a empresa ou grupo de empresas controla 20% (vinte por cento) de mercado relevante, podendo este percentual ser alterado pelo CADE para setores específicos da economia.

•• *§ 3º com redação determinada pela Lei n. 9.069, de 29 de junho de 1995.*

Art. 21. As seguintes condutas, além de outras, na medida em que configurem hipótese prevista no art. 20 e seus incisos, caracterizam infração da ordem econômica:

I — fixar ou praticar, em acordo com concorrente, sob qualquer forma, preços e condições de venda de bens ou de prestação de serviços;

• Vide *art. 53, § 2º, desta Lei.*

II — obter ou influenciar a adoção de conduta comercial uniforme ou concertada entre concorrentes;

• Vide *art. 53, § 2º, desta Lei.*

III — dividir os mercados de serviços ou produtos, acabados ou semiacabados, ou as fontes de abastecimento de matérias-primas ou produtos intermediários;

• Vide *art. 53, § 2º, desta Lei.*

IV — limitar ou impedir o acesso de novas empresas ao mercado;

V — criar dificuldades à constituição, ao funcionamento ou ao desenvolvimento de empresa concorrente ou de fornecedor, adquirente ou financiador de bens ou serviços;

VI — impedir o acesso de concorrente às fontes de insumo, matérias-primas, equipamentos ou tecnologia, bem como aos canais de distribuição;

VII — exigir ou conceder exclusividade para divulgação de publicidade nos meios de comunicação de massa;

VIII — combinar previamente preços ou ajustar vantagens na concorrência pública ou administrativa;

• Vide *art. 53, § 2º, desta Lei.*

IX — utilizar meios enganosos para provocar a oscilação de preços de terceiros;

X — regular mercados de bens ou serviços, estabelecendo acordos para limitar ou controlar a pesquisa e o desenvolvimento tecnológico, a produção de bens ou prestação de serviços, ou para dificultar investimentos destinados à produção de bens ou serviços ou à sua distribuição;

XI — impor, no comércio de bens ou serviços, a distribuidores, varejistas e representantes, preços de revenda, descontos, condições de pagamento, quantidades mínimas ou máximas, margem de lucro ou quaisquer outras condições de comercialização relativos a negócios destes com terceiros;

XII — discriminar adquirentes ou fornecedores de bens ou serviços por meio da fixação diferenciada de preços, ou de condições operacionais de venda ou prestação de serviços;

XIII — recusar a venda de bens ou a prestação de serviços, dentro das condições de pagamento normais aos usos e costumes comerciais;

XIV — dificultar ou romper a continuidade ou desenvolvimento de relações comerciais de prazo indeterminado em razão de recusa da outra parte em submeter-se a cláusulas e condições comerciais injustificáveis ou anticoncorrenciais;

XV — destruir, inutilizar ou açambarcar matérias-primas, produtos intermediários ou acabados, assim como destruir, inutilizar ou dificultar a operação de equipamentos destinados a produzi-los, distribuí-los ou transportá-los;

XVI — açambarcar ou impedir a exploração de direitos de propriedade industrial ou intelectual ou de tecnologia;

XVII — abandonar, fazer abandonar ou destruir lavouras ou plantações, sem justa causa comprovada;

XVIII — vender injustificadamente mercadoria abaixo do preço de custo;

XIX — importar quaisquer bens abaixo do custo no país exportador, que não seja signatário dos

Códigos *Antidumping* e de Subsídios do GATT;

XX — interromper ou reduzir em grande escala a produção, sem justa causa comprovada;

XXI — cessar parcial ou totalmente as atividades da empresa sem justa causa comprovada;

XXII — reter bens de produção ou de consumo, exceto para garantir a cobertura dos custos de produção;

XXIII — subordinar a venda de um bem à aquisição de outro ou à utilização de um serviço, ou subordinar a prestação de um serviço à utilização de outro ou à aquisição de um bem;

• Vide *art. 39, I, da Lei n. 8.078, de 11 de setembro de 1990.*

XXIV — impor preços excessivos, ou aumentar sem justa causa o preço de bem ou serviço.

Parágrafo único. Na caracterização da imposição de preços excessivos ou do aumento injustificado de preços, além de outras circunstâncias econômicas e mercadológicas relevantes, considerar-se-á:

I — o preço do produto ou serviço, ou sua elevação, não justificados pelo comportamento do custo dos respectivos insumos, ou pela introdução de melhorias de qualidade;

II — o preço de produto anteriormente produzido, quando se tratar de sucedâneo resultante de alterações não substanciais;

III — o preço de produtos e serviços similares, ou sua evolução, em mercados competitivos comparáveis;

IV — a existência de ajuste ou acordo, sob qualquer forma, que resulte em majoração do preço de bem ou serviço ou dos respectivos custos.

Art. 22. (*Vetado.*)

Parágrafo único. (*Vetado.*)

Capítulo III
DAS PENAS

Art. 23. A prática de infração da ordem econômica sujeita os responsáveis às seguintes penas:

• Vide *art. 11 da Lei n. 9.021, de 30 de março de 1995.*

I — no caso de empresa, multa de 1 (um) a 30 (trinta) por cento do valor do faturamento bruto no seu último exercício, excluídos os impostos, a qual nunca será inferior à vantagem auferida, quando quantificável;

II — no caso de administrador, direta ou indiretamente responsável pela infração cometida por empresa, multa de 10 (dez) a 50 (cinquenta) por cento do valor daquela aplicável à empresa, de responsabilidade pessoal e exclusiva ao administrador;

III — no caso das demais pessoas físicas ou jurídicas de direito público ou privado, bem como quaisquer associações de entidades ou pessoas constituídas de fato ou de direito, ainda que temporariamente, com ou sem personalidade jurídica, que não exerçam atividade empresarial, não sendo possível utilizar-se o critério do valor do faturamento bruto, a multa será de 6.000 (seis mil) a 6.000.000 (seis milhões) de Unidades Fiscais de Referência — UFIR, ou padrão superveniente.

•• *Inciso III acrescentado pela Lei n. 9.069, de 29 de junho de 1995.*

Parágrafo único. Em caso de reincidência, as multas cominadas serão aplicadas em dobro.

•• Vide *art. 11 da Lei n. 9.021, de 30 de março de 1995, que estabelece que, para os fins previstos neste artigo, "será considerado o faturamento da empresa no exercício anterior ao da instauração do processo administrativo, corrigido segundo os critérios de atualização dos tributos federais pagos em atraso, até a data do recolhimento da respectiva multa".*

Art. 24. Sem prejuízo das penas cominadas no artigo anterior, quando assim o exigir a gravidade dos fatos ou o interesse público geral, poderão ser impostas as seguintes penas, isolada ou cumulativamente:

I — a publicação, em meia página e às expensas do infrator, em jornal indicado na decisão, de extrato da decisão condenatória, por 2 (dois) dias seguidos, de uma a três semanas consecutivas;

II — a proibição de contratar com instituições

financeiras oficiais e participar de licitação tendo por objeto aquisições, alienações, realização de obras e serviços, concessão de serviços públicos, junto à Administração Pública Federal, Estadual, Municipal e do Distrito Federal, bem como entidades da administração indireta, por prazo não inferior a 5 (cinco) anos;

III – a inscrição do infrator no Cadastro Nacional de Defesa do Consumidor;

IV – a recomendação aos órgãos públicos competentes para que:

a) seja concedida licença compulsória de patentes de titularidade do infrator;

b) não seja concedido ao infrator parcelamento de tributos federais por ele devidos ou para que sejam cancelados, no todo ou em parte, incentivos fiscais ou subsídios públicos;

V – a cisão de sociedade, transferência de controle societário, venda de ativos, cessação parcial de atividade, ou qualquer outro ato ou providência necessários para a eliminação dos efeitos nocivos à ordem econômica.

Art. 25. Pela continuidade de atos ou situações que configurem infração da ordem econômica, após decisão do Plenário do CADE determinando sua cessação, ou pelo descumprimento de medida preventiva ou compromisso de cessação previstos nesta Lei, o responsável fica sujeito a multa diária de valor não inferior a 5.000 (cinco mil) Unidades Fiscais de Referência – UFIR, ou padrão superveniente, podendo ser aumentada em até 20 (vinte) vezes se assim o recomendar sua situação econômica e a gravidade da infração.

Art. 26. A recusa, omissão, enganosidade, ou retardamento injustificado de informação ou documentos solicitados pelo CADE, SDE, SEAE, ou qualquer entidade pública atuando na aplicação desta Lei, constitui infração punível com multa diária de 5.000 UFIR, podendo ser aumentada em até 20 (vinte) vezes se necessário para garantir sua eficácia em razão da situação econômica do infrator.

•• Caput *com redação determinada pela Lei n. 9.021, de 30 de março de 1995.*

•• *A Portaria n. 4, de 5 de janeiro de 2006, do Ministério da Justiça, regulamenta o procedimento previsto neste* caput.

§ 1º O montante fixado para a multa diária de que trata o *caput* deste artigo constará do documento que contiver a requisição da autoridade competente.

•• *§ 1º acrescentado pela Lei n. 10.149, de 21 de dezembro de 2000.*

§ 2º A multa prevista neste artigo será computada diariamente até o limite de 90 (noventa) dias contados a partir da data fixada no documento a que se refere o parágrafo anterior.

•• *§ 2º acrescentado pela Lei n. 10.149, de 21 de dezembro de 2000.*

§ 3º Compete à autoridade requisitante a aplicação da multa prevista no *caput* deste artigo.

•• *§ 3º acrescentado pela Lei n. 10.149, de 21 de dezembro de 2000.*

§ 4º Responde solidariamente pelo pagamento da multa de que trata este artigo, a filial, sucursal, escritório ou estabelecimento, no País, de empresa estrangeira.

•• *§ 4º acrescentado pela Lei n. 10.149, de 21 de dezembro de 2000.*

§ 5º A falta injustificada do representado ou de terceiros, quando intimados para prestar esclarecimentos orais, no curso de procedimento, de averiguações preliminares ou de processo administrativo, sujeitará o faltante à multa de R$ 500,00 (quinhentos reais) a R$ 10.700,00 (dez mil e setecentos reais), conforme sua situação econômica, que será aplicada mediante auto de infração pela autoridade requisitante.

•• *§ 5º acrescentado pela Lei n. 10.149, de 21 de dezembro de 2000.*

•• *A Portaria n. 4, de 5 de janeiro de 2006, do Ministério da Justiça, regulamenta o procedimento previsto neste § 5º.*

Art. 26-A. Impedir, obstruir ou de qualquer outra forma dificultar a realização de inspeção autorizada pela SDE ou SEAE no âmbito de averiguação preliminar, procedimento ou processo administrativo sujeitará o inspecionado ao pagamento de multa de R$ 21.200,00 (vinte e um mil e duzentos reais) a R$ 425.700,00 (quatrocentos e vinte e cinco mil e setecentos reais), conforme a situação econômica do infrator, mediante a lavratura de auto de infração pela Secretaria competente.

- •• *Artigo acrescentado pela Lei n. 10.149, de 21 de dezembro de 2000.*
- •• *A Portaria n. 4, de 5 de janeiro de 2006, do Ministério da Justiça, regulamenta o procedimento previsto neste artigo.*

Art. 27. Na aplicação das penas estabelecidas nesta Lei serão levados em consideração:

I — a gravidade da infração;

II — a boa-fé do infrator;

III — a vantagem auferida ou pretendida pelo infrator;

IV — a consumação ou não da infração;

V — o grau de lesão, ou perigo de lesão, à livre concorrência, à economia nacional, aos consumidores, ou a terceiros;

VI — os efeitos econômicos negativos produzidos no mercado;

VII — a situação econômica do infrator;

VIII — a reincidência.

Capítulo IV
DA PRESCRIÇÃO

Art. 28. (*Revogado pela Lei n. 9.873, de 23-11-1999.*)

Capítulo V
DO DIREITO DE AÇÃO

Art. 29. Os prejudicados, por si ou pelos legitimados do art. 82 da Lei n. 8.078, de 11 de setembro de 1990, poderão ingressar em juízo para, em defesa de seus interesses individuais ou individuais homogêneos, obter a cessação de práticas que constituam infração da ordem econômica, bem como o recebimento de indenização por perdas e danos sofridos, independentemente do processo administrativo, que não será suspenso em virtude do ajuizamento de ação.

Título VI
DO PROCESSO ADMINISTRATIVO

Capítulo I
DAS AVERIGUAÇÕES PRELIMINARES

Art. 30. A SDE promoverá averiguações preliminares, de ofício ou à vista de representação escrita e fundamentada de qualquer interessado, quando os indícios de infração à ordem econômica não forem suficientes para a instauração de processo administrativo.

- •• Caput *com redação determinada pela Lei n. 10.149, de 21 de dezembro de 2000.*
- •• *A Portaria n. 4, de 5 de janeiro de 2006, do Ministério da Justiça, regulamenta o procedimento previsto neste artigo.*

§ 1º Nas averiguações preliminares, o Secretário da SDE poderá adotar quaisquer das providências previstas nos arts. 35, 35-A e 35-B, inclusive requerer esclarecimentos do representado ou de terceiros, por escrito ou pessoalmente.

- •• *§ 1º com redação determinada pela Lei n. 10.149, de 21 de dezembro de 2000.*

§ 2º A representação de Comissão do Congresso Nacional, ou de qualquer de suas Casas, independe de averiguações preliminares, instaurando-se desde logo o processo administrativo.

§ 3º As averiguações preliminares poderão correr sob sigilo, no interesse das investigações, a critério do Secretário da SDE.

- •• *§ 3º acrescentado pela Lei n. 10.149, de 21 de dezembro de 2000.*

Art. 31. Concluídas, dentro de 60 (sessenta) dias, as averiguações preliminares, o Secretário da SDE determinará a instauração do processo administrativo ou o seu arquivamento, recorrendo de ofício ao CADE neste último caso.

- • Vide *art. 4º, § 5º, desta Lei.*

Capítulo II
DA INSTAURAÇÃO E INSTRUÇÃO DO PROCESSO ADMINISTRATIVO

Art. 32. O processo administrativo será instaurado em prazo não superior a 8 (oito) dias, contado do conhecimento do fato, da representação, ou do encerramento das averiguações preliminares, por despacho fundamentado do Secretário da SDE, que especificará os fatos a serem apurados.

•• *A Portaria n. 4, de 5 de janeiro de 2006, do Ministério da Justiça, regulamenta o procedimento previsto neste artigo.*

• Vide *art. 4º, § 5º, desta Lei.*

Art. 33. O representado será notificado para apresentar defesa no prazo de 15 (quinze) dias.

• Vide *art. 4º, § 5º, desta Lei.*

§ 1º A notificação inicial conterá inteiro teor do despacho de instauração do processo administrativo e da representação, se for o caso.

§ 2º A notificação inicial do representado será feita pelo correio, com aviso de recebimento em nome próprio, ou, não tendo êxito a notificação postal, por edital publicado no *Diário Oficial da União* e em jornal de grande circulação no Estado em que resida ou tenha sede, contando-se os prazos da juntada do Aviso de Recebimento, ou da publicação, conforme o caso.

§ 3º A intimação dos demais atos processuais será feita mediante publicação no *Diário Oficial da União*, da qual deverão constar o nome do representado e de seu advogado.

§ 4º O representado poderá acompanhar o processo administrativo por seu titular e seus diretores ou gerentes, ou por advogado legalmente habilitado, assegurando-se-lhes amplo acesso ao processo na SDE e no CADE.

Art. 34. Considerar-se-á revel o representado que, notificado, não apresentar defesa no prazo legal, incorrendo em confissão quanto à matéria de fato, contra ele correndo os demais prazos, independentemente de notificação. Qualquer que seja a fase em que se encontre o processo, nele poderá intervir o revel, sem direito à repetição de qualquer ato já praticado.

Art. 35. Decorrido o prazo de apresentação da defesa, a SDE determinará a realização de diligências e a produção de provas de interesse da Secretaria, a serem apresentadas no prazo de 15 (quinze) dias, sendo-lhe facultado exercer os poderes de instrução previstos nesta Lei, mantendo-se o sigilo legal quando for o caso.

•• Caput *com redação determinada pela Lei n. 10.149, de 21 de dezembro de 2000.*

• Vide *art. 4º, § 5º, desta Lei.*

§ 1º As diligências e provas determinadas pelo Secretário da SDE, inclusive inquirição de testemunhas, serão concluídas no prazo de 45 (quarenta e cinco) dias, prorrogável por igual período em caso de justificada necessidade.

•• *Primitivo parágrafo único renumerado pela Lei n. 10.149, de 21 de dezembro de 2000.*

§ 2º Respeitado o objeto de averiguação preliminar, de procedimento ou de processo administrativo, compete ao Secretário da SDE autorizar, mediante despacho fundamentado, a realização de inspeção na sede social, estabelecimento, escritório, filial ou sucursal de empresa investigada, notificando-se a inspecionada com pelo menos 24 (vinte e quatro) horas de antecedência, não podendo a diligência ter início antes das 6 (seis) ou após às 18 (dezoito) horas.

•• *§ 2º acrescentado pela Lei n. 10.149, de 21 de dezembro de 2000.*

•• *A Portaria n. 4, de 5 de janeiro de 2006, do Ministério da Justiça, regulamenta o procedimento previsto neste parágrafo.*

§ 3º Na hipótese do parágrafo anterior, poderão ser inspecionados estoques, objetos, papéis de qualquer natureza, assim como livros comerciais, computadores e arquivos magnéticos, podendo-se extrair ou requisitar cópias de quaisquer documentos ou dados eletrônicos.

•• *§ 3º acrescentado pela Lei n. 10.149, de 21 de dezembro de 2000.*

Art. 35-A. A Advocacia-Geral da União, por solicitação da SDE, poderá requerer ao Poder Judiciário mandado de busca e apreensão de objetos, papéis de qualquer natureza, assim como de livros comerciais, computadores e arquivos magnéticos de empresa ou pessoa física, no interesse da instrução do procedimento, das averiguações preliminares ou do processo administrativo, aplicando-se, no que couber, o disposto no art. 839 e seguintes do Código de Processo Civil, sendo inexigível a propositura de ação principal.

•• *Caput acrescentado pela Lei n. 10.149, de 21 de dezembro de 2000.*

•• *A Portaria n. 4, de 5 de janeiro de 2006, do Ministério da Justiça, regulamenta o procedimento previsto neste artigo.*

§ 1º No curso de procedimento administrativo destinado a instruir representação a ser encaminhada à SDE, poderá a SEAE exercer, no que couber, as competências previstas no *caput* deste artigo e no art. 35 desta Lei.

•• *§ 1º acrescentado pela Lei n. 10.149, de 21 de dezembro de 2000.*

§ 2º O procedimento administrativo de que trata o parágrafo anterior poderá correr sob sigilo, no interesse das investigações, a critério da SEAE.

•• *§ 2º acrescentado pela Lei n. 10.149, de 21 de dezembro de 2000.*

Art. 35-B. A União, por intermédio da SDE, poderá celebrar acordo de leniência, com a extinção da ação punitiva da administração pública ou a redução de um a dois terços da penalidade aplicável, nos termos deste artigo, com pessoas físicas e jurídicas que forem autoras de infração à ordem econômica, desde que colaborem efetivamente com as investigações e o processo administrativo e que dessa colaboração resulte:

I — a identificação dos demais coautores da infração; e

II — a obtenção de informações e documentos que comprovem a infração noticiada ou sob investigação.

•• *Caput e incisos acrescentados pela Lei n. 10.149, de 21 de dezembro de 2000.*

§ 1º O disposto neste artigo não se aplica às empresas ou pessoas físicas que tenham estado à frente da conduta tida como infracionária.

•• *§ 1º acrescentado pela Lei n. 10.149, de 21 de dezembro de 2000.*

§ 2º O acordo de que trata o *caput* deste artigo somente poderá ser celebrado se preenchidos, cumulativamente, os seguintes requisitos:

I — a empresa ou pessoa física seja a primeira a se qualificar com respeito à infração noticiada ou sob investigação;

II — a empresa ou pessoa física cesse completamente seu envolvimento na infração noticiada ou sob investigação a partir da data de propositura do acordo;

III — a SDE não disponha de provas suficientes para assegurar a condenação da empresa ou pessoa física quando da propositura do acordo; e

IV — a empresa ou pessoa física confesse sua participação no ilícito e coopere plena e permanentemente com as investigações e o processo administrativo, comparecendo, sob suas expensas, sempre que solicitada, a todos os atos processuais, até seu encerramento.

•• *§ 2º acrescentado pela Lei n. 10.149, de 21 de dezembro de 2000.*

§ 3º O acordo de leniência firmado com a União, por intermédio da SDE, estipulará as condições necessárias para assegurar a efetividade da colaboração e o resultado útil do processo.

•• *§ 3º acrescentado pela Lei n. 10.149, de 21 de dezembro de 2000.*

§ 4º A celebração de acordo de leniência não se sujeita à aprovação do CADE, competindo-lhe, no entanto, quando do julgamento do processo administrativo, verificado o cumprimento do acordo:

I — decretar a extinção da ação punitiva da administração pública em favor do infrator, nas hipóteses em que a proposta de acordo tiver sido apresentada à SDE sem que essa tivesse conhecimento prévio da infração noticiada; ou

II — nas demais hipóteses, reduzir de um a dois terços as penas aplicáveis, observado o disposto no art. 27 desta Lei, devendo ainda considerar na gradação da pena a efetividade da colaboração prestada e a boa-fé do infrator no cumprimento do acordo de leniência.

•• *§ 4º acrescentado pela Lei n. 10.149, de 21 de dezembro de 2000.*

§ 5º Na hipótese do inciso II do parágrafo anterior, a pena sobre a qual incidirá o fator redutor não será superior à menor das penas aplicadas aos demais coautores da infração, relativamente aos percentuais fixados para a aplicação das multas de que trata o art. 23 desta Lei.

•• *§ 5º acrescentado pela Lei n. 10.149, de 21 de dezembro de 2000.*

§ 6º Serão estendidos os efeitos do acordo de leniência aos dirigentes e administradores da empresa habilitada, envolvidos na infração, desde que firmem o respectivo instrumento em conjunto com a empresa, respeitadas as condições impostas nos incisos II a IV do § 2º deste artigo.

•• *§ 6º acrescentado pela Lei n. 10.149, de 21 de dezembro de 2000.*

§ 7º A empresa ou pessoa física que não obtiver, no curso de investigação ou processo administrativo, habilitação para a celebração do acordo de que trata este artigo, poderá celebrar com a SDE, até a remessa do processo para julgamento, acordo de leniência relacionado a uma outra infração, da qual não tenha qualquer conhecimento prévio a Secretaria.

•• *§ 7º acrescentado pela Lei n. 10.149, de 21 de dezembro de 2000.*

§ 8º Na hipótese do parágrafo anterior, o infrator se beneficiará da redução de um terço da pena que lhe for aplicável naquele processo, sem prejuízo da obtenção dos benefícios de que trata o inciso I do § 4º deste artigo em relação à nova infração denunciada.

•• *§ 8º acrescentado pela Lei n. 10.149, de 21 de dezembro de 2000.*

§ 9º Considera-se sigilosa a proposta de acordo de que trata este artigo, salvo no interesse das investigações e do processo administrativo.

•• *§ 9º acrescentado pela Lei n. 10.149, de 21 de dezembro de 2000.*

§ 10. Não importará em confissão quanto à matéria de fato, nem reconhecimento de ilicitude da conduta analisada, a proposta de acordo de leniência rejeitada pelo Secretário da SDE, da qual não se fará qualquer divulgação.

•• *§ 10 acrescentado pela Lei n. 10.149, de 21 de dezembro de 2000.*

§ 11. A aplicação do disposto neste artigo observará a regulamentação a ser editada pelo Ministro de Estado da Justiça.

•• *§ 11 acrescentado pela Lei n. 10.149, de 21 de dezembro de 2000.*

Art. 35-C. Nos crimes contra a ordem econômica, tipificados na Lei n. 8.137, de 27 de novembro de 1990, a celebração de acordo de leniência, nos termos desta Lei, determina a suspensão do curso do prazo prescricional e impede o oferecimento da denúncia.

•• Caput *acrescentado pela Lei n. 10.149, de 21 de dezembro de 2000.*

Parágrafo único. Cumprido o acordo de leniência pelo agente, extingue-se automaticamente a punibilidade dos crimes a que se refere o *caput* deste artigo.

•• *Parágrafo único acrescentado pela Lei n. 10.149, de 21 de dezembro de 2000.*

Art. 36. As autoridades federais, os diretores de autarquia, fundação, empresa pública e sociedade de economia mista federais são obrigados a prestar, sob pena de responsabilidade, toda a assistência e colaboração que lhes for solicitada pelo CADE ou SDE, inclusive elaborando pareceres técnicos sobre as matérias de sua competência.

Art. 37. O representado apresentará as provas de seu interesse no prazo máximo de 45 (quarenta e cinco) dias contado da apresentação da defesa, podendo apresentar novos documentos a qualquer momento, antes de encerrada a instrução processual.

• *Vide art. 4º, § 5º, desta Lei.*

Parágrafo único. O representado poderá requerer ao Secretário da SDE que designe dia, hora e local para oitiva de testemunhas, em número não superior a 3 (três).

Art. 38. A Secretaria de Acompanhamento Econômico do Ministério da Fazenda será informada por ofício da instauração do processo administrativo para, querendo, emitir parecer sobre as matérias de sua especialização, o qual deverá ser apresentado antes do encerramento da instrução processual.

•• *Artigo com redação determinada pela Lei n. 9.021, de 30 de março de 1995.*

Art. 39. Concluída a instrução processual, o representado será notificado para apresentar alegações finais, no prazo de 5 (cinco) dias, após o que o Secretário de Direito Econômico, em relatório circunstanciado, decidirá pela remessa dos autos ao CADE para julgamento, ou pelo seu arquivamento, recorrendo de ofício ao CADE nesta última hipótese.

• Vide *art. 4º, § 5º, desta Lei.*

Art. 40. As averiguações preliminares e o processo administrativo devem ser conduzidos e concluídos com a maior brevidade compatível com o esclarecimento dos fatos, nisso se esmerando o Secretário da SDE, e os membros do CADE, assim como os servidores e funcionários desses órgãos, sob pena de promoção da respectiva responsabilidade.

Art. 41. Das decisões do Secretário da SDE não caberá recurso ao superior hierárquico.

Capítulo III
DO JULGAMENTO DO PROCESSO ADMINISTRATIVO PELO CADE

Art. 42. Recebido o processo, o Presidente do CADE o distribuirá, mediante sorteio, ao Conselheiro-Relator, que abrirá vistas à Procuradoria para manifestar-se no prazo de 20 (vinte) dias.

•• *Artigo com redação determinada pela Lei n. 9.069, de 29 de junho de 1995.*

• Vide *art. 4º, § 5º, desta Lei.*

Art. 43. O Conselheiro-Relator poderá determinar a realização de diligências complementares ou requerer novas informações, na forma do art. 35, bem como facultar à parte a produção de novas provas, quando entender insuficientes para a formação de sua convicção os elementos existentes nos autos.

Art. 44. A convite do Presidente, por indicação do Relator, qualquer pessoa poderá apresentar esclarecimento ao CADE, a propósito de assuntos que estejam em pauta.

Art. 45. No ato do julgamento em plenário, de cuja data serão intimadas as partes com antecedência mínima de 5 (cinco) dias, o Procurador-Geral e o representado ou seu advogado terão, respectivamente, direito à palavra por 15 (quinze) minutos cada um.

• Vide *art. 4º, § 5º, desta Lei.*

Art. 46. A decisão do CADE, que em qualquer hipótese será fundamentada, quando for pela existência de infração da ordem econômica, conterá:

I — especificação dos fatos que constituam a infração apurada e a indicação das providências a serem tomadas pelos responsáveis para fazê-la cessar;

II — prazo dentro do qual devam ser iniciadas e concluídas as providências referidas no inciso anterior;

III — multa estipulada;

IV — multa diária em caso de continuidade da infração.

Parágrafo único. A decisão do CADE será publicada dentro de 5 (cinco) dias no *Diário Oficial da União*.

• Vide *art. 4º, § 5º, desta Lei.*

Art. 47. O CADE fiscalizará o cumprimento de suas decisões.

•• *Artigo com redação determinada pela Lei n. 9.069, de 29 de junho de 1995.*

Art. 48. Descumprida a decisão, no todo ou em parte, será o fato comunicado ao Presidente do CADE, que determinará ao Procurador-Geral que providencie sua execução judicial.

Art. 49. As decisões do CADE serão tomadas por maioria absoluta, com a presença mínima de 5 (cinco) membros.

Art. 50. As decisões do CADE não comportam revisão no âmbito do Poder Executivo, promovendo-se, de imediato, sua execução e comunicando-se, em seguida, ao Ministério Público, para as demais medidas legais cabíveis no âmbito de suas atribuições.

Art. 51. O Regulamento e o Regimento Interno do CADE disporão de forma complementar sobre o processo administrativo.

• *A Resolução n. 45, de 28 de março de 2007, aprova o Regimento Interno do CADE.*

Capítulo IV
DA MEDIDA PREVENTIVA E DA ORDEM DE CESSAÇÃO

Art. 52. Em qualquer fase do processo administrativo poderá o Secretário da SDE ou o Conselheiro-Relator, por iniciativa própria ou mediante provocação do Procurador-Geral do CADE, adotar medida preventiva, quando houver indício ou fundado receio de que o representado, direta ou indiretamente, cause ou possa causar ao mercado lesão irreparável ou de difícil reparação, ou torne ineficaz o resultado final do processo.

§ 1º Na medida preventiva, o Secretário da SDE ou o Conselheiro-Relator determinará a imediata cessação da prática e ordenará, quando materialmente possível, a reversão à situação anterior, fixando multa diária nos termos do art. 25.

§ 2º Da decisão do Secretário da SDE ou do Conselheiro-Relator do CADE que adotar medida preventiva caberá recurso voluntário, no prazo de 5 (cinco) dias, ao Plenário do CADE, sem efeito suspensivo.

• Vide *art. 4º, § 5º, desta Lei.*

Capítulo V
DO COMPROMISSO DE CESSAÇÃO

Art. 53. Em qualquer das espécies de processo administrativo, o CADE poderá tomar do representado compromisso de cessação da prática sob investigação ou dos seus efeitos lesivos, sempre que, em juízo de conveniência e oportunidade, entender que atende aos interesses protegidos por lei.

•• Caput *com redação determinada pela Lei n. 11.482, de 31 de maio de 2007.*

•• *Artigo regulamentado pela Resolução CADE n. 46, de 4 de setembro de 2007.*

§ 1º Do termo de compromisso deverão constar os seguintes elementos:

•• *§ 1º,* caput, *com redação determinada pela Lei n. 11.482, de 31 de maio de 2007.*

I — a especificação das obrigações do representado para fazer cessar a prática investigada ou seus efeitos lesivos, bem como obrigações que julgar cabíveis;

•• *Inciso I acrescentado pela Lei n. 11.482, de 31 de maio de 2007.*

II — a fixação do valor da multa para o caso de descumprimento, total ou parcial, das obrigações compromissadas;

•• *Inciso II acrescentado pela Lei n. 11.482, de 31 de maio de 2007.*

III — a fixação do valor da contribuição pecuniária ao Fundo de Defesa de Direitos Difusos quando cabível.

•• *Inciso III acrescentado pela Lei n. 11.482, de 31 de maio de 2007.*

§ 2º Tratando-se da investigação da prática de infração relacionada ou decorrente das condutas previstas nos incisos I, II, III ou VIII do *caput* do art. 21 desta Lei, entre as obrigações a que se refere o inciso I do § 1º deste artigo figurará, necessariamente, a obrigação de recolher ao Fundo de Defesa de Direitos Difusos um valor pecuniário que não poderá ser inferior ao mínimo previsto no art. 23 desta Lei.

•• *§ 2º com redação determinada pela Lei n. 11.482, de 31 de maio de 2007.*

§ 3º A celebração do termo de compromisso poderá ser proposta até o início da sessão de julgamento do processo administrativo relativo à prática investigada.

•• *§ 3º com redação determinada pela Lei n. 11.482, de 31 de maio de 2007.*

§ 4º O termo de compromisso constitui título exclusivo extrajudicial.

•• *§ 4º com redação determinada pela Lei n. 11.482, de 31 de maio de 2007.*

§ 5º O processo administrativo ficará suspenso enquanto estiver sendo cumprido o compromisso e será arquivado ao término do prazo fixado se atendidas todas as condições estabelecidas no termo.

•• *§ 5º com redação determinada pela Lei n. 11.482, de 31 de maio de 2007.*

§ 6º A suspensão do processo administrativo a que se refere o § 5º deste artigo dar-se-á somente em relação ao representado que firmou o compromisso, seguindo o processo seu curso regular para os demais representados.

•• *§ 6º acrescentado pela Lei n. 11.482, de 31 de maio de 2007.*

§ 7º Declarado o descumprimento do compromisso, o CADE aplicará as sanções nele previstas e determinará o prosseguimento do processo administrativo e as demais medidas administrativas e judiciais cabíveis para sua execução.

•• *§ 7º acrescentado pela Lei n. 11.482, de 31 de maio de 2007.*

§ 8º As condições do termo de compromisso poderão ser alteradas pelo CADE se comprovar sua excessiva onerosidade para o representado, desde que a alteração não acarrete prejuízo para terceiros ou para a coletividade.

•• *§ 8º acrescentado pela Lei n. 11.482, de 31 de maio de 2007.*

§ 9º O CADE definirá, em resolução, normas complementares sobre cabimento, tempo e modo da celebração do termo de compromisso de cessação.

•• *§ 9º acrescentado pela Lei n. 11.482, de 31 de maio de 2007.*

Título VII
DAS FORMAS DE CONTROLE

Capítulo I
DO CONTROLE DE ATOS E CONTRATOS

Art. 54. Os atos, sob qualquer forma manifestados, que possam limitar ou de qualquer forma prejudicar a livre concorrência, ou resultar na dominação de mercados relevantes de bens ou serviços, deverão ser submetidos à apreciação do CADE.

•• *A Portaria n. 4, de 5 de janeiro de 2006, do Ministério da Justiça, regulamenta o procedimento previsto neste artigo.*

• *A Resolução n. 15, de 19 de agosto de 1998, do CADE, disciplina as formalidades e os procedimentos relativos aos atos de que trata este artigo.*

• *A Lei n. 10.603, de 17 de dezembro de 2002, dispõe sobre a proteção de informação não divulgada submetida para aprovação da comercialização de produtos.*

• *A Lei n. 9.781, de 19 de janeiro de 1999, regulamentada pelo Decreto n. 2.978, de 2 de março de 1999, institui taxa processual sobre processos de competência do Conselho Administrativo de Defesa Econômica – CADE.*

§ 1º O CADE poderá autorizar os atos a que se refere o *caput*, desde que atendam as seguintes condições:

I — tenham por objetivo, cumulada ou alternativamente:

a) aumentar a produtividade;

b) melhorar a qualidade de bens ou serviço; ou

c) propiciar a eficiência e o desenvolvimento tecnológico ou econômico;

II — os benefícios decorrentes sejam distribuídos equitativamente entre os seus participantes, de um lado, e os consumidores ou usuários finais, de outro;

III — não impliquem eliminação da concorrência de parte substancial de mercado relevante de bens e serviços;

IV — sejam observados os limites estritamente necessários para atingir os objetivos visados.

§ 2º Também poderão ser considerados legítimos os atos previstos neste artigo, desde que atendidas pelo menos três das condições previstas nos incisos do parágrafo anterior, quando necessários por motivos preponderantes da economia nacional e do bem comum, e desde que não impliquem prejuízo ao consumidor ou usuário final.

§ 3º Incluem-se nos atos de que trata o *caput* aqueles que visem a qualquer forma de concentração econômica, seja através de fusão ou incorporação de empresas, constituição de sociedade para exercer o controle de empresas ou qualquer forma de agrupamento societário, que implique participação de empresa ou grupo de empresas resultante em 20% (vinte por cento) de um mercado relevante, ou em que qualquer dos participantes tenha registrado faturamento bruto anual no último balanço equivalente a R$ 400.000.000,00 (quatrocentos milhões de reais).

•• *§ 3º com redação determinada pela Lei n. 10.149, de 21 de dezembro de 2000.*

§ 4º Os atos de que trata o *caput* deverão ser apresentados para exame, previamente ou no prazo máximo de 15 (quinze) dias úteis de sua realização, mediante encaminhamento da respectiva documentação em 3 (três) vias à SDE, que imediatamente enviará uma via ao CADE e outra à SEAE.

•• *§ 4º com redação determinada pela Lei n. 9.021, de 30 de março de 1995.*

• Vide *art. 4º, § 5º, desta Lei.*

• *A Portaria Conjunta n. 1, de 18 de fevereiro de 2003, da Secretaria de Acompanhamento Econômico do Ministério da Fazenda, estabelece o Procedimento Sumário para a Análise de Atos de Concentração.*

• *A Súmula n. 3, de 19 de setembro de 2007, do Conselho Administrativo de Defesa Econômica, dispõe que, nos atos de concentração realizados com o propósito específico de participação em determinada licitação pública, o termo inicial do prazo deste § 4º é a data da celebração do contrato de concessão.*

§ 5º A inobservância dos prazos de apresentação previstos no parágrafo anterior será punida com multa pecuniária, de valor não inferior a 60.000 (sessenta mil) UFIR nem superior a 6.000.000 (seis milhões) de UFIR a ser aplicada pelo CADE, sem prejuízo da abertura de processo administrativo, nos termos do art. 32.

•• *A Resolução n. 44, de 14 de fevereiro de 2007, do Conselho Administrativo de Defesa Econômica, dispõe sobre a dosimetria da multa pecuniária cominada para a apresentação intempestiva de Atos de Concentração, prevista neste parágrafo.*

§ 6º Após receber o parecer técnico da SEAE, que será emitido em até 30 (trinta) dias, a SDE manifestar-se-á em igual prazo, e em seguida encaminhará o processo devidamente instruído ao Plenário do CADE, que deliberará no prazo de 60 (sessenta) dias.

•• *§ 6º com redação determinada pela Lei n. 9.021, de 30 de março de 1995.*

• Vide *art. 4º, § 5º, desta Lei.*

§ 7º A eficácia dos atos de que trata este artigo condiciona-se à sua aprovação, caso em que retroagirá à data de sua realização; não tendo sido apreciados pelo CADE no prazo estabelecido no parágrafo anterior, serão automaticamente considerados aprovados.

•• *§ 7º com redação determinada pela Lei n. 9.021, de 30 de março de 1995.*

• Vide *art. 4º, § 5º, desta Lei.*

§ 8º Os prazos estabelecidos nos §§ 6º e 7º ficarão suspensos enquanto não forem apresentados esclarecimentos e documentos imprescindíveis à análise do processo, solicitados pelo CADE, SDE ou SPE.

§ 9º Se os atos especificados neste artigo não forem realizados sob condição suspensiva ou deles já tiverem decorrido efeitos perante terceiros, inclusive de natureza fiscal, o Plenário do CADE, se concluir pela sua não aprovação, determinará as providências cabíveis no sentido de que sejam desconstituídos, total ou parcialmente, seja através de distrato, cisão de sociedade, venda de ativos, cessação parcial de atividades ou qualquer outro ato ou providência que elimine os efeitos nocivos à ordem econômica, independentemente da responsabilidade civil por perdas e danos eventualmente causados a terceiros.

§ 10. As mudanças de controle acionário de companhias abertas e os registros de fusão, sem prejuízo da obrigação das partes envolvidas, devem ser comunicados à SDE, pela Comissão de Valores Mobiliários — CVM e pelo Departamento Nacional de Registro Comercial do Ministério da Indústria, Comércio e Turismo — DNRC/MICT, respectivamente, no prazo de 5 (cinco) dias úteis para, se for o caso, serem examinados.

• Vide *art. 4º, § 5º, desta Lei.*

Art. 55. A aprovação de que trata o artigo anterior poderá ser revista pelo CADE, de ofício ou mediante provocação da SDE, se a decisão for baseada em informações falsas ou enganosas prestadas pelo interessado, se ocorrer o descumprimento de quaisquer das obrigações assumidas ou não forem alcançados os benefícios visados.

Art. 56. As Juntas Comerciais ou órgãos correspondentes nos Estados não poderão arquivar quaisquer atos relativos à constituição, transformação, fusão, incorporação ou agrupamento de empresas, bem como quaisquer alterações, nos respectivos atos constitutivos, sem que dos mesmos conste:

I — a declaração precisa e detalhada do seu objeto;

II — o capital de cada sócio e a forma e prazo de sua realização;

III — o nome por extenso e qualificação de cada um dos sócios acionistas;

IV — o local da sede e respectivo endereço, inclusive das filiais declaradas;

V — os nomes dos diretores por extenso e respectiva qualificação;

VI — o prazo de duração da sociedade;

VII — o número, espécie e valor das ações.

Art. 57. Nos instrumentos de distrato, além da declaração da importância repartida entre os sócios e a referência à pessoa ou pessoas que assumirem o ativo e passivo da empresa, deverão ser indicados os motivos da dissolução.

Capítulo II
DO COMPROMISSO DE DESEMPENHO

Art. 58. O Plenário do CADE definirá compromissos de desempenho para os interessados que submetam atos a exame na forma do art. 54, de modo a assegurar o cumprimento das condições estabelecidas no § 1º do referido artigo.

§ 1º Na definição dos compromissos de desempenho será levado em consideração o grau de exposição do setor à competição internacional e as alterações no nível de emprego, dentre outras circunstâncias relevantes.

§ 2º Deverão constar dos compromissos de desempenho metas qualitativas ou quantitativas em prazos predefinidos, cujo cumprimento será acompanhado pela SDE.

§ 3º O descumprimento injustificado do compromisso de desempenho implicará a revogação da aprovação do CADE, na forma do art. 55, e a abertura de processo administrativo para adoção das medidas cabíveis.

Capítulo III
DA CONSULTA

Art. 59. (*Revogado pela Lei n. 9.069, de 29-6-1995.*)

Título VIII
DA EXECUÇÃO JUDICIAL DAS DECISÕES DO CADE

Capítulo I
DO PROCESSO

Art. 60. A decisão do Plenário do CADE, cominando multa ou impondo obrigação de fazer ou não fazer, constitui título executivo extrajudicial.

Art. 61. A execução que tenha por objeto exclusivamente a cobrança de multa pecuniária será feita de acordo com o disposto na Lei n. 6.830, de 22 de setembro de 1980.

- *A Lei n. 6.830, de 22 de setembro de 1980, dispõe sobre a cobrança judicial da Dívida Ativa da Fazenda Pública.*

Art. 62. Na execução que tenha por objeto, além da cobrança de multa, o cumprimento de obrigação de fazer ou não fazer, o Juiz concederá a tutela específica da obrigação, ou determinará providências que assegurem o resultado prático equivalente ao do adimplemento.

§ 1º A conversão da obrigação de fazer ou não fazer em perdas e danos somente será admissível se impossível a tutela específica ou a obtenção do resultado prático correspondente.

§ 2º A indenização por perdas e danos far-se-á sem prejuízo das multas.

Art. 63. A execução será feita por todos os meios, inclusive mediante intervenção na empresa, quando necessária.

Art. 64. A execução das decisões do CADE será promovida na Justiça Federal do Distrito Federal ou da sede ou domicílio do executado, à escolha do CADE.

Art. 65. O oferecimento de embargos ou o ajuizamento de qualquer outra ação que vise a desconstituição do título executivo não suspenderá a execução, se não for garantido o juízo no valor das multas aplicadas, assim como de prestação de caução, a ser fixada pelo juízo, que garanta o cumprimento da decisão final proferida nos autos, inclusive no que tange a multas diárias.

Art. 66. Em razão da gravidade da infração da ordem econômica, e havendo fundado receio de dano irreparável ou de difícil reparação, ainda que tenha havido o depósito das multas e prestação de caução, poderá o Juiz determinar a adoção imediata, no todo ou em parte, das providências contidas no título executivo.

Art. 67. No cálculo do valor da multa diária pela continuidade da infração, tomar-se-á como termo inicial a data final fixada pelo CADE para a adoção voluntária das providências contidas em sua decisão, e como termo final o dia do seu efetivo cumprimento.

Art. 68. O processo de execução das decisões do CADE terá preferência sobre as demais espécies de ação, exceto *habeas corpus* e mandado de segurança.

Capítulo II
DA INTERVENÇÃO JUDICIAL

Art. 69. O Juiz decretará a intervenção na empresa quando necessária para permitir a execução específica, nomeando o interventor.

Parágrafo único. A decisão que determinar a intervenção deverá ser fundamentada e indicará, clara e precisamente, as providências a serem tomadas pelo interventor nomeado.

Art. 70. Se, dentro de 48 (quarenta e oito) horas, o executado impugnar o interventor por motivo de inaptidão ou inidoneidade, feita a prova da alegação em 3 (três) dias, o Juiz decidirá em igual prazo.

Art. 71. Sendo a impugnação julgada procedente, o Juiz nomeará novo interventor no prazo de 5 (cinco) dias.

Art. 72. A intervenção poderá ser revogada antes do prazo estabelecido, desde que comprovado o cumprimento integral da obrigação que a determinou.

Art. 73. A intervenção judicial deverá restringir-se aos atos necessários ao cumprimento da decisão judicial que a determinar, e terá duração máxima de 180 (cento e oitenta) dias, ficando o interventor responsável por suas ações e omissões, especialmente em caso de abuso de poder e desvio de finalidade.

§ 1º Aplica-se ao interventor, no que couber, o disposto nos arts. 153 a 159 da Lei n. 6.404, de 15 de dezembro de 1976.

- *Lei n. 6.404, de 15 de dezembro de 1976, Lei de Sociedades Anônimas:*

"Art. 153. O administrador da companhia deve empregar, no exercício de suas funções, o cuidado e diligência que todo homem ativo e probo costuma empregar na administração dos seus próprios negócios.

Art. 154. O administrador deve exercer as atribuições que a lei e o estatuto lhe conferem para lograr os fins e no interesse da companhia, satisfeitas as exigências do bem público e da função social da empresa.

§ 1º O administrador eleito por grupo ou classe de acionistas tem, para com a companhia, os mesmos deveres que os demais, não podendo, ainda que para defesa do interesse dos que o elegeram, faltar a esses deveres.

§ 2º É vedado ao administrador:

a) praticar ato de liberalidade à custa da companhia;

b) sem prévia autorização da assembleia geral ou do conselho de administração, tomar por empréstimo recursos ou bens da companhia, ou usar, em proveito próprio, de sociedade em que tenha interesse, ou de terceiros, os seus bens, serviços ou crédito;

c) receber de terceiros, sem autorização estatutária ou da assembleia geral, qualquer modalidade de vantagem pessoal, direta ou indireta, em razão do exercício de seu cargo.

§ 3º As importâncias recebidas com infração ao disposto na alínea c do § 2º pertencerão à companhia.

§ 4º O conselho de administração ou a diretoria podem autorizar a prática de atos gratuitos razoáveis em benefício dos empregados

ou da comunidade de que participe a empresa, tendo em vista suas responsabilidades sociais.

Art. 155. O administrador deve servir com lealdade à companhia e manter reserva sobre os seus negócios, sendo-lhe vedado:

I – usar, em benefício próprio ou de outrem, com ou sem prejuízo para a companhia, as oportunidades comerciais de que tenha conhecimento em razão do exercício de seu cargo;

II – omitir-se no exercício ou proteção de direitos da companhia ou, visando à obtenção de vantagens, para si ou para outrem, deixar de aproveitar oportunidades de negócio de interesse da companhia;

III – adquirir, para revender com lucro, bem ou direito que sabe necessário à companhia, ou que esta tencione adquirir.

§ 1º Cumpre, ademais, ao administrador de companhia aberta, guardar sigilo sobre qualquer informação que ainda não tenha sido divulgada para conhecimento do mercado, obtida em razão do cargo e capaz de influir de modo ponderável na cotação de valores mobiliários, sendo-lhe vedado valer-se da informação para obter, para si ou para outrem, vantagem mediante compra ou venda de valores mobiliários.

§ 2º O administrador deve zelar para que a violação do disposto no § 1º não possa ocorrer através de subordinados ou terceiros de sua confiança.

§ 3º A pessoa prejudicada em compra e venda de valores mobiliários, contratada com infração do disposto nos §§ 1º e 2º, tem direito de haver do infrator indenização por perdas e danos, a menos que ao contratar já conhecesse a informação.

§ 4º É vedada a utilização de informação relevante ainda não divulgada, por qualquer pessoa que a ela tenha tido acesso, com a finalidade de auferir vantagem, para si ou para outrem, no mercado de valores mobiliários.

Art. 156. É vedado ao administrador intervir em qualquer operação social em que tiver interesse conflitante com o da companhia, bem como na deliberação que a respeito tomarem os demais administradores, cumprindo-lhe cientificá-los do seu impedimento e fazer consignar, em ata de reunião do conselho de administração ou da diretoria, a natureza e extensão do seu interesse.

§ 1º Ainda que observado o disposto neste artigo, o administrador somente pode contratar com a companhia em condições razoáveis ou equitativas, idênticas às que prevalecem no mercado ou em que a companhia contrataria com terceiros.

§ 2º O negócio contratado com infração do disposto no § 1º é anulável, e o administrador interessado será obrigado a transferir para a companhia as vantagens que dele tiver auferido.

Art. 157. O administrador de companhia aberta deve declarar, ao firmar o termo de posse, o número de ações, bônus de subscrição, opções de compra de ações e debêntures conversíveis em ações, de emissão da companhia e de sociedades controladas ou do mesmo grupo, de que seja titular.

§ 1º O administrador de companhia aberta é obrigado a revelar à assembleia geral ordinária, a pedido de acionistas que representem cinco por cento ou mais do capital social:

a) o número dos valores mobiliários de emissão da companhia ou de sociedades controladas, ou do mesmo grupo, que tiver adquirido ou alienado, diretamente ou através de outras pessoas, no exercício anterior;

b) as opções de compra de ações que tiver contratado ou exercido no exercício anterior;

c) os benefícios ou vantagens, indiretas ou complementares, que tenha recebido ou esteja recebendo da companhia e de sociedades coligadas, controladas ou do mesmo grupo;

d) as condições dos contratos de trabalho que tenham sido firmados pela companhia com os diretores e empregados de alto nível;

e) quaisquer atos ou fatos relevantes nas atividades da companhia.

§ 2º Os esclarecimentos prestados pelo administrador poderão, a pedido de qualquer acionista, ser reduzidos a escrito, autenticados pela mesa da assembleia, e fornecidos por cópia aos solicitantes.

§ 3º A revelação dos atos ou fatos de que trata este artigo só poderá ser utilizada no legítimo interesse da companhia ou do acionista, respondendo os solicitantes pelos abusos que praticarem.

§ 4º Os administradores da companhia aberta são obrigados a comunicar imediatamente à bolsa de valores e a divulgar pela imprensa qualquer deliberação da assembleia geral ou dos órgãos de administração da companhia, ou fato relevante ocorrido nos seus negócios, que possa influir, de modo ponderável, na decisão dos investidores do mercado de vender ou comprar valores mobiliários emitidos pela companhia.

§ 5º Os administradores poderão recusar-se a prestar a informação (§ 1º, e), ou deixar de divulgá-la (§ 4º), se entenderem que sua revelação porá em risco interesse legítimo da companhia, cabendo à Comissão de Valores Mobiliários, a pedido dos administradores, de qualquer acionista, ou por iniciativa própria, decidir sobre a prestação de informação e responsabilizar os administradores, se for o caso.

§ 6º Os administradores da companhia aberta deverão informar imediatamente, nos termos e na forma determinados pela Comissão de Valores Mobiliários, a esta e às bolsas de valores ou entidades do mercado de balcão organizado nas quais os valores mobiliários de emissão da companhia estejam admitidos à negociação, as modificações em suas posições acionárias na companhia.

Art. 158. O administrador não é pessoalmente responsável pelas obrigações que contrair em nome da sociedade e em virtude de ato regular de gestão; responde, porém, civilmente, pelos prejuízos que causar, quando proceder:

I — dentro de suas atribuições ou poderes, com culpa ou dolo;

II — com violação da lei ou do estatuto.

§ 1º O administrador não é responsável por atos ilícitos de outros administradores, salvo se com eles for conivente, se negligenciar em descobri-los ou se, deles tendo conhecimento, deixar de agir para impedir a sua prática. Exime-se de responsabilidade o administrador dissidente que faça consignar sua divergência em ata de reunião do órgão de administração ou, não sendo possível, dela dê ciência imediata e por escrito ao órgão da administração, ao conselho fiscal, se em funcionamento, ou à assembleia geral.

§ 2º Os administradores são solidariamente responsáveis pelos prejuízos causados em virtude do não cumprimento dos deveres impostos por lei para assegurar o funcionamento normal da companhia, ainda que, pelo estatuto, tais deveres não caibam a todos eles.

§ 3º Nas companhias abertas, a responsabilidade de que trata o § 2º ficará restrita, ressalvado o disposto no § 4º, aos administradores que, por disposição do estatuto, tenham atribuição específica de dar cumprimento àqueles deveres.

§ 4º O administrador que, tendo conhecimento do não cumprimento desses deveres por seu predecessor, ou pelo administrador competente nos termos do § 3º, deixar de comunicar o fato à assembleia geral, tornar-se-á por ele solidariamente responsável.

§ 5º Responderá solidariamente com o administrador quem, com o fim de obter vantagem para si ou para outrem, concorrer para a prática de ato com violação da lei ou do estatuto.

Art. 159. Compete à companhia, mediante prévia deliberação da assembleia geral, a ação de responsabilidade civil contra o administrador, pelos prejuízos causados ao seu patrimônio.

§ 1º A deliberação poderá ser tomada em assembleia geral ordinária e, se prevista na ordem do dia, ou for consequência direta de assunto nela incluído, em assembleia geral extraordinária.

§ 2º O administrador ou administradores contra os quais deva ser proposta a ação ficarão impedidos e deverão ser substituídos na mesma assembleia.

§ 3º Qualquer acionista poderá promover a ação, se não for proposta no prazo de três meses da deliberação da assembleia geral.

§ 4º Se a assembleia deliberar não promover a ação, poderá ela ser proposta por acionistas que representem cinco por cento, pelo menos, do capital social.

§ 5º Os resultados da ação promovida por acionista deferem-se à companhia, mas esta deverá indenizá-lo, até o limite daqueles resultados, de todas as despesas em que tiver incorrido, inclusive correção monetária e juros dos dispêndios realizados.

§ 6º O juiz poderá reconhecer a exclusão da responsabilidade do administrador, se convencido de que este agiu de boa-fé e visando ao interesse da companhia.

§ 7º A ação prevista neste artigo não exclui a que couber ao acionista ou terceiro diretamente prejudicado por ato de administrador".

§ 2º A remuneração do interventor será arbitrada pelo Juiz, que poderá substituí-lo a qualquer tempo, sendo obrigatória a substituição quando incorrer em insolvência civil, quando for sujeito passivo ou ativo de qualquer forma de corrupção ou prevaricação, ou infringir quaisquer de seus deveres.

Art. 74. O Juiz poderá afastar de suas funções os responsáveis pela administração da empresa que, comprovadamente, obstarem o cumprimento de atos de competência do interventor. A substituição dar-se-á na forma estabelecida no contrato social da empresa.

§ 1º Se, apesar das providências previstas no *caput*, um ou mais responsáveis pela administração da empresa persistirem em obstar a ação do interventor, o Juiz procederá na forma do disposto no § 2º.

§ 2º Se a maioria dos responsáveis pela administração da empresa recusar colaboração ao interventor, o Juiz determinará que este assuma a administração total da empresa.

Art. 75. Compete ao interventor:

I — praticar ou ordenar que sejam praticados os atos necessários à execução;

II — denunciar ao Juiz quaisquer irregularidades praticadas pelos responsáveis pela empresa e das quais venha a ter conhecimento;

III — apresentar ao Juiz relatório mensal de suas atividades.

Art. 76. As despesas resultantes da intervenção correrão por conta do executado contra quem ela tiver sido decretada.

Art. 77. Decorrido o prazo da intervenção, o interventor apresentará ao Juiz Federal relatório circunstanciado de sua gestão, propondo a extinção e o arquivamento do processo ou pedindo a prorrogação do prazo na hipótese de não ter sido possível cumprir integralmente a decisão exequenda.

Art. 78. Todo aquele que se opuser ou obstaculizar a intervenção ou, cessada esta, praticar quaisquer atos que direta ou indiretamente anulem seus efeitos, no todo ou em parte, ou desobedecer a ordens legais do interventor será, conforme o caso, responsabilizado criminalmente por resistência, desobediência ou coação no curso do processo, na forma dos arts. 329, 330 e 344 do Código Penal.

• *Citados dispositivos constam deste volume.*

TÍTULO IX
DAS DISPOSIÇÕES FINAIS E TRANSITÓRIAS

Art. 79. (*Vetado.*)

Parágrafo único. (*Vetado.*)

Art. 80. O cargo de Procurador do CADE é transformado em cargo de Procurador-Geral e transferido para a Autarquia ora criada juntamente com os cargos de Presidente e Conselheiro.

Art. 81. O Poder Executivo, no prazo de 60 (sessenta) dias, enviará ao Congresso Nacional projeto de lei dispondo sobre o quadro de pessoal permanente da nova Autarquia, bem como sobre a natureza e a remuneração dos cargos de Presidente, Conselheiro e Procurador-Geral do CADE.

§ 1º Enquanto o CADE não contar com quadro próprio de pessoal, as cessões temporárias de servidores para a Autarquia serão feitas independentemente de cargos ou funções comissionados, e sem prejuízo dos vencimentos e demais vantagens asseguradas aos que se encontram na origem, inclusive para representar judicialmente a Autarquia.

•• Vide *art. 7º da Lei n. 9.021, de 30 de março de 1995.*

§ 2º O Presidente do CADE elaborará e submeterá ao Plenário, para aprovação, a relação dos servidores a serem requisitados para servir à Autarquia, os quais poderão ser colocados à disposição da SDE.

Art. 81-A. O Conselho Administrativo de Defesa Econômica — CADE poderá efetuar, nos termos do art. 37, IX, da Constituição, e observado o disposto na Lei n. 8.745, de 9 de dezembro de 1993, contratação por tempo determinado, pelo prazo de 12 (doze) meses, do pessoal técnico imprescindível ao exercício de suas competências institucionais, limitando-se ao número de 30 (trinta).

•• Caput *acrescentado pela Lei n. 10.843, de 27 de fevereiro de 2004.*

• *A Lei n. 8.745, de 9 de dezembro de 1993, dispõe sobre a contratação por tempo determinado para atender a necessidade temporária de excepcional interesse público.*

Parágrafo único. A contratação referida no *caput* poderá ser prorrogada, desde que sua duração total não ultrapasse o prazo de 24 (vinte e quatro) meses, ficando limitada sua vigência, em qualquer caso, a 31 de dezembro de 2005, e dar-se-á mediante processo seletivo simplificado, compreendendo, obrigatoriamente, prova escrita e, facultativamente, análise de *curriculum vitae*, sem prejuízo de outras modalidades que, a critério do CADE, venham a ser exigidas.

•• *Parágrafo único acrescentado pela Lei n. 10.843, de 27 de fevereiro de 2004.*

Art. 82. (*Vetado.*)

Art. 83. Aplicam-se subsidiariamente aos processos administrativo e judicial previstos nesta Lei as disposições do Código de Processo Civil e das Leis n. 7.347, de 24 de julho de 1985 e n. 8.078, de 11 de setembro de 1990.

Art. 84. O valor das multas previstas nesta Lei será convertido em moeda corrente na data do efetivo pagamento e recolhido ao Fundo de que trata a Lei n. 7.347, de 24 de julho de 1985.

• *Citado diploma consta deste volume.*

Art. 85. O inciso VII do art. 4º da Lei n. 8.137, de 27 de dezembro de 1990, passa a vigorar com a seguinte redação:

•• *Alteração já processada no texto da lei modificada.*

....

Art. 87. O art. 39 da Lei n. 8.078, de 11 de setembro de 1990, passa a vigorar com a seguinte redação, acrescendo-se-lhe os seguintes incisos:

•• *Alterações já processadas no texto da lei modificada.*

Art. 88. O art. 1º da Lei n. 7.347, de 24 de julho de 1985, passa a vigorar com a seguinte redação e a inclusão de novo inciso:

•• *Alterações já processadas no texto da lei modificada.*

Parágrafo único. O inciso II do art. 5º da Lei n. 7.347, de 24 de julho de 1985 passa a ter a seguinte redação:

•• *Alteração já processada no texto da lei modificada.*

Art. 89. Nos processos judiciais em que se discuta a aplicação desta Lei, o CADE deverá ser intimado para, querendo, intervir no feito na qualidade de assistente.

Art. 90. Ficam interrompidos os prazos relativos aos processos de consulta formulados com base no art. 74 da Lei n. 4.137, de 10 de setembro de 1962, com a redação dada pelo art. 13 da Lei n. 8.158, de 8 de janeiro de 1991, aplicando-se aos mesmos o disposto no Título VII, Capítulo I, desta Lei.

Art. 91. O disposto nesta Lei não se aplica aos casos de *dumping* e subsídios de que tratam os Acordos Relativos à Implementação do Artigo VI do Acordo Geral sobre Tarifas Aduaneiras e Comércio, promulgados pelos Decretos n. 93.941 e n. 93.962, de 16 e 22 de janeiro de 1987, respectivamente.

Art. 92. Revogam-se as disposições em contrário, assim como as Leis ns. 4.137, de 10 de setembro de 1962, 8.158, de 8 de janeiro de 1991, e 8.002, de 14 de março de 1990, mantido o disposto no art. 36 da Lei n. 8.880, de 27 de maio de 1994.

• *A Lei n. 9.069, de 29 de junho de 1995, deu nova redação ao art. 36, § 2º, da referida Lei, que havia sido mantido por este dispositivo.*

Art. 93. Esta Lei entra em vigor na data de sua publicação.

Brasília, 11 de junho de 1994; 173º da Independência e 106º da República.

ITAMAR FRANCO

Decreto n. 1.306, de 9 de novembro de 1994 (*)

Regulamenta o Fundo de Defesa de Direitos Difusos, de que tratam os arts. 13 e 20, da Lei n. 7.347, de 24 de julho de 1985, seu Conselho Gestor e dá outras providências.

O Presidente da República, no uso das atribuições que lhe confere o art. 84, IV e VI, da Constituição, e tendo em vista o disposto nos arts. 13 e 20, da Lei n. 7.347, de 24 de julho de 1985, decreta:

Art. 1º O Fundo de Defesa de Direitos Difusos — FDD, criado pela Lei n. 7.347, de 24 de julho de 1985, tem por finalidade a reparação dos danos causados ao meio ambiente, ao consumidor, a bens e direitos de valor artístico, estético, histórico, turístico, paisagístico, por infra-

(*) Publicado no *Diário Oficial da União*, de 10 e retificado em 11 de novembro de 1994.

ção à ordem econômica e a outros interesses difusos e coletivos.

Art. 2º Constituem recursos do FDD o produto da arrecadação:

I — das condenações judiciais de que tratam os arts. 11 e 13, da Lei n. 7.347, de 24 de julho de 1985;

II — das multas e indenizações decorrentes da aplicação da Lei n. 7.853, de 24 de outubro de 1989, desde que não destinadas à reparação de danos a interesses individuais;

III — dos valores destinados à União em virtude da aplicação da multa prevista no art. 57 e seu parágrafo único e do produto da indenização prevista no art. 100, parágrafo único, da Lei n. 8.078, de 11 de setembro de 1990;

IV — das condenações judiciais de que trata o § 2º, do art. 2º, da Lei n. 7.913, de 7 de dezembro de 1989;

V — das multas referidas no art. 84, da Lei n. 8.884, de 11 de junho de 1994;

VI — dos rendimentos auferidos com a aplicação dos recursos do Fundo;

VII — de outras receitas que vierem a ser destinadas ao Fundo;

VIII — de doações de pessoas físicas ou jurídicas, nacionais ou estrangeiras.

Art. 3º O FDD será gerido pelo Conselho Federal Gestor do Fundo de Defesa de Direitos Difusos (CFDD), órgão colegiado integrante da estrutura organizacional do Ministério da Justiça, com sede em Brasília, e composto pelos seguintes membros:

I — um representante da Secretaria de Direito Econômico do Ministério da Justiça, que o presidirá;

II — um representante do Ministério do Meio Ambiente;

III — um representante do Ministério da Cultura;

IV — um representante do Ministério da Saúde vinculado à área de vigilância sanitária;

V — um representante do Ministério da Fazenda;

VI — um representante do Conselho Administrativo de Defesa Econômica — CADE;

VII — um representante do Ministério Público Federal;

VIII — três representantes de entidades civis que atendam aos pressupostos dos incisos I e II, do art. 5º, da Lei n. 7.347, de 24 de julho de 1985.

§ 1º Cada representante de que trata este artigo terá um suplente, que o substituirá nos seus afastamentos e impedimentos legais.

§ 2º É vedada a remuneração, a qualquer título, pela participação no CFDD, sendo a atividade considerada serviço público relevante.

Art. 4º Os representantes e seus respectivos suplentes serão designados pelo Ministro da Justiça; os dos incisos I a V dentre os servidores dos respectivos Ministérios, indicados pelo seu titular; o do inciso VI dentre os servidores ou Conselheiros, indicado pelo Presidente da Autarquia; o do inciso VII indicado pelo Procurador-Geral da República, dentre os integrantes da carreira, e os do inciso VIII indicados pelas respectivas entidades devidamente inscritas perante o CFDD.

Parágrafo único. Os representantes serão designados pelo prazo de dois anos, admitida uma recondução, exceto quanto ao representante referido no inciso I, do art. 3º, que poderá ser reconduzido por mais de uma vez.

Art. 5º Funcionará como Secretaria Executiva do CFDD a Secretaria de Direito Econômico do Ministério da Justiça.

Art. 6º Compete ao CFDD:

I — zelar pela aplicação dos recursos na consecução dos objetivos previstos nas Leis ns. 7.347, de 1985, 7.853, de 1989, 7.913, de 1989, 8.078, de 1990 e 8.884, de 1994, no âmbito do disposto no art. 1º deste Decreto;

II — aprovar convênios e contratos, a serem firmados pela Secretaria Executiva do Conselho, objetivando atender ao disposto no inciso I deste artigo;

III — examinar e aprovar projetos de reconstituição de bens lesados, inclusive os de caráter científico e de pesquisa;

IV — promover, por meio de órgãos da administração pública e de entidades civis interessadas, eventos educativos ou científicos;

V — fazer editar, inclusive em colaboração com órgãos oficiais, material informativo sobre as matérias mencionadas no art. 1º deste Decreto;

VI — promover atividades e eventos que contribuam para a difusão da cultura, da proteção ao meio ambiente, do consumidor, da livre concorrência, do patrimônio histórico, artístico, estético, turístico, paisagístico e de outros interesses difusos e coletivos;

VII — examinar e aprovar os projetos de modernização administrativa dos órgãos públicos responsáveis pela execução das políticas relativas às áreas a que se refere o art. 1º deste Decreto;

VIII — elaborar o seu Regimento Interno.

Art. 7º Os recursos arrecadados serão distribuídos para a efetivação das medidas dispostas no artigo anterior e suas aplicações deverão estar relacionadas com a natureza da infração ou do dano causado.

Parágrafo único. Os recursos serão prioritariamente aplicados na reparação específica do dano causado, sempre que tal fato for possível.

Art. 8º Em caso de concurso de créditos decorrentes de condenação prevista na Lei n. 7.347, de 24 de julho de 1985, e depositados no FDD, e de indenizações pelos prejuízos individuais resultantes do mesmo evento danoso, estas terão preferência no pagamento, de acordo com o art. 99, da Lei n. 8.078, de 1990.

Parágrafo único. Neste caso, a importância recolhida ao FDD terá sua destinação sustada enquanto pendentes de recurso as ações de indenização pelos danos individuais, salvo na hipótese de o patrimônio do devedor ser manifestamente suficiente para responder pela integralidade das dívidas.

Art. 9º O CFDD estabelecerá sua forma de funcionamento por meio de Regimento Interno, que será elaborado dentro de 60 (sessenta) dias, a partir da sua instalação, aprovado por Portaria do Ministro da Justiça.

Art. 10. Os recursos destinados ao Fundo serão centralizados em conta especial mantida no Banco do Brasil S.A., em Brasília, DF, denominada "Ministério da Justiça — CFDD — Fundo".

Parágrafo único. Nos termos do Regimento Interno do CFDD, os recursos destinados ao Fundo provenientes de condenações judiciais e de aplicação de multas administrativas deverão ser identificados segundo a natureza da infração ou do dano causado, de modo a permitir o cumprimento do disposto no art. 7º deste Decreto.

Art. 11. O CFDD, mediante entendimento a ser mantido com o Poder Judiciário e os Ministérios Públicos Federal e Estaduais, será informado sobre a propositura de toda ação civil pública, a existência de depósito judicial, de sua natureza, e do trânsito em julgado da decisão.

Art. 12. Este Decreto entra em vigor na data de sua publicação.

Art. 13. Fica revogado o Decreto n. 407, de 27 de dezembro de 1991.

Brasília, 9 de novembro de 1994; 173º da Independência e 106º da República.

ITAMAR FRANCO

Lei n. 9.008, de 21 de março de 1995 (*)

Cria, na estrutura organizacional do Ministério da Justiça, o Conselho Federal de que trata o art. 13 da Lei n. 7.347, de 24 de julho de 1985, altera os arts. 4º, 39, 82, 91 e 98 da Lei n. 8.078, de 11 de setembro de 1990, e dá outras providências.

(*) Publicada no *Diário Oficial da União*, de 22 de março de 1995.

Faço saber que o Presidente da República adotou a Medida Provisória n. 913, de 1995, que o Congresso Nacional aprovou, e eu, José Sarney, Presidente, para os efeitos do disposto no parágrafo único do art. 62 da Constituição Federal, promulgo a seguinte Lei:

Art. 1º Fica criado, no âmbito da estrutura organizacional do Ministério da Justiça, o Conselho Federal Gestor do Fundo de Defesa de Direitos Difusos — CFDD.

§ 1º O Fundo de Defesa de Direitos Difusos (FDD), criado pela Lei n. 7.347, de 24 de julho de 1985, tem por finalidade a reparação dos danos causados ao meio ambiente, ao consumidor, a bens e direitos de valor artístico, estético, histórico, turístico, paisagístico, por infração à ordem econômica e a outros interesses difusos e coletivos.

§ 2º Constituem recursos do FDD o produto da arrecadação:

I — das condenações judiciais de que tratam os arts. 11 e 13, da Lei n. 7.347, de 1985;

II — das multas e indenizações decorrentes da aplicação da Lei n. 7.853, de 24 de outubro de 1989, desde que não destinadas à reparação de danos a interesses individuais;

III — dos valores destinados à União em virtude da aplicação da multa prevista no art. 57 e seu parágrafo único e do produto da indenização prevista no art. 100, parágrafo único, da Lei n. 8.078, de 11 de setembro de 1990;

IV — das condenações judiciais de que trata o § 2º, do art. 2º, da Lei n. 7.913, de 7 de dezembro de 1989;

V — das multas referidas no art. 84, da Lei n. 8.884, de 11 de junho de 1994;

VI — dos rendimentos auferidos com a aplicação dos recursos do Fundo;

VII — de outras receitas que vierem a ser destinadas ao Fundo;

VIII — de doações de pessoas físicas ou jurídicas, nacionais ou estrangeiras.

§ 3º Os recursos arrecadados pelo FDD serão aplicados na recuperação de bens, na promoção de eventos educativos, científicos e na edição de material informativo especificamente relacionados com a natureza da infração ou do dano causado, bem como na modernização administrativa dos órgãos públicos responsáveis pela execução das políticas relativas às áreas mencionadas no § 1º deste artigo.

Art. 2º O CFDD, com sede em Brasília, será integrado pelos seguintes membros:

I — um representante da Secretaria de Direito Econômico do Ministério da Justiça, que o presidirá;

II — um representante do Ministério do Meio Ambiente e da Amazônia Legal;

III — um representante do Ministério da Cultura;

IV — um representante do Ministério da Saúde, vinculado à área de vigilância sanitária;

V — um representante do Ministério da Fazenda;

VI — um representante do Conselho Administrativo de Defesa Econômica — CADE;

VII — um representante do Ministério Público Federal;

VIII — três representantes de entidades civis que atendam aos pressupostos dos incisos I e II, do art. 5º, da Lei n. 7.347, de 1985.

Art. 3º Compete ao CFDD:

I — zelar pela aplicação dos recursos na consecução dos objetivos previstos nas Leis ns. 7.347, de 1985, 7.853, de 1989, 7.913, de 1989, 8.078, de 1990, e 8.884, de 1994, no âmbito do disposto no § 1º, do art. 1º, desta Lei;

II — aprovar e firmar convênios e contratos objetivando atender ao disposto no inciso I deste artigo;

III — examinar e aprovar projetos de reconstituição de bens lesados, inclusive os de caráter científico e de pesquisa;

IV — promover, por meio de órgãos da administração pública e de entidades civis interessadas, eventos educativos ou científicos;

V — fazer editar, inclusive em colaboração com órgãos oficiais, material informativo sobre as matérias mencionadas no § 1º, do art. 1º, desta Lei;

VI — promover atividades e eventos que contribuam para a difusão da cultura, da proteção ao meio ambiente, do consumidor, da livre concorrência, do patrimônio histórico, artístico, estético, turístico, paisagístico e de outros interesses difusos e coletivos;

VII — examinar e aprovar os projetos de modernização administrativa a que se refere o § 3º, do art. 1º, desta Lei.

Art. 4º Fica o Poder Executivo autorizado a regulamentar o funcionamento do CFDD.

Art. 5º Para a primeira composição do CFDD, o Ministro da Justiça disporá sobre os critérios de escolha das entidades a que se refere o inciso VIII, do art. 2º, desta Lei, observando, dentre outros, a representatividade e a efetiva atuação na tutela do interesse estatutariamente previsto.

Art. 6º O § 2º, do art. 2º, da Lei n. 7.913, de 1989, passa a vigorar com a seguinte redação:

> "§ 2º Decairá do direito à habilitação o investidor que não o exercer no prazo de 2 (dois) anos, contado da data da publicação do edital a que alude o parágrafo anterior, devendo a quantia correspondente ser recolhida ao Fundo a que se refere o art. 13, da Lei n. 7.347, de 24 de julho de 1985".

Art. 7º Os arts. 4º, 39, 82, 91 e 98 da Lei n. 8.078, de 11 de setembro de 1990, que "Dispõe sobre a proteção do consumidor e dá outras providências", passam a vigorar com a seguinte redação:

•• *Alterações já processadas na referida Lei.*

Art. 8º Ficam convalidados os atos praticados com base na Medida Provisória n. 854, de 26 de janeiro de 1995.

Art. 9º Esta Lei entra em vigor na data de sua publicação.

Senado Federal, em 21 de março de 1995; 174º da Independência e 107º da República.

José Sarney

Lei n. 9.021,
de 30 de março de 1995 (*)

Dispõe sobre a implementação da autarquia Conselho Administrativo de Defesa Econômica — CADE, criada pela Lei n. 8.884, de 11 de junho de 1994, e dá outras providências.

Faço saber que o Presidente da República adotou a Medida Provisória n. 934, de 1995, que o Congresso Nacional aprovou, e eu, José Sarney, Presidente, para os efeitos do disposto no parágrafo único do art. 62 da Constituição Federal, promulgo a seguinte Lei:

Art. 1º Ficam mantidos os mandatos do Presidente, dos Conselheiros e do Procurador do Conselho Administrativo de Defesa Econômica — CADE, nomeados na vigência da Lei n. 8.158, de 8 de janeiro de 1991.

Art. 2º Enquanto não forem nomeados os dois Conselheiros a que se refere o art. 3º desta Lei, o CADE deliberará por maioria simples de votos, com a presença mínima de quatro de seus membros.

Art. 3º São criados no CADE dois cargos de Conselheiro, código DAS 101.5, para atender ao disposto no art. 4º da Lei n. 8.884, de 11 de junho de 1994.

Art. 4º O art. 4º, *caput*, da Lei n. 8.884, de 1994, passa a vigorar com a seguinte redação:

•• *Alteração já processada na referida Lei.*

Art. 5º Os arts. 26 e 38 e §§ 4º, 6º e 7º do art. 54 da Lei n. 8.884, de 1994, passam a vigorar com a seguinte redação:

•• *Alterações já processadas na referida Lei.*

Art. 6º Até que seja aprovado o regulamento

(*) Publicada no *Diário Oficial da União*, de 31 de março de 1995.

da autarquia, vigorarão as normas internas anteriormente aplicáveis ao CADE, no que não contrariarem as disposições da Lei n. 8.884, de 1994.

Art. 7º As requisições a que se refere o § 1º do art. 81 da Lei n. 8.884, de 1994, serão irrecusáveis e sem prejuízo dos vencimentos e vantagens, dos servidores na origem.

Art. 8º As despesas de pessoal e encargos sociais, outras despesas correntes, investimentos e inversões financeiras, imprescindíveis ao funcionamento da autarquia, correrão à conta de transferências orçamentárias das dotações do Ministério da Justiça.

Parágrafo único. Com a aprovação da lei orçamentária para o presente exercício, será solicitado crédito adicional para os fins previstos no *caput*.

Art. 9º Além das atribuições previstas na Lei n. 8.884, de 1994, compete ao CADE decidir os processos administrativos instaurados com base em infrações previstas nas Leis ns. 4.137, de 10 de setembro de 1962, 8.158, de 1991, e 8.002, de 14 de março de 1990, em fase de apuração ou pendentes de julgamento.

Parágrafo único. As normas processuais e procedimentos previstos na Lei n. 8.884, de 1994, aplicam-se aos processos referidos no *caput*, inclusive as disposições contidas no Título VIII.

Art. 10. A Secretaria de Acompanhamento Econômico do Ministério da Fazenda — SEAE, quando verificar a existência de indícios da ocorrência de infração prevista nos incisos III ou IV do art. 20 da Lei n. 8.884, de 1994, mediante aumento injustificado de preços ou imposição de preços excessivos, convocará os responsáveis para, no prazo máximo de dez dias úteis, justificarem a respectiva conduta.

Parágrafo único. Não justificado o aumento, ou preço cobrado, presumir-se-á abusiva a conduta, devendo a SEAE representar fundamentadamente à Secretaria de Direito Econômico — SDE, que determinará a instauração de processo administrativo.

Art. 11. Para os fins previstos no art. 23 da Lei n. 8.884, de 1994, será considerado o faturamento da empresa no exercício anterior ao da instauração do processo administrativo, corrigido segundo os critérios de atualização dos tributos federais pagos em atraso, até a data do recolhimento da respectiva multa.

Art. 12. A SDE representará ao Ministério Público para adoção das medidas judiciais necessárias à cessação de infração à ordem econômica, no caso de descumprimento de medida preventiva por ela imposta, sem prejuízo da cobrança da multa respectiva.

Art. 13. Ficam convalidados os atos praticados com base na Medida Provisória n. 889, de 30 de janeiro de 1995.

Art. 14. Esta Lei entra em vigor na data de sua publicação.

Senado Federal, 30 de março de 1995; 174º da Independência e 107º da República.

José Sarney

Lei n. 9.048,
de 18 de maio de 1995 (*)

Torna obrigatória a existência de instrumentos de medição de peso nos postos de revenda de gás liquefeito de petróleo para uso doméstico.

O Presidente da República.

Faço saber que o Congresso Nacional decreta e eu sanciono a seguinte Lei:

Art. 1º Os postos de revenda de gás liquefeito de petróleo para uso doméstico são obrigados a dispor de balanças que permitam aos consumidores a aferição de peso real do produto.

(*) Publicada no *Diário Oficial da União*, de 19 de maio de 1995.

Parágrafo único. Para fins da aferição referida neste artigo, o peso do vasilhame de acondicionamento deve ser gravado ou etiquetado no próprio vasilhame, em local visível para o consumidor, ficando os infratores destas normas sujeitos, conforme o caso, às sanções administrativas estabelecidas no art. 56 da Lei n. 8.078, de 11 de setembro de 1990.

Art. 2º Esta Lei entra em vigor noventa dias após sua publicação.

Art. 3º Revogam-se as disposições em contrário.

Brasília, 18 de maio de 1995; 174º da Independência e 107º da República.

FERNANDO HENRIQUE CARDOSO

Lei n. 9.289,
de 4 de julho de 1996 (*)

Dispõe sobre as custas devidas à União, na Justiça Federal de Primeiro e Segundo Graus e dá outras providências.

O Presidente da República

Faço saber que o Congresso Nacional decreta e eu sanciono a seguinte Lei:

Art. 1º As custas devidas à União, na Justiça Federal de primeiro e segundo graus, são cobradas de acordo com as normas estabelecidas nesta Lei.

§ 1º Rege-se pela legislação estadual respectiva a cobrança de custas nas causas ajuizadas perante a Justiça Estadual, no exercício da jurisdição federal.

§ 2º As custas previstas nas tabelas anexas não excluem as despesas estabelecidas na legislação processual não disciplinadas por esta Lei.

....

Art. 4º São isentos de pagamento de custas:

I — a União, os Estados, os Municípios, os Territórios Federais, o Distrito Federal e as respectivas autarquias e fundações;

....

IV — os autores nas ações populares, nas ações civis públicas e nas ações coletivas de que trata o Código de Defesa do Consumidor, ressalvada a hipótese de litigância de má-fé.

Parágrafo único. A isenção prevista neste artigo não alcança as entidades fiscalizadoras do exercício profissional, nem exime as pessoas jurídicas referidas no inciso I da obrigação de reembolsar as despesas judiciais feitas pela parte vencedora.

....

Brasília, 4 de julho de 1996; 175º da Independência e 108º da República.

FERNANDO HENRIQUE CARDOSO

(*) Publicada no *Diário Oficial da União*, de 5 e republicada em 8 de julho de 1996. Deixamos de publicar o Anexo por não atender ao espírito desta obra.

Lei n. 9.294,
de 15 de julho de 1996 (*)

Dispõe sobre as restrições ao uso e à propaganda de produtos fumígeros, bebidas alcoólicas, medicamentos, terapias e defensivos agrícolas, nos termos do § 4º do art. 220 da Constituição Federal.

(*) Publicada no *Diário Oficial da União*, de 16 de julho de 1996. Regulamentada pelo Decreto n. 2.018, de 1º de outubro de 1996. Onde constou *fumígero* acreditamos seja *fumígeno*, porém mantivemos a redação original da publicação oficial. A Resolução-RDC n. 15, de 17 de janeiro de 2003, da Agência Nacional de Vigilância Sanitária, regulamenta disposições dadas por esta lei. A Lei n. 11.705, de 19 de junho de 2008, regulamentada pelo Decreto n. 6.489, de 19 de junho de 2008, institui a chamada "Lei Seca", a fim de inibir o consumo de bebida alcoólica por condutor de veículo automotor.

O Presidente da República

Faço saber que o Congresso Nacional decreta e eu sanciono a seguinte Lei:

Art. 1º O uso e a propaganda de produtos fumígeros, derivados ou não do tabaco, de bebidas alcoólicas, de medicamentos e terapias e de defensivos agrícolas estão sujeitos às restrições e condições estabelecidas por esta Lei, nos termos do § 4º do art. 220 da Constituição Federal.

- *Propaganda comercial de agrotóxicos: Decreto n. 4.074, de 4 de janeiro de 2002.*
- Vide *Resolução RDC n. 96, de 17 de dezembro de 2008, da Agência Nacional de Vigilância Sanitária, que dispõe sobre a propaganda, publicidade, informação e outras práticas, cujo objetivo seja a divulgação ou promoção comercial de medicamentos.*

Art. 2º É proibido o uso de cigarros, cigarrilhas, charutos, cachimbos ou de qualquer outro produto fumígeno, derivado ou não do tabaco, em recinto coletivo, privado ou público, salvo em área destinada exclusivamente a esse fim, devidamente isolada e com arejamento conveniente.

....

Art. 3º A propaganda comercial dos produtos referidos no artigo anterior só poderá ser efetuada através de pôsteres, painéis e cartazes, na parte interna dos locais de venda.

•• Caput *com redação determinada pela Lei n. 10.167, de 27 de dezembro de 2000.*

§ 1º A propaganda comercial dos produtos referidos neste artigo deverá ajustar-se aos seguintes princípios:

I – não sugerir o consumo exagerado ou irresponsável, nem a indução ao bem-estar ou saúde, ou fazer associação a celebrações cívicas ou religiosas;

II – não induzir as pessoas ao consumo, atribuindo aos produtos propriedades calmantes ou estimulantes, que reduzam a fadiga, ou a tensão, ou qualquer efeito similar;

III – não associar idéias ou imagens de maior êxito na sexualidade das pessoas, insinuando o aumento de virilidade ou feminilidade de pessoas fumantes;

IV – não associar o uso do produto à prática de atividades esportivas, olímpicas ou não, nem sugerir ou induzir seu consumo em locais ou situações perigosas, abusivas ou ilegais;

•• *Inciso IV com redação determinada pela Lei n. 10.167, de 27 de dezembro de 2000.*

V – não empregar imperativos que induzam diretamente ao consumo;

VI – não incluir a participação de crianças ou adolescentes.

•• *Inciso VI com redação determinada pela Lei n. 10.167, de 27 de dezembro de 2000.*

§ 2º A propaganda conterá, nos meios de comunicação e em função de suas características, advertência, sempre que possível falada e escrita, sobre os malefícios do fumo, bebidas alcoólicas, medicamentos, terapias e defensivos agrícolas, segundo frases estabelecidas pelo Ministério da Saúde, usadas sequencialmente, de forma simultânea ou rotativa.

•• *§ 2º com redação determinada pela Medida Provisória n. 2.190-34, de 23 de agosto de 2001.*

§ 3º As embalagens e os maços de produtos fumígenos, com exceção dos destinados à exportação, e o material de propaganda referido no *caput* deste artigo conterão a advertência mencionada no § 2º acompanhada de imagens ou figuras que ilustrem o sentido da mensagem.

•• *§ 3º com redação determinada pela Medida Provisória n. 2.190-34, de 23 de agosto de 2001.*

§ 4º Nas embalagens, as cláusulas de advertência a que se refere o § 2º deste artigo serão sequencialmente usadas, de forma simultânea ou rotativa, nesta última hipótese devendo variar no máximo a cada 5 (cinco) meses, inseridas, de forma legível e ostensivamente destacada, em uma das laterais dos maços, carteiras ou pacotes que sejam habitualmente comercializados diretamente ao consumidor.

§ 5º A advertência a que se refere o § 2º deste

artigo, escrita de forma legível e ostensiva, será sequencialmente usada de modo simultâneo ou rotativo, nesta última hipótese variando, no máximo, a cada 5 (cinco) meses.

•• *§ 5º com redação determinada pela Lei n. 10.167, de 27 de dezembro de 2000.*

Art. 3º-A. Quanto aos produtos referidos no art. 2º desta Lei, são proibidos:

•• Caput *acrescentado pela Lei n. 10.167, de 27 de dezembro de 2000.*

I — a venda por via postal;

•• *Inciso I acrescentado pela Lei n. 10.167, de 27 de dezembro de 2000.*

II — a distribuição de qualquer tipo de amostra ou brinde;

•• *Inciso II acrescentado pela Lei n. 10.167, de 27 de dezembro de 2000.*

III — a propaganda por meio eletrônico, inclusive internet;

•• *Inciso III acrescentado pela Lei n. 10.167, de 27 de dezembro de 2000.*

IV — a realização de visita promocional ou distribuição gratuita em estabelecimento de ensino ou local público;

•• *Inciso IV acrescentado pela Lei n. 10.167, de 27 de dezembro de 2000.*

V — o patrocínio de atividade cultural ou esportiva;

•• *Inciso V acrescentado pela Lei n. 10.167, de 27 de dezembro de 2000.*

VI — a propaganda fixa ou móvel em estádio, pista, palco ou local similar;

•• *Inciso VI acrescentado pela Lei n. 10.167, de 27 de dezembro de 2000.*

VII — a propaganda indireta contratada, também denominada *merchandising*, nos programas produzidos no País após a publicação desta Lei, em qualquer horário;

•• *Inciso VII acrescentado pela Lei n. 10.167, de 27 de dezembro de 2000.*

VIII — a comercialização em estabelecimento de ensino, em estabelecimento de saúde e em órgãos ou entidades da Administração Pública;

•• *Inciso VIII com redação determinada pela Lei n. 10.702, de 14 de julho de 2003.*

IX — a venda a menores de dezoito anos.

•• *Inciso IX acrescentado pela Lei n. 10.702, de 14 de julho de 2003.*

§ 1º Até 30 de setembro de 2005, o disposto nos incisos V e VI não se aplica no caso de eventos esportivos internacionais que não tenham sede fixa em um único país e sejam organizados ou realizados por instituições estrangeiras.

•• *§ 1º acrescentado pela Lei n. 10.702, de 14 de julho de 2003.*

§ 2º É facultado ao Ministério da Saúde afixar, nos locais dos eventos esportivos a que se refere o § 1º, propaganda fixa com mensagem de advertência escrita que observará os conteúdos a que se refere o § 2º do art. 3º-C, cabendo aos responsáveis pela sua organização assegurar os locais para a referida afixação.

•• *§ 2º acrescentado pela Lei n. 10.702, de 14 de julho de 2003.*

Art. 3º-B. Somente será permitida a comercialização de produtos fumígenos que ostentem em sua embalagem a identificação junto à Agência Nacional de Vigilância Sanitária, na forma do regulamento.

•• *Artigo acrescentado pela Lei n. 10.167, de 27 de dezembro de 2000.*

Art. 3º-C. A aplicação do disposto no § 1º do art. 3º-A, bem como a transmissão ou retransmissão, por televisão, em território brasileiro, de eventos culturais ou esportivos com imagens geradas no estrangeiro patrocinados por empresas ligadas a produtos fumígenos, exige a veiculação gratuita pelas emissoras de televisão, durante a transmissão do evento, de mensagem de advertência sobre os malefícios do fumo.

•• Caput *acrescentado pela Lei n. 10.702, de 14 de julho de 2003.*

§ 1º Na abertura e no encerramento da transmissão do evento, será veiculada mensagem de advertência, cujo conteúdo será definido pelo Ministério da Saúde, com duração não inferior a trinta segundos em cada inserção.

•• *§ 1º acrescentado pela Lei n. 10.702, de 14 de julho de 2003.*

§ 2º A cada intervalo de quinze minutos será veiculada, sobreposta à respectiva transmissão, mensagem de advertência escrita e falada sobre os malefícios do fumo com duração não inferior a quinze segundos em cada inserção, por intermédio das seguintes frases e de outras a serem definidas na regulamentação, usadas sequencialmente, todas precedidas da afirmação "O Ministério da Saúde adverte":

•• *§ 2º,* caput, *acrescentado pela Lei n. 10.702, de 14 de julho de 2003.*

I – "fumar causa mau hálito, perda de dentes e câncer de boca";

•• *Inciso I acrescentado pela Lei n. 10.702, de 14 de julho de 2003.*

II – "fumar causa câncer de pulmão";

•• *Inciso II acrescentado pela Lei n. 10.702, de 14 de julho de 2003.*

III – "fumar causa infarto do coração";

•• *Inciso III acrescentado pela Lei n. 10.702, de 14 de julho de 2003.*

IV – "fumar na gravidez prejudica o bebê";

•• *Inciso IV acrescentado pela Lei n. 10.702, de 14 de julho de 2003.*

V – "em gestantes, o cigarro provoca partos prematuros, o nascimento de crianças com peso abaixo do normal e facilidade de contrair asma";

•• *Inciso V acrescentado pela Lei n. 10.702, de 14 de julho de 2003.*

VI – "crianças começam a fumar ao verem os adultos fumando";

•• *Inciso VI acrescentado pela Lei n. 10.702, de 14 de julho de 2003.*

VII – "a nicotina é droga e causa dependência"; e

•• *Inciso VII acrescentado pela Lei n. 10.702, de 14 de julho de 2003.*

VIII – "fumar causa impotência sexual".

•• *Inciso VIII acrescentado pela Lei n. 10.702, de 14 de julho de 2003.*

§ 3º Considera-se, para os efeitos desse artigo, integrantes do evento os treinos livres ou oficiais, os ensaios, as reapresentações e os compactos.

•• *§ 3º acrescentado pela Lei n. 10.702, de 14 de julho de 2003.*

Art. 4º Somente será permitida a propaganda comercial de bebidas alcoólicas nas emissoras de rádio e televisão entre as 21 (vinte e uma) e as 6 (seis) horas.

§ 1º A propaganda de que trata este artigo não poderá associar o produto ao esporte olímpico ou de competição, ao desempenho saudável de qualquer atividade, à condução de veículos e a imagens ou idéias de maior êxito ou sexualidade das pessoas.

§ 2º Os rótulos das embalagens de bebidas alcoólicas conterão advertência nos seguintes termos: "Evite o Consumo Excessivo de Álcool".

Art. 4º-A. Na parte interna dos locais em que se vende bebida alcoólica, deverá ser afixado advertência escrita de forma legível e ostensiva de que é crime dirigir sob a influência de álcool, punível com detenção.

•• *Artigo acrescentado pela Lei n. 11.705, de 19 de junho de 2008.*

Art. 5º As chamadas e caracterizações de patrocínio dos produtos indicados nos arts. 2º e 4º, para eventos alheios à programação normal ou rotineira das emissoras de rádio e televisão, poderão ser feitas em qualquer horário, desde que identificadas apenas com a marca ou *slogan* do produto, sem recomendação do seu consumo.

§ 1º As restrições deste artigo aplicam-se à propaganda estática existente em estádios, veículos de competição e locais similares.

§ 2º Nas condições do *caput*, as chamadas e caracterizações de patrocínio dos produtos estarão liberados da exigência do § 2º do art. 3º desta Lei.

Art. 6.º É vedada a utilização de trajes esportivos, relativamente a esportes olímpicos, para veicular a propaganda dos produtos de que trata esta Lei.

Art. 7º A propaganda de medicamentos e terapias de qualquer tipo ou espécie poderá ser feita em publicações especializadas dirigidas direta e especificamente a profissionais e instituições de saúde.

§ 1º Os medicamentos anódinos e de venda livre, assim classificados pelo órgão competente do Ministério da Saúde, poderão ser anunciados nos órgãos de comunicação social com as advertências quanto ao seu abuso, conforme indicado pela autoridade classificatória.

§ 2º A propaganda dos medicamentos referidos neste artigo não poderá conter afirmações que não sejam passíveis de comprovação científica, nem poderá utilizar depoimentos de profissionais que não sejam legalmente qualificados para fazê-lo.

§ 3º Os produtos fitoterápicos da flora medicinal brasileira que se enquadram no disposto no § 1º deste artigo deverão apresentar comprovação científica dos seus efeitos terapêuticos no prazo de 5 (cinco) anos da publicação desta Lei, sem o que sua propaganda será automaticamente vedada.

§ 4º É permitida a propaganda de medicamentos genéricos em campanhas publicitárias patrocinadas pelo Ministério da Saúde e nos recintos dos estabelecimentos autorizados a dispensá-los, com indicação do medicamento de referência.

•• *§ 4º acrescentado pela Medida Provisória n. 2.190-34, de 23 de agosto de 2001.*

§ 5º Toda a propaganda de medicamentos conterá obrigatoriamente advertência indicando que, a persistirem os sintomas, o médico deverá ser consultado.

•• *Primitivo § 4º renumerado pela Medida Provisória n. 2.190-34, de 23 de agosto de 2001.*

Art. 8º A propaganda de defensivos agrícolas que contenham produtos de efeito tóxico, mediato ou imediato, para o ser humano, deverá restringir-se a programas e publicações dirigidas aos agricultores e pecuaristas, contendo completa explicação sobre a sua aplicação, precauções no emprego, consumo ou utilização, segundo o que dispuser o órgão competente do Ministério da Agricultura e do Abastecimento, sem prejuízo das normas estabelecidas pelo Ministério da Saúde ou outro órgão do Sistema Único de Saúde.

Art. 9º Aplicam-se ao infrator desta Lei, sem prejuízo de outras penalidades previstas na legislação em vigor, especialmente no Código de Defesa do Consumidor e na Legislação de Telecomunicações, as seguintes sanções:

•• Caput *com redação determinada pela Lei n. 10.167, de 27 de dezembro de 2000.*

I — advertência;

II — suspensão, no veículo de divulgação da publicidade, de qualquer outra propaganda do produto, por prazo de até 30 (trinta) dias;

III — obrigatoriedade de veiculação de retificação ou esclarecimento para compensar propaganda distorcida ou de má-fé;

IV — apreensão do produto;

V — multa, de R$ 5.000,00 (cinco mil reais) a R$ 100.000,00 (cem mil reais), aplicada conforme a capacidade econômica do infrator;

•• *Inciso V com redação determinada pela Lei n. 10.167, de 27 de dezembro de 2000.*

VI — suspensão da programação da emissora de rádio e televisão, pelo tempo de dez (10) minutos, por cada minuto ou fração de duração da propaganda transmitida em desacordo com esta Lei, observando-se o mesmo horário;

•• *Inciso VI acrescentado pela Lei n. 10.167, de 27 de dezembro de 2000.*

VII — no caso de violação do disposto no inciso IX do art. 3º-A, as sanções previstas na Lei n. 6.437, de 20 de agosto de 1977, sem prejuízo do disposto no art. 243 da Lei n. 8.069, de 13 de julho de 1990.

•• *Inciso VII acrescentado pela Lei n. 10.167, de 27 de dezembro de 2000.*

§ 1º As sanções previstas neste artigo poderão ser aplicadas gradativamente, e, na reincidência, cumulativamente, de acordo com as especificidades do infrator.

§ 2º Em qualquer caso, a peça publicitária fica definitivamente vetada.

§ 3º Considera-se infrator, para os efeitos desta Lei, toda e qualquer pessoa natural ou jurídica que, de forma direta ou indireta, seja responsável pela divulgação da peça publicitária ou pelo respectivo veículo de comunicação.

•• *§ 3º acrescentado pela Lei n. 10.167, de 27 de dezembro de 2000.*

§ 4º Compete à autoridade sanitária municipal aplicar as sanções previstas neste artigo, na forma do art. 12 da Lei n. 6.437, de 20 de agosto de 1977, ressalvada a competência exclusiva ou concorrente:

I — do órgão de vigilância sanitária do Ministério da Saúde, inclusive quanto às sanções aplicáveis às agências de publicidade, responsáveis por propaganda de âmbito nacional;

II — do órgão de regulamentação da aviação civil do Ministério da Defesa, em relação a infrações verificadas no interior de aeronaves;

III — do órgão do Ministério das Comunicações responsável pela fiscalização das emissoras de rádio e televisão;

IV — do órgão de regulamentação de transportes do Ministério dos Transportes, em relação a infrações ocorridas no interior de transportes rodoviários, ferroviários e aquaviários de passageiros.

•• *§ 4º acrescentado pela Lei n. 10.167, de 27 de dezembro de 2000.*

§ 5º O Poder Executivo definirá as competências dos órgãos e entidades da administração federal encarregados em aplicar as sanções deste artigo.

•• *§ 5º acrescentado pela Lei n. 10.167, de 27 de dezembro de 2000.*

....

Brasília, 15 de julho de 1996; 175º da Independência e 108º da República.

FERNANDO HENRIQUE CARDOSO

Decreto n. 2.181, de 20 de março de 1997 (*)

Dispõe sobre a organização do Sistema Nacional de Defesa do Consumidor — SNDC, estabelece as normas gerais de aplicação das sanções administrativas previstas na Lei n. 8.078, de 11 de setembro de 1990, revoga o Decreto n. 861, de 9 de julho de 1993, e dá outras providências.

O Presidente da República, no uso da atribuição que lhe confere o art. 84, IV, da Constituição Federal, e tendo em vista o disposto na Lei n. 8.078, de 11 de setembro de 1990, que dispõe sobre a proteção do consumidor e dá outras providências, decreta:

Art. 1º Fica organizado o Sistema Nacional de Defesa do Consumidor — SNDC e estabelecidas as normas gerais de aplicação das sanções administrativas, nos termos da Lei n. 8.078, de 11 de setembro de 1990.

CAPÍTULO I
DO SISTEMA NACIONAL DE DEFESA DO CONSUMIDOR

Art. 2º Integram o SNDC a Secretaria de Direito Econômico do Ministério da Justiça — SDE, por meio do seu Departamento de Proteção e Defesa do Consumidor — DPDC, e os demais órgãos federais, estaduais, do Distrito Federal, municipais e as entidades civis de defesa do consumidor.

CAPÍTULO II
DA COMPETÊNCIA DOS ÓRGÃOS INTEGRANTES DO SNDC

Art. 3º Compete ao DPDC, da Secretaria de Di-

(*) Publicado no *Diário Oficial da União*, de 21 de março de 1997.

reito Econômico do Ministério da Justiça, a coordenação da política do Sistema Nacional de Defesa do Consumidor, cabendo-lhe:

I — planejar, elaborar, propor, coordenar e executar a política nacional de proteção e defesa do consumidor;

II — receber, analisar, avaliar e apurar consultas e denúncias apresentadas por entidades representativas ou pessoas jurídicas de direito público ou privado ou por consumidores individuais;

III — prestar aos consumidores orientação permanente sobre seus direitos e garantias;

IV — informar, conscientizar e motivar o consumidor, por intermédio dos diferentes meios de comunicação;

V — solicitar à polícia judiciária a instauração de inquérito para apuração de delito contra o consumidor, nos termos da legislação vigente;

VI — representar ao Ministério Público competente, para fins de adoção de medidas processuais, penais e civis, no âmbito de suas atribuições;

VII — levar ao conhecimento dos órgãos competentes as infrações de ordem administrativa que violarem os interesses difusos, coletivos ou individuais dos consumidores;

VIII — solicitar o concurso de órgãos e entidades da União, dos Estados, do Distrito Federal e dos Municípios, bem como auxiliar na fiscalização de preços, abastecimento, quantidade e segurança de produtos e serviços;

IX — incentivar, inclusive com recursos financeiros e outros programas especiais, a criação de órgãos públicos estaduais e municipais de defesa do consumidor e a formação, pelos cidadãos, de entidades com esse mesmo objetivo;

X — fiscalizar e aplicar as sanções administrativas previstas na Lei n. 8.078, de 1990, e em outras normas pertinentes à defesa do consumidor;

XI — solicitar o concurso de órgãos e entidades de notória especialização técnico-científica para a consecução de seus objetivos;

XII — provocar a Secretaria de Direito Econômico para celebrar convênios e termos de ajustamento de conduta, na forma do § 6º do art. 5º da Lei n. 7.347, de 24 de julho de 1985;

XIII — elaborar e divulgar o cadastro nacional de reclamações fundamentadas contra fornecedores de produtos e serviços, a que se refere o art. 44 da Lei n. 8.078, de 1990;

XIV — desenvolver outras atividades compatíveis com suas finalidades.

Art. 4º No âmbito de sua jurisdição e competência, caberá ao órgão estadual, do Distrito Federal e municipal de proteção e defesa do consumidor, criado, na forma da lei, especificamente para este fim, exercitar as atividades contidas nos incisos II a XII do art. 3º deste Decreto e, ainda:

I — planejar, elaborar, propor, coordenar e executar a política estadual, do Distrito Federal e municipal de proteção e defesa do consumidor, nas suas respectivas áreas de atuação;

II — dar atendimento aos consumidores, processando, regularmente, as reclamações fundamentadas;

III — fiscalizar as relações de consumo;

IV — funcionar, no processo administrativo, como instância de instrução e julgamento, no âmbito de sua competência, dentro das regras fixadas pela Lei n. 8.078, de 1990, pela legislação complementar e por este Decreto;

V — elaborar e divulgar anualmente, no âmbito de sua competência, o cadastro de reclamações fundamentadas contra fornecedores de produtos e serviços, de que trata o art. 44 da Lei n. 8.078, de 1990, e remeter cópia ao DPDC;

VI — desenvolver outras atividades compatíveis com suas finalidades.

Art. 5º Qualquer entidade ou órgão da Administração Pública, federal, estadual e municipal, destinado à defesa dos interesses e direitos do consumidor, tem, no âmbito de suas respectivas competências, atribuição para apurar e punir infrações a este Decreto e à legislação das relações de consumo.

Parágrafo único. Se instaurado mais de um

processo administrativo por pessoas jurídicas de direito público distintas, para apuração de infração decorrente de um mesmo fato imputado ao mesmo fornecedor, eventual conflito de competência será dirimido pelo DPDC, que poderá ouvir a Comissão Nacional Permanente de Defesa do Consumidor — CNPDC, levando sempre em consideração a competência federativa para legislar sobre a respectiva atividade econômica.

Art. 6º As entidades e órgãos da Administração Pública destinados à defesa dos interesses e direitos protegidos pelo Código de Defesa do Consumidor poderão celebrar compromissos de ajustamento de conduta às exigências legais, nos termos do § 6º do art. 5º da Lei n. 7.347, de 1985, na órbita de suas respectivas competências.

§ 1º A celebração de termo de ajustamento de conduta não impede que outro, desde que mais vantajoso para o consumidor, seja lavrado por quaisquer das pessoas jurídicas de direito público integrantes do SNDC.

§ 2º A qualquer tempo, o órgão subscritor poderá, diante de novas informações ou se assim as circunstâncias o exigirem, retificar ou complementar o acordo firmado, determinando outras providências que se fizerem necessárias, sob pena de invalidade imediata do ato, dando-se seguimento ao procedimento administrativo eventualmente arquivado.

§ 3º O compromisso de ajustamento conterá, entre outras, cláusulas que estipulem condições sobre:

I — obrigação do fornecedor de adequar sua conduta às exigências legais, no prazo ajustado;

II — pena pecuniária, diária, pelo descumprimento do ajustado, levando-se em conta os seguintes critérios:

a) o valor global da operação investigada;

b) o valor do produto ou serviço em questão;

c) os antecedentes do infrator;

d) a situação econômica do infrator;

III — ressarcimento das despesas de investigação da infração e instrução do procedimento administrativo.

§ 4º A celebração do compromisso de ajustamento suspenderá o curso do processo administrativo, se instaurado, que somente será arquivado após atendidas todas as condições estabelecidas no respectivo termo.

Art. 7º Compete aos demais órgãos públicos federais, estaduais, do Distrito Federal e municipais que passarem a integrar o SNDC fiscalizar as relações de consumo, no âmbito de sua competência, e autuar, na forma da legislação, os responsáveis por práticas que violem os direitos do consumidor.

Art. 8º As entidades civis de proteção e defesa do consumidor, legalmente constituídas, poderão:

I — encaminhar denúncias aos órgãos públicos de proteção e defesa do consumidor, para as providências legais cabíveis;

II — representar o consumidor em juízo, observado o disposto no inciso IV do art. 82 da Lei n. 8.078, de 1990;

III — exercer outras atividades correlatas.

Capítulo III

DA FISCALIZAÇÃO, DAS PRÁTICAS INFRATIVAS E DAS PENALIDADES ADMINISTRATIVAS

Seção I

Da Fiscalização

- *A Portaria n. 6, de 2 de dezembro de 2002, da Secretaria de Direito Econômico do Ministério da Justiça, institui formulários padrão, cuja adoção se recomenda aos órgãos integrantes do Sistema Nacional de Defesa do Consumidor — SNDC.*
- *A Portaria n. 22, de 20 de agosto de 2004, da Secretaria de Direito Econômico, institui formulário padrão para a lavratura de Auto de Comprovação no âmbito do Sistema Nacional de Defesa do Consumidor.*

Art. 9º A fiscalização das relações de consumo de que tratam a Lei n. 8.078, de 1990, este Decreto e as demais normas de defesa do consumidor será exercida em todo o território nacional pela Secretaria de Direito Econômico do Ministério da Justiça, por meio do DPDC, pelos órgãos federais integrantes do SNDC, pelos órgãos conveniados com a Secretaria e pelos órgãos de proteção e defesa do consumidor criados pelos Estados, Distrito Federal e Municípios, em suas respectivas áreas de atuação e competência.

- *A Portaria n. 961, de 16 de agosto de 2002, do Ministério da Justiça, aprova o Regimento Interno da Secretaria de Direito Econômico.*

Art. 10. A fiscalização de que trata este Decreto será efetuada por agentes fiscais, oficialmente designados, vinculados aos respectivos órgãos de proteção e defesa do consumidor, no âmbito federal, estadual, do Distrito Federal e municipal, devidamente credenciados mediante Cédula de Identificação Fiscal, admitida a delegação mediante convênio.

Art. 11. Sem exclusão da responsabilidade dos órgãos que compõem o SNDC, os agentes de que trata o artigo anterior responderão pelos atos que praticarem quando investidos da ação fiscalizadora.

Seção II
Das Práticas Infrativas

Art. 12. São consideradas práticas infrativas:

I — condicionar o fornecimento de produto ou serviço ao fornecimento de outro produto ou serviço, bem como, sem justa causa, a limites quantitativos;

II — recusar atendimento às demandas dos consumidores na exata medida de sua disponibilidade de estoque e, ainda, de conformidade com os usos e costumes;

III — recusar, sem motivo justificado, atendimento à demanda dos consumidores de serviços;

IV — enviar ou entregar ao consumidor qualquer produto ou fornecer qualquer serviço, sem solicitação prévia;

V — prevalecer-se da fraqueza ou ignorância do consumidor, tendo em vista sua idade, saúde, conhecimento ou condição social, para impingir-lhe seus produtos ou serviços;

VI — exigir do consumidor vantagem manifestamente excessiva;

VII — executar serviços sem a prévia elaboração de orçamento e autorização expressa do consumidor, ressalvadas as decorrentes de práticas anteriores entre as partes;

VIII — repassar informação depreciativa referente a ato praticado pelo consumidor no exercício de seus direitos;

IX — colocar, no mercado de consumo, qualquer produto ou serviço:

a) em desacordo com as normas expedidas pelos órgãos oficiais competentes, ou, se normas específicas não existirem, pela Associação Brasileira de Normas Técnicas — ABNT ou outra entidade credenciada pelo Conselho Nacional de Metrologia, Normalização e Qualidade Industrial — CONMETRO;

b) que acarrete riscos à saúde ou à segurança dos consumidores e sem informações ostensivas e adequadas;

c) em desacordo com as indicações constantes do recipiente, da embalagem, da rotulagem ou mensagem publicitária, respeitadas as variações decorrentes de sua natureza;

d) impróprio ou inadequado ao consumo a que se destina ou que lhe diminua o valor;

X — deixar de reexecutar os serviços, quando cabível, sem custo adicional;

XI — deixar de estipular prazo para o cumprimento de sua obrigação ou deixar a fixação ou variação de seu termo inicial a seu exclusivo critério.

Art. 13. Serão consideradas, ainda, práticas infrativas, na forma dos dispositivos da Lei n. 8.078, de 1990:

I — ofertar produtos ou serviços sem as informações corretas, claras, precisas e ostensivas, em língua portuguesa, sobre suas características, qualidade, quantidade, composição, preço, condições de pagamento, juros, encargos, garantia, prazos de validade e origem, entre outros dados relevantes;

II — deixar de comunicar à autoridade competente a periculosidade do produto ou serviço, quando do lançamento dos mesmos no mercado de consumo, ou quando da verificação posterior da existência do risco;

- *A Portaria n. 789, de 24 de agosto de 2001, do Ministério da Justiça, regula a comunicação relativa à periculosidade de produtos e serviços já introduzidos no mercado de consumo de que trata este inciso.*

III – deixar de comunicar aos consumidores, por meio de anúncios publicitários, a periculosidade do produto ou serviço, quando do lançamento dos mesmos no mercado de consumo, ou quando da verificação posterior da existência do risco;

- Vide *nota ao inciso anterior.*

IV – deixar de reparar os danos causados aos consumidores por defeitos decorrentes de projetos, fabricação, construção, montagem, manipulação, apresentação ou acondicionamento de seus produtos ou serviços, ou por informações insuficientes ou inadequadas sobre a sua utilização e risco;

V – deixar de empregar componentes de reposição originais, adequados e novos, ou que mantenham as especificações técnicas do fabricante, salvo se existir autorização em contrário do consumidor;

VI – deixar de cumprir a oferta, publicitária ou não, suficientemente precisa, ressalvada a incorreção retificada em tempo hábil ou exclusivamente atribuível ao veículo de comunicação, sem prejuízo, inclusive nessas duas hipóteses, do cumprimento forçado do anunciado ou do ressarcimento de perdas e danos sofridos pelo consumidor, assegurado o direito de regresso do anunciante contra seu segurador ou responsável direto;

VII – omitir, nas ofertas ou vendas eletrônicas, por telefone ou reembolso postal, o nome e endereço do fabricante ou do importador na embalagem, na publicidade e nos impressos utilizados na transação comercial;

VIII – deixar de cumprir, no caso de fornecimento de produtos e serviços, o regime de preços tabelados, congelados, administrados, fixados ou controlados pelo Poder Público;

IX – submeter o consumidor inadimplente ao ridículo ou a qualquer tipo de constrangimento ou ameaça;

X – impedir ou dificultar o acesso gratuito do consumidor às informações existentes em cadastros, fichas, registros de dados pessoais e de consumo, arquivados sobre ele, bem como sobre as respectivas fontes;

XI – elaborar cadastros de consumo com dados irreais ou imprecisos;

XII – manter cadastros e dados de consumidores com informações negativas, divergentes da proteção legal;

XIII – deixar de comunicar, por escrito, ao consumidor a abertura de cadastro, ficha, registro de dados pessoais e de consumo, quando não solicitada por ele;

XIV – deixar de corrigir, imediata e gratuitamente, a inexatidão de dados e cadastros, quando solicitado pelo consumidor;

XV – deixar de comunicar ao consumidor, no prazo de 5 (cinco) dias úteis, as correções cadastrais por ele solicitadas;

XVI – impedir, dificultar ou negar, sem justa causa, o cumprimento das declarações constantes de escritos particulares, recibos e pré-contratos concernentes às relações de consumo;

XVII – omitir em impressos, catálogos ou comunicações, impedir, dificultar ou negar a desistência contratual, no prazo de até 7 (sete) dias a contar da assinatura do contrato ou do ato de recebimento do produto ou serviço, sempre que a contratação ocorrer fora do estabelecimento comercial, especialmente por telefone ou a domicílio;

XVIII – impedir, dificultar ou negar a devolução dos valores pagos, monetariamente atualizados, durante o prazo de reflexão, em caso de desistência do contrato pelo consumidor;

XIX – deixar de entregar o termo de garantia, devidamente preenchido com as informações previstas no parágrafo único do art. 50 da Lei n. 8.078, de 1990;

XX – deixar, em contratos que envolvam vendas a prazo ou com cartão de crédito, de informar por escrito ao consumidor, prévia e adequadamente, inclusive nas comunicações publicitárias, o preço do produto ou do serviço em moeda corrente nacional, o montante dos juros de mora e da taxa efetiva anual de juros, os acréscimos legal e contratualmente previstos, o número e a periodicidade das prestações e, com igual destaque, a soma total a pagar, com ou sem financiamento;

XXI — deixar de assegurar a oferta de componentes e peças de reposição, enquanto não cessar a fabricação ou importação do produto, e, caso cessadas, de manter a oferta de componentes e peças de reposição por período razoável de tempo, nunca inferior à vida útil do produto ou serviço;

XXII — propor ou aplicar índices ou formas de reajuste alternativos, bem como fazê-lo em desacordo com aquele que seja legal ou contratualmente permitido;

XXIII — recusar a venda de produto ou a prestação de serviços, publicamente ofertados, diretamente a quem se dispõe a adquiri-los mediante pronto pagamento, ressalvados os casos regulados em leis especiais;

XXIV — deixar de trocar o produto impróprio, inadequado, ou de valor diminuído, por outro da mesma espécie, em perfeitas condições de uso, ou de restituir imediatamente a quantia paga, devidamente corrigida, ou fazer abatimento proporcional do preço, a critério do consumidor.

Art. 14. É enganosa qualquer modalidade de informação ou comunicação de caráter publicitário inteira ou parcialmente falsa, ou, por qualquer outro modo, mesmo por omissão, capaz de induzir a erro o consumidor a respeito da natureza, características, qualidade, quantidade, propriedade, origem, preço e de quaisquer outros dados sobre produtos ou serviços.

§ 1º É enganosa, por omissão, a publicidade que deixar de informar sobre dado essencial do produto ou serviço a ser colocado à disposição dos consumidores.

§ 2º É abusiva, entre outras, a publicidade discriminatória de qualquer natureza, que incite à violência, explore o medo ou a superstição, se aproveite da deficiência de julgamento e da inexperiência da criança, desrespeite valores ambientais, seja capaz de induzir o consumidor a se comportar de forma prejudicial ou perigosa à sua saúde ou segurança, ou que viole normas legais ou regulamentares de controle da publicidade.

§ 3º O ônus da prova da veracidade (não enganosidade) e da correção (não abusividade) da informação ou comunicação publicitária cabe a quem as patrocina.

Art. 15. Estando a mesma empresa sendo acionada em mais de um Estado federado pelo mesmo fato gerador de prática infrativa, autoridade máxima do sistema estadual poderá remeter o processo ao órgão coordenador do SNDC, que apurará o fato e aplicará as sanções respectivas.

Art. 16. Nos casos de processos administrativos tramitando em mais de um Estado, que envolvam interesses difusos ou coletivos, o DPDC poderá avocá-los, ouvida a Comissão Nacional Permanente de Defesa do Consumidor, bem como as autoridades máximas dos sistemas estaduais.

Art. 17. As práticas infrativas classificam-se em:

I — leves: aquelas em que forem verificadas somente circunstâncias atenuantes;

II — graves: aquelas em que forem verificadas circunstâncias agravantes.

Seção III
Das Penalidades Administrativas

Art. 18. A inobservância das normas contidas na Lei n. 8.078, de 1990, e das demais normas de defesa do consumidor constituirá prática infrativa e sujeitará o fornecedor às seguintes penalidades, que poderão ser aplicadas isolada ou cumulativamente, inclusive de forma cautelar, antecedente ou incidente no processo administrativo, sem prejuízo das de natureza cível, penal e das definidas em normas específicas:

I — multa;

II — apreensão do produto;

III — inutilização do produto;

IV — cassação do registro do produto junto ao órgão competente;

V — proibição de fabricação do produto;

VI — suspensão de fornecimento de produtos ou serviços;

VII — suspensão temporária de atividade;

VIII — revogação de concessão ou permissão de uso;

IX — cassação de licença do estabelecimento ou de atividade;

X — interdição, total ou parcial, de estabelecimento, de obra ou de atividade;

XI — intervenção administrativa;

XII — imposição de contrapropaganda.

§ 1º Responderá pela prática infrativa, sujeitando-se às sanções administrativas previstas neste Decreto, quem por ação ou omissão lhe der causa, concorrer para sua prática ou dela se beneficiar.

§ 2º As penalidades previstas neste artigo serão aplicadas pelos órgãos oficiais integrantes do SNDC, sem prejuízo das atribuições do órgão normativo ou regulador da atividade, na forma da legislação vigente.

§ 3º As penalidades previstas nos incisos III a XI deste artigo sujeitam-se a posterior confirmação pelo órgão normativo ou regulador da atividade, nos limites de sua competência.

Art. 19. Toda pessoa física ou jurídica que fizer ou promover publicidade enganosa ou abusiva ficará sujeita à pena de multa, cumulada com aquelas previstas no artigo anterior, sem prejuízo da competência de outros órgãos administrativos.

Parágrafo único. Incide também nas penas deste artigo o fornecedor que:

I — deixar de organizar ou negar aos legítimos interessados os dados fáticos, técnicos e científicos que dão sustentação à mensagem publicitária;

II — veicular publicidade de forma que o consumidor não possa, fácil e imediatamente, identificá-la como tal.

Art. 20. Sujeitam-se à pena de multa os órgãos públicos que, por si ou suas empresas concessionárias, permissionárias ou sob qualquer outra forma de empreendimento, deixarem de fornecer serviços adequados, eficientes, seguros e, quanto aos essenciais, contínuos.

Art. 21. A aplicação da sanção prevista no inciso II do art. 18 terá lugar quando os produtos forem comercializados em desacordo com as especificações técnicas estabelecidas em legislação própria, na Lei n. 8.078, de 1990, e neste Decreto.

§ 1º Os bens apreendidos, a critério da autoridade, poderão ficar sob a guarda do proprietário, responsável, preposto ou empregado que responda pelo gerenciamento do negócio, nomeado fiel depositário, mediante termo próprio, proibida a venda, utilização, substituição, subtração ou remoção, total ou parcial, dos referidos bens.

§ 2º A retirada de produto por parte da autoridade fiscalizadora não poderá incidir sobre quantidade superior àquela necessária à realização da análise pericial.

Art. 22. Será aplicada multa ao fornecedor de produtos ou serviços que, direta ou indiretamente, inserir, fizer circular ou utilizar-se de cláusula abusiva, qualquer que seja a modalidade do contrato de consumo, inclusive nas operações securitárias, bancárias, de crédito direto ao consumidor, depósito, poupança, mútuo ou financiamento, e especialmente quando:

I — impossibilitar, exonerar ou atenuar a responsabilidade do fornecedor por vícios de qualquer natureza dos produtos e serviços ou implicar renúncia ou disposição de direito do consumidor;

II — deixar de reembolsar ao consumidor a quantia já paga, nos casos previstos na Lei n. 8.078, de 1990;

III — transferir responsabilidades a terceiros;

IV — estabelecer obrigações consideradas iníquas ou abusivas, que coloquem o consumidor em desvantagem exagerada, incompatíveis com a boa-fé ou a equidade;

- Vide *Portaria n. 4, de 13 de março de 1998.*
- Vide *Portaria n. 3, de 19 de março de 1999.*
- Vide *Portaria n. 3, de 15 de março de 2001.*
- Vide *Portaria n. 5, de 27 de agosto de 2002.*

V — estabelecer inversão do ônus da prova em prejuízo do consumidor;

VI — determinar a utilização compulsória de arbitragem;

VII — impuser representante para concluir ou realizar outro negócio jurídico pelo consumidor;

VIII — deixar ao fornecedor a opção de concluir ou não o contrato, embora obrigando o consumidor;

IX — permitir ao fornecedor, direta ou indiretamente, variação unilateral do preço, juros, encargos, forma de pagamento ou atualização monetária;

X — autorizar o fornecedor a cancelar o contrato unilateralmente, sem que igual direito seja conferido ao consumidor, ou permitir, nos contratos de longa duração ou de trato sucessivo, o cancelamento sem justa causa e motivação, mesmo que dada ao consumidor a mesma opção;

XI — obrigar o consumidor a ressarcir os custos de cobrança de sua obrigação, sem que igual direito lhe seja conferido contra o fornecedor;

XII — autorizar o fornecedor a modificar unilateralmente o conteúdo ou a qualidade do contrato após sua celebração;

XIII — infringir normas ambientais ou possibilitar sua violação;

XIV — possibilitar a renúncia ao direito de indenização por benfeitorias necessárias;

XV — restringir direitos ou obrigações fundamentais à natureza do contrato, de tal modo a ameaçar o seu objeto ou o equilíbrio contratual;

XVI — onerar excessivamente o consumidor, considerando-se a natureza e o conteúdo do contrato, o interesse das partes e outras circunstâncias peculiares à espécie;

XVII — determinar, nos contratos de compra e venda mediante pagamento em prestações, ou nas alienações fiduciárias em garantia, a perda total das prestações pagas, em benefício do credor que, em razão do inadimplemento, pleitear a resilição do contrato e a retomada do produto alienado, ressalvada a cobrança judicial de perdas e danos comprovadamente sofridos;

XVIII — anunciar, oferecer ou estipular pagamento em moeda estrangeira, salvo nos casos previstos em lei;

XIX — cobrar multas de mora superiores a 2% (dois por cento), decorrentes do inadimplemento de obrigação no seu termo, conforme o disposto no § 1º do art. 52 da Lei n. 8.078, de 1990, com a redação dada pela Lei n. 9.298, de 1º de agosto de 1996;

XX — impedir, dificultar ou negar ao consumidor a liquidação antecipada do débito, total ou parcialmente, mediante redução proporcional dos juros, encargos e demais acréscimos, inclusive seguro;

XXI — fizer constar do contrato alguma das cláusulas abusivas a que se refere o art. 56 deste Decreto;

XXII — elaborar contrato, inclusive o de adesão, sem utilizar termos claros, caracteres ostensivos e legíveis, que permitam sua imediata e fácil compreensão, destacando-se as cláusulas que impliquem obrigação ou limitação dos direitos contratuais do consumidor, inclusive com a utilização de tipos de letra e cores diferenciados, entre outros recursos gráficos e visuais;

XXIII — que impeça a troca de produto impróprio, inadequado, ou de valor diminuído, por outro da mesma espécie, em perfeitas condições de uso, ou a restituição imediata da quantia paga, devidamente corrigida, ou fazer abatimento proporcional do preço, a critério do consumidor.

Parágrafo único. Dependendo da gravidade da infração prevista nos incisos dos arts. 12, 13 e deste artigo, a pena de multa poderá ser cumulada com as demais previstas no art. 18, sem prejuízo da competência de outros órgãos administrativos.

Art. 23. Os serviços prestados e os produtos remetidos ou entregues ao consumidor, na hipótese prevista no inciso IV do art. 12 deste Decreto, equiparam-se às amostras grátis, inexistindo obrigação de pagamento.

Art. 24. Para a imposição da pena e sua gradação, serão considerados:

I — as circunstâncias atenuantes e agravantes;

II — os antecedentes do infrator, nos termos do art. 28 deste Decreto.

Art. 25. Consideram-se circunstâncias atenuantes:

I — a ação do infrator não ter sido fundamental para a consecução do fato;

II — ser o infrator primário;

III — ter o infrator adotado as providências pertinentes para minimizar ou de imediato reparar os efeitos do ato lesivo.

Art. 26. Consideram-se circunstâncias agravantes:

I — ser o infrator reincidente;

II — ter o infrator, comprovadamente, cometido a prática infrativa para obter vantagens indevidas;

III — trazer a prática infrativa consequências danosas à saúde ou à segurança do consumidor;

IV — deixar o infrator, tendo conhecimento do ato lesivo, de tomar as providências para evitar ou mitigar suas consequências;

V — ter o infrator agido com dolo;

VI — ocasionar a prática infrativa dano coletivo ou ter caráter repetitivo;

VII — ter a prática infrativa ocorrido em detrimento de menor de 18 (dezoito) ou maior de 60 (sessenta) anos ou de pessoas portadoras de deficiência física, mental ou sensorial, interditadas ou não;

VIII — dissimular-se a natureza ilícita do ato ou atividade;

IX — ser a conduta infrativa praticada aproveitando-se o infrator de grave crise econômica ou da condição cultural, social ou econômica da vítima, ou, ainda, por ocasião de calamidade.

Art. 27. Considera-se reincidência a repetição de prática infrativa, de qualquer natureza, às normas de defesa do consumidor, punida por decisão administrativa irrecorrível.

Parágrafo único. Para efeito de reincidência, não prevalece a sanção anterior, se entre a data da decisão administrativa definitiva e aquela da prática posterior houver decorrido período de tempo superior a 5 (cinco) anos.

Art. 28. Observado o disposto no art. 24 deste Decreto pela autoridade competente, a pena de multa será fixada considerando-se a gravidade da prática infrativa, a extensão do dano causado aos consumidores, a vantagem auferida com o ato infrativo e a condição econômica do infrator, respeitados os parâmetros estabelecidos no parágrafo único do art. 57 da Lei n. 8.078, de 1990.

Capítulo IV
DA DESTINAÇÃO DA MULTA E DA ADMINISTRAÇÃO DE RECURSOS

Art. 29. A multa de que trata o inciso I do art. 56 e *caput* do art. 57 da Lei n. 8.078, de 1990, reverterá para o Fundo pertinente à pessoa jurídica de direito público que impuser a sanção, gerido pelo respectivo Conselho Gestor.

Parágrafo único. As multas arrecadadas pela União e órgãos federais reverterão para o Fundo de Direitos Difusos de que tratam a Lei n. 7.347, de 1985, e Lei n. 9.008, de 21 de março de 1995, gerido pelo Conselho Federal Gestor do Fundo de Defesa dos Direitos Difusos — CFDD.

Art. 30. As multas arrecadadas serão destinadas ao financiamento de projetos relacionados com os objetivos da Política Nacional de Relações de Consumo, com a defesa dos direitos básicos do consumidor e com a modernização administrativa dos órgãos públicos de defesa do consumidor, após aprovação pelo respectivo Conselho Gestor, em cada unidade federativa.

Art. 31. Na ausência de Fundos municipais, os recursos serão depositados no Fundo do respectivo Estado e, faltando este, no Fundo federal.

Parágrafo único. O Conselho Federal Gestor do Fundo de Defesa dos Direitos Difusos poderá apreciar e autorizar recursos para projetos especiais de órgãos e entidades federais, estaduais e municipais de defesa do consumidor.

Art. 32. Na hipótese de multa aplicada pelo órgão coordenador do SNDC nos casos previstos pelo art. 15 deste Decreto, o Conselho Federal Gestor do FDD restituirá aos fundos dos Estados envolvidos o percentual de até 80% (oitenta por cento) do valor arrecadado.

Capítulo V
DO PROCESSO ADMINISTRATIVO

Seção I
Das Disposições Gerais

Art. 33. As práticas infrativas às normas de proteção e defesa do consumidor serão apuradas em processo administrativo, que terá início mediante:

I — ato, por escrito, da autoridade competente;

II — lavratura de auto de infração;

III — reclamação.

§ 1º Antecedendo à instauração do processo administrativo, poderá a autoridade competente abrir investigação preliminar, cabendo, para tanto, requisitar dos fornecedores informações sobre as questões investigadas, resguardado o segredo industrial, na forma do disposto no § 4º do art. 55 da Lei n. 8.078, de 1990.

§ 2º A recusa à prestação das informações ou o desrespeito às determinações e convocações dos órgãos do SNDC caracterizam desobediência, na forma do art. 330 do Código Penal, ficando a autoridade administrativa com poderes para determinar a imediata cessação da prática, além da imposição das sanções administrativas e civis cabíveis.

Seção II
Da Reclamação

Art. 34. O consumidor poderá apresentar sua reclamação pessoalmente, ou por telegrama, carta, telex, fac-símile ou qualquer outro meio de comunicação, a quaisquer dos órgãos oficiais de proteção e defesa do consumidor.

Seção III
Dos Autos de Infração, de Apreensão e do Termo de Depósito

Art. 35. Os Autos de Infração, de Apreensão e o Termo de Depósito deverão ser impressos, numerados em série e preenchidos de forma clara e precisa, sem entrelinhas, rasuras ou emendas, mencionando:

I — o Auto de Infração:

a) o local, a data e a hora da lavratura;

b) o nome, o endereço e a qualificação do autuado;

c) a descrição do fato ou do ato constitutivo da infração;

d) o dispositivo legal infringido;

e) a determinação da exigência e a intimação para cumpri-la ou impugná-la no prazo de 10 (dez) dias;

f) a identificação do agente autuante, sua assinatura, a indicação do seu cargo ou função e o número de sua matrícula;

g) a designação do órgão julgador e o respectivo endereço;

h) a assinatura do autuado;

II — o Auto de Apreensão e o Termo de Depósito:

a) o local, a data e a hora da lavratura;

b) o nome, o endereço e a qualificação do depositário;

c) a descrição e a quantidade dos produtos apreendidos;

d) as razões e os fundamentos da apreensão;

e) o local onde o produto ficará armazenado;

f) a quantidade de amostra colhida para análise;

g) a identificação do agente autuante, sua assinatura, a indicação do seu cargo ou função e o número de sua matrícula;

h) a assinatura do depositário;

i) as proibições contidas no § 1º do art. 21 deste Decreto.

Art. 36. Os Autos de Infração, de Apreensão e o Termo de Depósito serão lavrados pelo agente autuante que houver verificado a prática infrativa, preferencialmente no local onde foi comprovada a irregularidade.

Art. 37. Os Autos de Infração, de Apreensão e o Termo de Depósito serão lavrados em impresso próprio, composto de 3 (três) vias, numeradas tipograficamente.

§ 1º Quando necessário, para comprovação de infração, os Autos serão acompanhados de laudo pericial.

§ 2º Quando a verificação do defeito ou vício relativo à qualidade, oferta e apresentação de produtos não depender de perícia, o agente competente consignará o fato no respectivo Auto.

Art. 38. A assinatura nos Autos de Infração, de Apreensão e no Termo de Depósito, por parte do autuado, ao receber cópias dos mesmos, constitui notificação, sem implicar confissão, para os fins do art. 44 do presente Decreto.

Parágrafo único. Em caso de recusa do autuado em assinar os Autos de Infração, de Apreensão e o Termo de Depósito, o Agente competente consignará o fato nos Autos e no Termo, remetendo-os ao autuado por via postal, com aviso de recebimento (AR) ou outro procedimento equivalente, tendo os mesmos efeitos do *caput* deste artigo.

Seção IV
Da Instauração do Processo Administrativo por Ato de Autoridade Competente

Art. 39. O processo administrativo de que trata o art. 33 deste Decreto poderá ser instaurado mediante reclamação do interessado ou por iniciativa da própria autoridade competente.

Parágrafo único. Na hipótese de a investigação preliminar não resultar em processo administrativo com base em reclamação apresentada por consumidor, deverá este ser informado sobre as razões do arquivamento pela autoridade competente.

Art. 40. O processo administrativo, na forma deste Decreto, deverá, obrigatoriamente, conter:

I — a identificação do infrator;

II — a descrição do fato ou ato constitutivo da infração;

III — os dispositivos legais infringidos;

IV — a assinatura da autoridade competente.

Art. 41. A autoridade administrativa poderá determinar, na forma de ato próprio, constatação preliminar da ocorrência de prática presumida.

Seção V
Da Notificação

Art. 42. A autoridade competente expedirá notificação ao infrator, fixando o prazo de 10 (dez) dias, a contar da data de seu recebimento, para apresentar defesa, na forma do art. 44 deste Decreto.

§ 1º A notificação, acompanhada de cópia da inicial do processo administrativo a que se refere o art. 40, far-se-á:

I — pessoalmente ao infrator, seu mandatário ou preposto;

II — por carta registrada ao infrator, seu mandatário ou preposto, com aviso de recebimento (AR).

§ 2º Quando o infrator, seu mandatário ou preposto não puder ser notificado, pessoalmente ou por via postal, será feita a notificação por edital, a ser afixado nas dependências do órgão respectivo, em lugar público, pelo prazo de 10 (dez) dias, ou divulgado, pelo menos uma vez, na imprensa oficial ou em jornal de circulação local.

Seção VI
Da Impugnação e do Julgamento do Processo Administrativo

Art. 43. O processo administrativo decorrente

de Auto de Infração, de ato de ofício de autoridade competente, ou de reclamação será instruído e julgado na esfera de atribuição do órgão que o tiver instaurado.

Art. 44. O infrator poderá impugnar o processo administrativo, no prazo de 10 (dez) dias, contados processualmente de sua notificação, indicando em sua defesa:

I — a autoridade julgadora a quem é dirigida;

II — a qualificação do impugnante;

III — as razões de fato e de direito que fundamentam a impugnação;

IV — as provas que lhe dão suporte.

Art. 45. Decorrido o prazo da impugnação, o órgão julgador determinará as diligências cabíveis, podendo dispensar as meramente protelatórias ou irrelevantes, sendo-lhe facultado requisitar do infrator, de quaisquer pessoas físicas ou jurídicas, órgãos ou entidades públicas as necessárias informações, esclarecimentos ou documentos, a serem apresentados no prazo estabelecido.

Art. 46. A decisão administrativa conterá relatório dos fatos, o respectivo enquadramento legal e, se condenatória, a natureza e gradação da pena.

§ 1º A autoridade administrativa competente, antes de julgar o feito, apreciará a defesa e as provas produzidas pelas partes, não estando vinculada ao relatório de sua consultoria jurídica ou órgão similar, se houver.

§ 2º Julgado o processo e fixada a multa, será o infrator notificado para efetuar seu recolhimento no prazo de 10 (dez) dias ou apresentar recurso.

§ 3º Em caso de provimento do recurso, os valores recolhidos serão devolvidos ao recorrente na forma estabelecida pelo Conselho Gestor do Fundo.

Art. 47. Quando a cominação prevista for a contrapropaganda, o processo poderá ser instruído com indicações técnico-publicitárias, das quais se intimará o autuado, obedecidas, na execução da respectiva decisão, as condições constantes do § 1º do art. 60 da Lei n. 8.078, de 1990.

Seção VII
Das Nulidades

Art. 48. A inobservância de forma não acarretará a nulidade do ato, se não houver prejuízo para a defesa.

Parágrafo único. A nulidade prejudica somente os atos posteriores ao ato declarado nulo e dele diretamente dependentes ou de que sejam consequência, cabendo à autoridade que a declarar indicar tais atos e determinar o adequado procedimento saneador, se for o caso.

Seção VIII
Dos Recursos Administrativos

Art. 49. Das decisões da autoridade competente do órgão público que aplicou a sanção caberá recurso, sem efeito suspensivo, no prazo de 10 (dez) dias, contados da data da intimação da decisão, a seu superior hierárquico, que proferirá decisão definitiva.

Parágrafo único. No caso de aplicação de multas, o recurso será recebido, com efeito suspensivo, pela autoridade superior.

Art. 50. Quando o processo tramitar no âmbito do DPDC, o julgamento do feito será de responsabilidade do Diretor daquele órgão, cabendo recurso ao titular da Secretaria de Direito Econômico, no prazo de 10 (dez) dias, contados da data da intimação da decisão, como segunda e última instância recursal.

Art. 51. Não será conhecido o recurso interposto fora dos prazos e condições estabelecidos neste Decreto.

Art. 52. Sendo julgada insubsistente a infração, a autoridade julgadora recorrerá à autoridade imediatamente superior, nos termos fixados nesta Seção, mediante declaração na própria decisão.

Art. 53. A decisão é definitiva quando não mais couber recurso, seja de ordem formal ou material.

Art. 54. Todos os prazos referidos nesta Seção são preclusivos.

Seção IX
Da Inscrição na Dívida Ativa

Art. 55. Não sendo recolhido o valor da multa em 30 (trinta) dias, será o débito inscrito em dívida ativa do órgão que houver aplicado a sanção, para subsequente cobrança executiva.

Capítulo VI
DO ELENCO DE CLÁUSULAS ABUSIVAS E DO CADASTRO DE FORNECEDORES

Seção I
Do Elenco de Cláusulas Abusivas

Art. 56. Na forma do art. 51 da Lei n. 8.078, de 1990, e com o objetivo de orientar o Sistema Nacional de Defesa do Consumidor, a Secretaria de Direito Econômico divulgará, anualmente, elenco complementar de cláusulas contratuais consideradas abusivas, notadamente para o fim de aplicação do disposto no inciso IV do art. 22 deste Decreto.

- Vide *notas ao art. 22, IV, deste Decreto.*

§ 1º Na elaboração do elenco referido no *caput* e posteriores inclusões, a consideração sobre a abusividade de cláusulas contratuais se dará de forma genérica e abstrata.

§ 2º O elenco de cláusulas consideradas abusivas tem natureza meramente exemplificativa, não impedindo que outras, também, possam vir a ser assim consideradas pelos órgãos da Administração Pública incumbidos da defesa dos interesses e direitos protegidos pelo Código de Defesa do Consumidor e legislação correlata.

§ 3º A apreciação sobre a abusividade de cláusulas contratuais, para fins de sua inclusão no elenco a que se refere o *caput* deste artigo, se dará de ofício ou por provocação dos legitimados referidos no art. 82 da Lei n. 8.078, de 1990.

Seção II
Do Cadastro de Fornecedores

Art. 57. Os cadastros de reclamações fundamentadas contra fornecedores constituem instrumento essencial de defesa e orientação dos consumidores, devendo os órgãos públicos competentes assegurar sua publicidade, confiabilidade e continuidade, nos termos do art. 44 da Lei n. 8.078, de 1990.

Art. 58. Para os fins deste Decreto, considera-se:

I — cadastro: o resultado dos registros feitos pelos órgãos públicos de defesa do consumidor de todas as reclamações fundamentadas contra fornecedores;

II — reclamação fundamentada: a notícia de lesão ou ameaça a direito de consumidor analisada por órgão público de defesa do consumidor, a requerimento ou de ofício, considerada procedente, por decisão definitiva.

Art. 59. Os órgãos públicos de defesa do consumidor devem providenciar a divulgação periódica dos cadastros atualizados de reclamações fundamentadas contra fornecedores.

§ 1º O cadastro referido no *caput* deste artigo será publicado, obrigatoriamente, no órgão de imprensa oficial local, devendo a entidade responsável dar-lhe a maior publicidade possível por meio dos órgãos de comunicação, inclusive eletrônica.

§ 2º O cadastro será divulgado anualmente, podendo o órgão responsável fazê-lo em período menor, sempre que julgue necessário, e conterá informações objetivas, claras e verdadeiras sobre o objeto da reclamação, a identificação do fornecedor e o atendimento ou não da reclamação pelo fornecedor.

§ 3º Os cadastros deverão ser atualizados permanentemente, por meio das devidas anotações, não podendo conter informações negativas sobre fornecedores, referentes a período superior a 5 (cinco) anos, contado da data da intimação da decisão definitiva.

Art. 60. Os cadastros de reclamações fundamentadas contra fornecedores são considerados arquivos públicos, sendo informações e fontes a todos acessíveis, gratuitamente, vedada a utilização abusiva ou, por qualquer outro modo, estranha à defesa e orientação dos consumidores, ressalvada a hipótese de publicidade comparativa.

Art. 61. O consumidor ou fornecedor poderá requerer, em 5 (cinco) dias a contar da divulgação do cadastro e mediante petição fundamentada, a retificação de informação inexata que nele conste, bem como a inclusão de informação omitida, devendo a autoridade competente, no prazo de 10 (dez) dias úteis, pronunciar-se, motivadamente, pela procedência ou improcedência do pedido.

Parágrafo único. No caso de acolhimento do pedido, a autoridade competente providenciará, no prazo deste artigo, a retificação ou inclusão de informação e sua divulgação, nos termos do § 1º do art. 59 deste Decreto.

Art. 62. Os cadastros específicos de cada órgão público de defesa do consumidor serão consolidados em cadastros gerais, nos âmbitos federal e estadual, aos quais se aplica o disposto nos artigos desta Seção.

Capítulo VII
DAS DISPOSIÇÕES GERAIS

Art. 63. Com base na Lei n. 8.078, de 1990, e legislação complementar, a Secretaria de Direito Econômico poderá expedir atos administrativos, visando à fiel observância das normas de proteção e defesa do consumidor.

- *A Portaria n. 961, de 16 de agosto de 2002, do Ministério da Justiça, aprova o Regimento Interno da Secretaria de Direito Econômico.*

Art. 64. Poderão ser lavrados Autos de Comprovação ou Constatação, a fim de estabelecer a situação real de mercado, em determinado lugar e momento, obedecido o procedimento adequado.

Art. 65. Em caso de impedimento à aplicação do presente Decreto, ficam as autoridades competentes autorizadas a requisitar o emprego de força policial.

Art. 66. Este Decreto entra em vigor na data de sua publicação.

Art. 67. Fica revogado o Decreto n. 861, de 9 de julho de 1993.

Brasília, 20 de março de 1997; 176º da Independência e 109º da República.

Fernando Henrique Cardoso

Lei n. 9.472,
de 16 de julho de 1997 (*)

Dispõe sobre a organização dos serviços de telecomunicações, a criação e funcionamento de um órgão regulador e outros aspectos institucionais, nos termos da Emenda Constitucional n. 8, de 1995.

O Presidente da República

Faço saber que o Congresso Nacional decreta e eu sanciono a seguinte Lei:

Livro I
DOS PRINCÍPIOS FUNDAMENTAIS

Art. 1º Compete à União, por intermédio do órgão regulador e nos termos das políticas estabelecidas pelos Poderes Executivo e Legislativo, organizar a exploração dos serviços de telecomunicações.

Parágrafo único. A organização inclui, entre outros aspectos, o disciplinamento e a fiscalização da execução, comercialização e uso dos serviços e da implantação e funcionamento de redes de telecomunicações, bem como da utilização dos recursos de órbita e espectro de radiofrequências.

- *A Resolução n. 259, de 19 de abril de 2001, da Agência Nacional de Telecomunicações, aprova o Regulamento de Uso de Espectro de Radiofrequência.*

(*) Publicada no *Diário Oficial da União*, de 17 de julho de 1997. A Resolução n. 296, de 10 de maio de 2002, da Agência Nacional de Telecomunicações — ANATEL, aprova o Regulamento das Condições de Aferição do Grau de Satisfação dos Usuários dos Serviços de Telecomunicações. A Resolução n. 323, de 7 de novembro de 2002, da Agência Nacional de Telecomunicações — ANATEL, aprova a Norma para Certificação de Produtos para Telecomunicações. A Lei n. 10.703, de 18 de julho de 2003, dispõe sobre o cadastramento de usuários de telefones celulares pré-pagos e dá outras providências.

....

Art. 3º O usuário de serviços de telecomunicações tem direito:

I — de acesso aos serviços de telecomunicações, com padrões de qualidade e regularidade adequados à sua natureza, em qualquer ponto do território nacional;

II — à liberdade de escolha de sua prestadora de serviço;

III — de não ser discriminado quanto às condições de acesso e fruição do serviço;

IV — à informação adequada sobre as condições de prestação dos serviços, suas tarifas e preços;

V — à inviolabilidade e ao segredo de sua comunicação, salvo nas hipóteses e condições constitucional e legalmente previstas;

VI — à não divulgação, caso o requeira, de seu código de acesso;

VII — à não suspensão de serviço prestado em regime público, salvo por débito diretamente decorrente de sua utilização ou por descumprimento de condições contratuais;

VIII — ao prévio conhecimento das condições de suspensão do serviço;

IX — ao respeito de sua privacidade nos documentos de cobrança e na utilização de seus dados pessoais pela prestadora do serviço;

X — de resposta às suas reclamações pela prestadora do serviço;

XI — de peticionar contra a prestadora do serviço perante o órgão regulador e os organismos de defesa do consumidor;

XII — à reparação dos danos causados pela violação de seus direitos.

....

Art. 5º Na disciplina das relações econômicas no setor de telecomunicações observar-se-ão, em especial, os princípios constitucionais da soberania nacional, função social da propriedade, liberdade de iniciativa, livre concorrência, defesa do consumidor, redução das desigualdades regionais e sociais, repressão ao abuso do poder econômico e continuidade do serviço prestado no regime público.

....

Brasília, 16 de julho de 1997; 176º da Independência e 109º da República.

FERNANDO HENRIQUE CARDOSO

Portaria n. 4, de 13 de março de 1998 (*)

Divulga, em aditamento ao elenco do art. 51 da Lei n. 8.078, de 11 de setembro de 1990, e do art. 22 do Decreto n. 2.181, de 20 de março de 1997, as cláusulas abusivas que, dentre outras, são consideradas nulas de pleno direito.

O Secretário de Direito Econômico do Ministério da Justiça, no uso de suas atribuições legais, considerando o disposto no art. 56 do Decreto n. 2.181, de 20 de março de 1997, e com o objetivo de orientar o Sistema Nacional de Defesa do Consumidor, notadamente para o fim de aplicação do disposto no inciso IV do art. 22 deste Decreto; considerando que o elenco de Cláusulas Abusivas relativas ao fornecimento de produtos e serviços, constantes do art. 51 da Lei n. 8.078, de 11 de setembro de 1990, é de tipo aberto, exemplificativo, permitindo, desta forma, a sua complementação, e considerando, ainda, que decisões terminativas dos diversos PROCON's e Ministérios Públicos, pacificam como abusivas as cláusulas a seguir enumeradas, resolve:

Divulgar, em aditamento ao elenco do art. 51 da Lei n. 8.078/90, e do art. 22 do Decreto n. 2.181/97, as seguintes cláusulas que, dentre outras, são nulas de pleno direito:

(*) Publicada no *Diário Oficial da União*, de 16 de março de 1998.

1. estabeleçam prazos de carência na prestação ou fornecimento de serviços, em caso de impontualidade das prestações ou mensalidades;

2. imponham, em caso de impontualidade, interrupção de serviço essencial, sem aviso prévio;

3. não restabeleçam integralmente os direitos do consumidor a partir da purgação da mora;

4. impeçam o consumidor de se beneficiar do evento, constante de termo de garantia contratual, que lhe seja mais favorável;

5. estabeleçam a perda total ou desproporcionada das prestações pagas pelo consumidor, em benefício do credor, que, em razão de desistência ou inadimplemento, pleitear a resilição ou resolução do contrato, ressalvada a cobrança judicial de perdas e danos comprovadamente sofridos;

6. estabeleçam sanções em caso de atraso ou descumprimento da obrigação somente em desfavor do consumidor;

7. estabeleçam cumulativamente a cobrança de comissão de permanência e correção monetária;

8. elejam foro para dirimir conflitos decorrentes de relações de consumo diverso daquele onde reside o consumidor;

9. obriguem o consumidor ao pagamento de honorários advocatícios sem que haja ajuizamento de ação correspondente;

10. impeçam, restrinjam ou afastem a aplicação das normas do código de defesa do consumidor nos conflitos decorrentes de contratos de transporte aereo;

11. atribuam ao fornecedor o poder de escolha entre múltiplos índices de reajuste, entre os admitidos legalmente;

12. permitam ao fornecedor emitir títulos de crédito em branco ou livremente circuláveis por meio de endosso na representação de toda e qualquer obrigação assumida pelo consumidor;

13. estabeleçam a devolução de prestações pagas, sem que os valores sejam corrigidos monetariamente;

14. imponham limite ao tempo de internação hospitalar, que não o prescrito pelo médico.

Ruy Coutinho do Nascimento

Decreto n. 2.521, de 20 de março de 1998 (*)

Dispõe sobre a exploração, mediante permissão e autorização, de serviços de transporte rodoviário interestadual e internacional de passageiros, e dá outras providências.

O Presidente da República, no uso das atribuições que lhe confere o art. 84, IV e VI, da Constituição, e tendo em vista o disposto na alínea *e* do inciso XII do art. 21 da Constituição e na Lei n. 8.987, de 13 de fevereiro de 1995, decreta:

Capítulo I
DAS DISPOSIÇÕES PRELIMINARES

Art. 1º Cabe à União explorar, diretamente ou mediante permissão ou autorização, os serviços rodoviários interestadual e internacional de transporte coletivo de passageiros.

Art. 2º A organização, a coordenação, o controle, a delegação e a fiscalização dos serviços de que trata este Decreto, caberá ao Ministério dos Transportes.

Parágrafo único. A fiscalização dos serviços poderá ser descentralizada, mediante convênio a ser celebrado com órgãos ou entidades da Administração Pública da União, dos Estados, do Distrito Federal ou dos Municípios.

(*) Publicado no *Diário Oficial da União*, de 23 de março de 1998. A Resolução n. 1.166, de 5 de outubro de 2005, da Agência Nacional de Transportes Terrestres — ANTT, dispõe sobre a regulamentação da prestação do serviço de transporte rodoviário interestadual e internacional de passageiros, sob o regime de fretamento.

....

Capítulo II
DOS PRINCÍPIOS GERAIS

Art. 4º A delegação para a exploração dos serviços previstos neste Decreto pressupõe a observância do princípio da prestação de serviço adequado ao pleno atendimento dos usuários.

Parágrafo único. Serviço adequado é o que satisfaz as condições de pontualidade, regularidade, continuidade, segurança, eficiência, generalidade, cortesia na sua prestação e modicidade das tarifas, conforme estabelecido neste Decreto, nas normas complementares e no respectivo contrato.

Art. 5º Na aplicação deste Decreto, e na exploração dos serviços por ele regulamentados, observar-se-á, especialmente:

I — o estatuto jurídico das licitações, no que for aplicável;

II — a lei que estabelece o regime jurídico das permissões, no que for aplicável;

III — as leis que regulam a repressão ao abuso do poder econômico e a defesa da concorrência;

IV — as normas de defesa do consumidor;

V — os tratados, as convenções e os acordos internacionais, enquanto vincularem a República Federativa do Brasil.

Parágrafo único. O Ministério dos Transportes, sempre que tomar conhecimento de fato, fundado em provas ou indícios, que tipifique de ilícitos previstos nas leis a que se refere o inciso III deste artigo, encaminhará representação à Secretaria Nacional de Direito Econômico, instruída com as informações ou esclarecimentos que julgar necessários.

....

Capítulo VI
DOS DIREITOS E OBRIGAÇÕES DOS USUÁRIOS

Art. 29. Sem prejuízo do disposto na Lei n. 8.078, de 11 de setembro de 1990, são direitos e obrigações do usuário:

I — receber serviço adequado;

II — receber do Ministério dos Transportes e da transportadora informações para defesa de interesses individuais ou coletivos;

III — obter e utilizar o serviço com liberdade de escolha;

IV — levar ao conhecimento do órgão de fiscalização as irregularidades de que tenha conhecimento, referentes ao serviço delegado;

V — zelar pela conservação dos bens e equipamentos por meio dos quais lhes são prestados os serviços;

VI — ser transportado com pontualidade, segurança, higiene e conforto, do início ao término da viagem;

VII — ter garantida sua poltrona no ônibus, nas condições especificadas no bilhete de passagem;

VIII — ser atendido com urbanidade pelos prepostos da transportadora e pelos agentes de fiscalização;

IX — ser auxiliado no embarque e desembarque, em se tratando de crianças, pessoas idosas ou com dificuldades de locomoção;

X — receber da transportadora informações acerca das características dos serviços, tais como horários, tempo de viagem, localidades atendidas, preço de passagem e outras relacionadas com os serviços;

XI — transportar, gratuitamente, bagagem no bagageiro e volume no porta-embrulhos, observado o disposto nos arts. 70 a 75 deste Decreto;

XII — receber os comprovantes dos volumes transportados nos bagageiros;

XIII — ser indenizado por extravio ou dano da bagagem transportada no bagageiro;

XIV — receber a diferença do preço da passagem, quando a viagem se faça, total ou parcialmente, em veículo de características inferiores às daquele contratado;

XV — receber, às expensas da transportadora, enquanto perdurar a situação, alimentação e pousada, nos casos de venda de mais de um bilhete de passagem para a mesma poltrona, ou interrupção ou retardamento da viagem, quando tais fatos forem imputados à transportadora;

XVI — receber da transportadora, em caso de acidente, imediata e adequada assistência;

XVII — transportar, sem pagamento, crianças de até 5 (cinco) anos, desde que não ocupem poltronas, observadas as disposições legais e regulamentares aplicáveis ao transporte de menores;

XVIII — efetuar a compra de passagem com data de utilização em aberto, sujeita a reajuste de preço se não utilizada dentro de 1 (um) ano da data da emissão;

XIX — receber a importância paga, ou revalidar sua passagem, no caso de desistência da viagem, observado o disposto neste Decreto;

XX — estar garantido pelos seguros previstos no art. 20, XV, deste Decreto.

Art. 30. O usuário dos serviços de que trata este Decreto terá recusado o embarque ou determinado seu desembarque, quando:

I — não se identificar quando exigido;

II — em estado de embriaguez;

III — portar arma, sem autorização da autoridade competente;

IV — transportar ou pretender embarcar produtos considerados perigosos pela legislação específica;

V — transportar ou pretender embarcar consigo animais domésticos ou silvestres, sem o devido acondicionamento ou em desacordo com disposições legais ou regulamentares;

VI — pretender embarcar objeto de dimensões e acondicionamento incompatíveis com o porta-embrulhos;

VII — comprometer a segurança, o conforto ou a tranquilidade dos demais passageiros;

VIII — fizer uso de aparelho sonoro, depois de advertido pela tripulação do veículo;

IX — demonstrar incontinência no comportamento;

X — recusar-se ao pagamento da tarifa;

XI — fizer uso de produtos fumígenos no interior do ônibus, em desacordo com a legislação pertinente.

Art. 31. A transportadora afixará em lugar visível e de fácil acesso aos usuários, no local de venda de passagens e nos terminais de embarque e desembarque de passageiros, transcrição das disposições dos arts. 29, 30, 32 e 70 a 75 deste Decreto.

Capítulo VII
DOS ENCARGOS DO PODER CONCEDENTE

Art. 32. Incumbe ao Ministério dos Transportes:

I — organizar, coordenar e controlar os serviços de que trata este Decreto;

II — promover as licitações e os atos de delegação da permissão ou autorização dos serviços;

III — fiscalizar, permanentemente, a prestação do serviço delegado e coibir o transporte irregular, não permitido ou autorizado;

IV — fiscalizar o cumprimento do disposto no inciso XV, do art. 20, deste Decreto;

V — aplicar as penalidades regulamentares e contratuais;

VI — extinguir a permissão ou a autorização, nos casos previstos neste Decreto;

VII — proceder à revisão das tarifas e fiscalizar o seu reajustamento;

VIII — fazer cumprir as disposições regulamentares do serviço e as cláusulas do contrato de permissão;

IX — zelar pela boa qualidade do serviço e receber, apurar e adotar providências para solucionar queixas e reclamações dos usuários;

X — estimular o aumento da qualidade e da produtividade, a preservação do meio ambiente e a conservação dos bens e equipamentos utilizados no serviço;

XI – assegurar o princípio da opção do usuário mediante o estímulo à livre concorrência e à variedade de combinações de preço, qualidade e quantidade dos serviços.

....

Capítulo VIII
DOS ENCARGOS DA TRANSPORTADORA

Art. 34. Incumbe à transportadora:

I – prestar serviço adequado, na forma prevista neste Decreto, nas normas técnicas aplicáveis e no contrato;

II – manter em dia o inventário e o registro dos bens utilizados na prestação do serviço;

III – prestar contas da gestão do serviço ao Ministério dos Transportes, nos termos definidos no contrato;

IV – cumprir e fazer cumprir as normas do serviço e as cláusulas contratuais da permissão ou autorização;

V – permitir aos encarregados da fiscalização livre acesso, em qualquer época, às obras, aos equipamentos e às instalações integrantes do serviço, bem como a seus registros contábeis e estatísticos;

VI – zelar pela manutenção dos bens utilizados na prestação do serviço;

VII – promover a retirada de serviço, de veículo cujo afastamento de tráfego tenha sido exigido pela fiscalização.

Parágrafo único. As contratações, inclusive de mão de obra, feitas pela transportadora, serão regidas pelas disposições de direito privado e pela legislação trabalhista, não se estabelecendo qualquer relação entre os terceiros contratados pela transportadora e o delegante.

....

Capítulo XI
DA FORMA DE EXECUÇÃO DOS SERVIÇOS

....

Seção VII
Da Bagagem e das Encomendas

Art. 70. O preço da passagem abrange, a título de franquia, o transporte obrigatório e gratuito de bagagem no bagageiro e volume no porta-embrulhos, observados os seguintes limites máximos de peso e dimensão:

I – no bagageiro, trinta quilos de peso total e volume máximo de trezentos decímetros cúbicos, limitada a maior dimensão de qualquer volume a um metro;

II – no porta-embrulhos, cinco quilos de peso total, com dimensões que se adaptem ao porta-embrulhos, desde que não sejam comprometidos o conforto, a segurança e a higiene dos passageiros.

Parágrafo único. Excedida a franquia fixada nos incisos I e II deste artigo, o passageiro pagará até 0,5% (meio por cento) do preço da passagem correspondente ao serviço convencional pelo transporte de cada quilograma de excesso.

Art. 71. Garantida a prioridade de espaço no bagageiro para condução da bagagem dos passageiros e das malas postais, a transportadora poderá utilizar o espaço remanescente para o transporte de encomendas, desde que:

I – seja resguardada a segurança dos passageiros e de terceiros;

II – seja respeitada a legislação em vigor referente ao peso bruto total máximo do veículo, aos pesos brutos por eixo ou conjunto de eixos e à relação potência líquida/peso bruto total máximo;

III – as operações de carregamento e descarregamento das encomendas sejam realizadas sem prejudicar a comodidade e a segurança dos passageiros e de terceiros, e sem acarretar atraso na execução das viagens ou alteração do esquema operacional aprovado para a linha;

IV – o transporte seja feito mediante a emissão de documento fiscal apropriado, observadas as disposições legais.

Parágrafo único. Nos casos de extravio ou dano da encomenda, a apuração da responsabilidade da transportadora far-se-á na forma da legislação específica.

Art. 72. É vedado o transporte de produtos considerados perigosos, indicados na legislação específica, bem assim daqueles que, por sua forma ou natureza, comprometam a segurança do veículo, de seus ocupantes ou de terceiros.

Art. 73. Os agentes de fiscalização e os prepostos das transportadoras, quando houver indícios que justifiquem verificação nos volumes a transportar, poderão solicitar a abertura das bagagens, pelos passageiros, nos pontos de embarque, e das encomendas, pelos expedidores, nos locais de seu recebimento para transporte.

Art. 74. A reclamação do passageiro pelos danos ou extravio da bagagem deverá ser comunicada à transportadora ou a seu preposto ao término da viagem, mediante o preenchimento de formulário próprio.

§ 1º As transportadoras indenizarão os proprietários de bagagem danificada ou extraviada no prazo de até 30 (trinta) dias contado da data da reclamação, mediante apresentação do respectivo comprovante.

§ 2º O valor da indenização será calculado tendo como referência o coeficiente tarifário vigente para o serviço convencional com sanitário, em piso pavimentado, de acordo com o seguinte critério:

a) até três mil vezes o coeficiente tarifário, no caso de danos; e

b) dez mil vezes o coeficiente tarifário, no caso de extravio.

Art. 75. Verificado o excesso de peso do veículo, será providenciado, sem prejuízo das penalidades cabíveis, o descarregamento das encomendas excedentes até o limite de peso admitido, ficando sob inteira responsabilidade da empresa a guarda do material descarregado, respeitadas as disposições do Código Nacional de Trânsito.

....

Capítulo XV
DAS DISPOSIÇÕES FINAIS E TRANSITÓRIAS

....

Art. 102. Este Decreto entra em vigor na data de sua publicação.

Art. 103. Revoga-se o Decreto n. 952, de 7 de outubro de 1993.

Brasília, 20 de março de 1998; 177º da Independência e 110º da República.

Fernando Henrique Cardoso

Lei n. 9.615, de 24 de março de 1998 (*)

Institui normas gerais sobre desporto e dá outras providências.

O Presidente da República

Faço saber que o Congresso Nacional decreta e eu sanciono a seguinte Lei:

Capítulo I
DISPOSIÇÕES INICIAIS

Art. 1º O desporto brasileiro abrange práticas formais e não formais e obedece às normas gerais desta Lei, inspirado nos fundamentos constitucionais do Estado Democrático de Direito.

§ 1º A prática desportiva formal é regulada por normas nacionais e internacionais e pelas regras de prática desportiva de cada modalidade, aceitas pelas respectivas entidades nacionais de administração do desporto.

(*) Publicada no *Diário Oficial da União*, de 25 de março de 1998. *Vide* Lei n. 10.671, de 15 de maio de 2003, que dispõe sobre o Estatuto de Defesa do Torcedor.

§ 2º A prática desportiva não formal é caracterizada pela liberdade lúdica de seus praticantes.

....

Capítulo V
DA PRÁTICA DESPORTIVA PROFISSIONAL

....

Art. 42. Às entidades de prática desportiva pertence o direito de negociar, autorizar e proibir a fixação, a transmissão ou retransmissão de imagem de espetáculo ou eventos desportivos de que participem.

§ 1º Salvo convenção em contrário, 20% (vinte por cento) do preço total da autorização, como mínimo, será distribuído, em partes iguais, aos atletas profissionais participantes do espetáculo ou evento.

§ 2º O disposto neste artigo não se aplica a flagrantes de espetáculo ou evento desportivo para fins, exclusivamente, jornalísticos ou educativos, cuja duração, no conjunto, não exceda de 3% (três por cento) do total do tempo previsto para o espetáculo.

§ 3º O espectador pagante, por qualquer meio, de espetáculo ou evento desportivo equipara-se, para todos os efeitos legais, ao consumidor, nos termos do art. 2º da Lei n. 8.078, de 11 de setembro de 1990.

- *A Portaria n. 137, de 22 de maio de 2002, do Ministério do Esporte e Turismo, estabelece em seu art. 1º: "O Conselho Nacional de Esportes — CNE, órgão de deliberação colegiada, com poder normativo e vinculado ao Ministério do Esporte e Turismo, atuará com vistas a promover o desporto como direito de todos e a coibir as práticas abusivas na sua administração e exploração, competindo-lhe: I — zelar pela aplicação dos princípios e preceitos da Lei n. 9.615, de 24 de março de 1998 e Lei n. 8.078, de 11 de setembro de 1990".*

....

Brasília, 24 de março de 1998; 177º da Independência e 110º da República.

FERNANDO HENRIQUE CARDOSO

Lei n. 9.656,
de 3 de junho de 1998 (*)

Dispõe sobre os planos e seguros privados de assistência à saúde.

O Presidente da República

Faço saber que o Congresso Nacional decreta e eu sanciono a seguinte Lei:

Art. 1º Submetem-se às disposições desta Lei as pessoas jurídicas de direito privado que operam planos de assistência à saúde, sem prejuízo do cumprimento da legislação específica que rege a sua atividade, adotando-se, para fins de aplicação das normas aqui estabelecidas, as seguintes definições:

•• Caput *com redação determinada pela Medida Provisória n. 2.177-44, de 24 de agosto de 2001.*

I — Plano Privado de Assistência à Saúde: prestação continuada de serviços ou cobertura de custos assistenciais a preço pré ou pós estabelecido, por prazo indeterminado, com a finalidade de garantir, sem limite financeiro, a assistência à saúde, pela faculdade de acesso e atendimento por profissionais ou serviços de saúde, livremente escolhidos, integrantes ou

---

(*) Publicada no *Diário Oficial da União*, de 4 de junho de 1998. O Decreto n. 3.964, de 10 de outubro de 2001, dispõe sobre o Fundo Nacional de Saúde e dá outras providências. Vide art. 1º, IV, da Portaria n. 5, de 27 de agosto de 2002. A Resolução Normativa n. 44, de 24 de julho de 2003, da Agência Nacional de Saúde Suplementar — ANS, dispõe sobre a proibição da exigência de caução por parte dos prestadores de serviços contratados, credenciados, cooperados ou referenciados das Operadoras de Planos de Assistência à Saúde. A Resolução Normativa n. 56, de 3 de dezembro de 2003, cria Sistema de Cadastro de Planos Privados de Assistência à Saúde, comercializados anteriormente à data de vigência desta Lei. A Lei n. 10.850, de 25 de março de 2004, atribui competências à Agência Nacional de Saúde Suplementar — ANS e fixa as diretrizes a serem observadas na definição de normas para a implantação de programas especiais de incentivo à adaptação de contratos anteriores a esta Lei. A Resolução Normativa — RN n. 195, de 14 de julho de 2009, da Agência Nacional de Saúde Suplementar — ANS, dispõe sobre a classificação e características dos planos privados de assistência à saúde, regulamenta a sua contratação, institui a orientação para contratação de planos privados de assistência à saúde.

não de rede credenciada, contratada ou referenciada, visando a assistência médica, hospitalar e odontológica, a ser paga integral ou parcialmente às expensas da operadora contratada, mediante reembolso ou pagamento direto ao prestador, por conta e ordem do consumidor;

•• *Inciso I acrescentado pela Medida Provisória n. 2.177-44, de 24 de agosto de 2001.*

• *A Lei n. 10.185, de 12 de fevereiro de 2001, dispõe sobre a especialização das sociedades seguradoras em planos privados de assistência à saúde.*

II — Operadora de Plano de Assistência à Saúde: pessoa jurídica constituída sob a modalidade de sociedade civil ou comercial, cooperativa, ou entidade de autogestão, que opere produto, serviço ou contrato de que trata o inciso I deste artigo;

•• *Inciso II acrescentado pela Medida Provisória n. 2.177-44, de 24 de agosto de 2001.*

• *A Resolução-RDC n. 83, de 16 de agosto de 2001, da Agência Nacional de Saúde Suplementar – ANS, dispõe que qualquer transferência de controle societário de Operadores de Planos de Assistência à Saúde deve ser submetida à aprovação daquela.*

• *A Resolução Normativa n. 42, de 4 de julho de 2003, da Agência Nacional de Saúde Suplementar – ANS, estabelece requisitos para a celebração dos instrumentos jurídicos firmados entre as operadoras de planos de assistência à saúde e prestadores de serviços hospitalares.*

III — Carteira: o conjunto de contratos de cobertura de custos assistenciais ou de serviços de assistência à saúde em qualquer das modalidades de que tratam o inciso I e o § 1º deste artigo, com todos os direitos e obrigações nele contidos.

•• *Inciso III acrescentado pela Medida Provisória n. 2.177-44, de 24 de agosto de 2001.*

§ 1º Está subordinada às normas e à fiscalização da Agência Nacional de Saúde Suplementar — ANS qualquer modalidade de produto, serviço e contrato que apresente, além da garantia de cobertura financeira de riscos de assistência médica, hospitalar e odontológica, outras características que o diferencie de atividade exclusivamente financeira, tais como:

a) custeio de despesas;

b) oferecimento de rede credenciada ou referenciada;

c) reembolso de despesas;

d) mecanismos de regulação;

e) qualquer restrição contratual, técnica ou operacional para a cobertura de procedimentos solicitados por prestador escolhido pelo consumidor; e

f) vinculação de cobertura financeira à aplicação de conceitos ou critérios médico-assistenciais.

•• *§ 1º com redação determinada pela Medida Provisória n. 2.177-44, de 24 de agosto de 2001.*

• *A Resolução Normativa n. 40, de 6 de junho de 2003, da Agência Nacional de Saúde Suplementar — ANS, estabelece em seu art. 1º que fica vedada às operadoras de planos de assistência à saúde e às seguradoras especializadas em saúde a operação de sistemas de descontos ou de garantia de preços diferenciados a serem pagos diretamente pelo consumidor ao prestador dos serviços, bem como a oferta de qualquer produto ou serviço de saúde que não apresente as características definidas no inciso I e no § 1º deste artigo.*

§ 2º Incluem-se na abrangência desta Lei as cooperativas que operem os produtos de que tratam o inciso I e o § 1º deste artigo, bem assim as entidades ou empresas que mantêm sistemas de assistência à saúde, pela modalidade de autogestão ou de administração.

•• *§ 2º com redação determinada pela Medida Provisória n. 2.177-44, de 24 de agosto de 2001.*

§ 3º As pessoas físicas ou jurídicas residentes ou domiciliadas no exterior podem constituir ou participar do capital, ou do aumento do capital, de pessoas jurídicas de direito privado constituídas sob as leis brasileiras para operar planos privados de assistência à saúde.

•• *§ 3º com redação determinada pela Medida Provisória n. 2.177-44, de 24 de agosto de 2001.*

§ 4º É vedada às pessoas físicas a operação dos produtos de que tratam o inciso I e o § 1º deste artigo.

•• *§ 4º com redação determinada pela Medida Provisória n. 2.177-44, de 24 de agosto de 2001.*

....

Art. 10. É instituído o plano-referência de assistência à saúde, com cobertura assistencial médico-hospitalar, compreendendo partos e tratamentos realizados exclusivamente no Brasil, com padrão de enfermaria, centro de terapia intensiva, ou similar, quando necessária a internação hospitalar, das doenças listadas na Classificação Estatística Internacional de Doenças e Problemas Relacionados com a Saúde, da Organização Mundial de Saúde, respeitadas as exigências mínimas estabelecidas no art. 12 desta Lei, exceto:

•• Caput *com redação determinada pela Medida Provisória n. 2.177-44, de 24 de agosto de 2001.*

I — tratamento clínico ou cirúrgico experimental;

•• *Inciso I com redação determinada pela Medida Provisória n. 2.177-44, de 24 de agosto de 2001.*

II — procedimentos clínicos ou cirúrgicos para fins estéticos, bem como órteses e próteses para o mesmo fim;

III — inseminação artificial;

IV — tratamento de rejuvenescimento ou de emagrecimento com finalidade estética;

V — fornecimento de medicamentos importados não nacionalizados;

VI — fornecimento de medicamentos para tratamento domiciliar;

VII — fornecimento de próteses, órteses e seus acessórios não ligados ao ato cirúrgico;

•• *Inciso VII com redação determinada pela Medida Provisória n. 2.177-44, de 24 de agosto de 2001.*

VIII — (*Revogado pela Medida Provisória n. 2.177-44, de 24-8-2001.*)

IX — tratamentos ilícitos ou antiéticos, assim definidos sob o aspecto médico, ou não reconhecidos pelas autoridades competentes;

X — casos de cataclismos, guerras e comoções internas, quando declarados pela autoridade competente.

§ 1º As exceções constantes dos incisos deste artigo serão objeto de regulamentação pela ANS.

•• *§ 1º com redação determinada pela Medida Provisória n. 2.177-44, de 24 de agosto de 2001.*

§ 2º As pessoas jurídicas que comercializam produtos de que tratam o inciso I e o § 1º do art. 1º desta Lei oferecerão, obrigatoriamente, a partir de 3 de dezembro de 1999, o plano-referência de que trata este artigo a todos os seus atuais e futuros consumidores.

•• *§ 2º com redação determinada pela Medida Provisória n. 2.177-44, de 24 de agosto de 2001.*

•• *O Supremo Tribunal Federal, em liminar parcialmente concedida em 21 de agosto de 2003, na Ação Direta de Inconstitucionalidade (ADIn) n. 1.931-8, decidiu suspender a eficácia da expressão "atuais e" deste § 2º.*

§ 3º Excluem-se da obrigatoriedade a que se refere o § 2º deste artigo as pessoas jurídicas que mantêm sistemas de assistência à saúde pela modalidade de autogestão e as pessoas jurídicas que operem exclusivamente planos odontológicos.

•• *§ 3º com redação determinada pela Medida Provisória n. 2.177-44, de 24 de agosto de 2001.*

§ 4º A amplitude das coberturas, inclusive de transplantes e de procedimentos de alta complexidade, será definida por normas editadas pela ANS.

•• *§ 4º acrescentado pela Medida Provisória n. 2.177-44, de 24 de agosto de 2001.*

Art. 10-A. Cabe às operadoras definidas nos incisos I e II do § 1º do art. 1º desta Lei, por meio de sua rede de unidades conveniadas, prestar serviços de cirurgia plástica reconstrutiva de mama, utilizando-se de todos os meios e técnicas necessárias, para o tratamento de mutilação decorrente de utilização de técnica de tratamento de câncer.

•• *Artigo acrescentado pela Lei n. 10.223, de 15 de maio de 2001.*

Art. 11. É vedada a exclusão de cobertura às doenças e lesões preexistentes à data de contratação dos produtos de que tratam o inciso I e o § 1º do art. 1º desta Lei após 24 (vinte e quatro) meses de vigência do aludido instrumento contratual, cabendo à respectiva operadora o ônus da prova e da demonstração do conhecimento prévio do consumidor ou beneficiário.

•• *Caput com redação determinada pela Medida Provisória n. 2.177-44, de 24 de agosto de 2001.*

• *A Resolução Normativa n. 20, de 12 de dezembro de 2002, da Agência Nacional de Saúde Suplementar, dispõe sobre as condições gerais para a elaboração dos formulários de declaração de saúde vinculados a contratos de planos privados de assistência à saúde.*

Parágrafo único. É vedada a suspensão da assistência à saúde do consumidor ou beneficiário, titular ou dependente, até a prova de que trata o *caput*, na forma da regulamentação a ser editada pela ANS.

•• *Parágrafo único acrescentado pela Medida Provisória n. 2.177-44, de 24 de agosto de 2001.*

• *A Resolução Normativa n. 20, de 12 de dezembro de 2002, dispõe sobre condições gerais para a elaboração dos formulários de declaração de saúde vinculados a contratos de planos privados de assistência à saúde.*

• *A Resolução Normativa n. 162, de 17 de outubro de 2007, dispõe sobre o processo administrativo para comprovação de conhecimento prévio de doença e lesão preexistente pelo consumidor contratante ou beneficiário de plano privado de assistência à saúde no âmbito da ANS.*

Art. 12. São facultadas a oferta, a contratação e a vigência dos produtos de que tratam o inciso I e o § 1º do art. 1º desta Lei, nas segmentações previstas nos incisos I a IV deste artigo, respeitadas as respectivas amplitudes de cobertura definidas no plano-referência de que trata o art. 10, segundo as seguintes exigências mínimas:

•• *Caput com redação determinada pela Medida Provisória n. 2.177-44, de 24 de agosto de 2001.*

I — quando incluir atendimento ambulatorial:

a) cobertura de consultas médicas, em número ilimitado, em clínicas básicas e especializadas, reconhecidas pelo Conselho Federal de Medicina;

b) cobertura de serviços de apoio diagnóstico, tratamentos e demais procedimentos ambulatoriais, solicitados pelo médico-assistente;

•• *Alínea b com redação determinada pela Medida Provisória n. 2.177-44, de 24 de agosto de 2001.*

II — quando incluir internação hospitalar:

• *Vide Súmula 302 do STJ.*

a) cobertura de internações hospitalares, vedada a limitação de prazo, valor máximo e quantidade, em clínicas básicas e especializadas, reconhecidas pelo Conselho Federal de Medicina, admitindo-se a exclusão dos procedimentos obstétricos;

•• *Alínea a com redação determinada pela Medida Provisória n. 2.177-44, de 24 de agosto de 2001.*

b) cobertura de internações hospitalares em centro de terapia intensiva, ou similar, vedada a limitação de prazo, valor máximo e quantidade, a critério do médico-assistente;

•• *Alínea b com redação determinada pela Medida Provisória n. 2.177-44, de 24 de agosto de 2001.*

c) cobertura de despesas referentes a honorários médicos, serviços gerais de enfermagem e alimentação;

d) cobertura de exames complementares indispensáveis para o controle da evolução da doença e elucidação diagnóstica, fornecimento de medicamentos, anestésicos, gases medicinais, transfusões e sessões de quimioterapia e radioterapia, conforme prescrição do médico-assistente, realizados ou ministrados durante o período de internação hospitalar;

•• *Alínea d com redação determinada pela Medida Provisória n. 2.177-44, de 24 de agosto de 2001.*

• *A Resolução n. 23, de 26 de abril de 2002, do Conselho Federal de Odontologia, baixa normas inerentes à autorização de exames junto às operadoras de planos de saúde.*

e) cobertura de toda e qualquer taxa, incluindo materiais utilizados, assim como da remoção do paciente, comprovadamente necessária, para outro estabelecimento hospitalar, dentro dos limites de abrangência geográfica previstos no contrato, em território brasileiro; e

•• *Alínea* e *com redação determinada pela Medida Provisória n. 2.177-44, de 24 de agosto de 2001.*

f) cobertura de despesas de acompanhante, no caso de pacientes menores de 18 (dezoito) anos;

III — quando incluir atendimento obstétrico:

a) cobertura assistencial ao recém-nascido, filho natural ou adotivo do consumidor, ou de seu dependente, durante os primeiros 30 (trinta) dias após o parto;

b) inscrição assegurada ao recém-nascido, filho natural ou adotivo do consumidor, como dependente, isento do cumprimento dos períodos de carência, desde que a inscrição ocorra no prazo máximo de 30 (trinta) dias do nascimento ou da adoção;

•• *Alínea* b *com redação determinada pela Medida Provisória n. 2.177-44, de 24 de agosto de 2001.*

IV — quando incluir atendimento odontológico:

a) cobertura de consultas e exames auxiliares ou complementares, solicitados pelo odontólogo assistente;

b) cobertura de procedimentos preventivos, de dentística e endodontia;

c) cobertura de cirurgias orais menores, assim consideradas as realizadas em ambiente ambulatorial e sem anestesia geral;

V — quando fixar períodos de carência:

•• Vide *Resolução Normativa n. 186, de 14 de janeiro de 2009, sobre a portabilidade das carências prevista neste inciso.*

a) prazo máximo de 300 (trezentos) dias para partos a termo;

b) prazo máximo de 180 (cento e oitenta) dias para os demais casos;

c) prazo máximo de 24 (vinte e quatro) horas para a cobertura dos casos de urgência e emergência;

•• *Alínea* c *acrescentada pela Medida Provisória n. 2.177-44, de 24 de agosto de 2001.*

VI — reembolso, em todos os tipos de produtos de que tratam o inciso I e o § 1º do art. 1º desta Lei, nos limites das obrigações contratuais, das despesas efetuadas pelo beneficiário com assistência à saúde, em casos de urgência ou emergência, quando não for possível a utilização dos serviços próprios, contratados ou credenciados pelas operadoras, de acordo com a relação de preços de serviços médicos e hospitalares praticados pelo respectivo produto, pagáveis no prazo máximo de 30 (trinta) dias após a entrega da documentação adequada;

•• *Inciso VI com redação determinada pela Medida Provisória n. 2.177-44, de 24 de agosto de 2001.*

VII — inscrição de filho adotivo, menor de 12 (doze) anos de idade, aproveitando os períodos de carência já cumpridos pelo consumidor adotante.

§ 1º Após 120 (cento e vinte) dias da vigência desta Lei, fica proibido o oferecimento de produtos de que tratam o inciso I e o § 1º do art. 1º desta Lei fora das segmentações de que trata este artigo, observadas suas respectivas condições de abrangência e contratação.

•• *§ 1º com redação determinada pela Medida Provisória n. 2.177-44, de 24 de agosto de 2001.*

• Vide *Portaria n. 3, de 19 de março de 1999.*

§ 2º A partir de 3 de dezembro de 1999, da documentação relativa à contratação de produtos de que tratam o inciso I e o § 1º do art. 1º desta Lei, nas segmentações de que trata este artigo, deverá constar declaração em separado do consumidor, de que tem conhecimento da existência e disponibilidade do plano-referência, e de que este lhe foi oferecido.

•• *§ 2º com redação determinada pela Medida Provisória n. 2.177-44, de 24 de agosto de 2001.*

§ 3º (*Revogado pela Medida Provisória n. 2.177-44, de 24-8-2001.*)

Art. 13. Os contratos de produtos de que tratam o inciso I e o § 1º do art. 1º desta Lei têm renovação automática a partir do vencimento do prazo inicial de vigência, não cabendo a cobrança de taxas ou qualquer outro valor no ato da renovação.

•• *Caput com redação determinada pela Medida Provisória n. 2.177-44, de 24 de agosto de 2001.*

Parágrafo único. Os produtos de que trata o *caput*, contratados individualmente, terão vigência mínima de 1 (um) ano, sendo vedadas:

I — a recontagem de carências;

II — a suspensão ou a rescisão unilateral do contrato, salvo por fraude ou não pagamento da mensalidade por período superior a 60 (sessenta) dias, consecutivos ou não, nos últimos 12 (doze) meses de vigência do contrato, desde que o consumidor seja comprovadamente notificado até o quinquagésimo dia de inadimplência; e

III — a suspensão ou a rescisão unilateral do contrato, em qualquer hipótese, durante a ocorrência de internação do titular.

•• *Parágrafo único com redação determinada pela Medida Provisória n. 2.177-44, de 24 de agosto de 2001.*

Art. 14. Em razão da idade do consumidor, ou da condição de pessoa portadora de deficiência, ninguém pode ser impedido de participar de planos privados de assistência à saúde.

•• *Artigo com redação determinada pela Medida Provisória n. 2.177-44, de 24 de agosto de 2001.*

Art. 15. A variação das contraprestações pecuniárias estabelecidas nos contratos de produtos de que tratam o inciso I e o § 1º do art. 1º desta Lei, em razão da idade do consumidor, somente poderá ocorrer caso estejam previstas no contrato inicial as faixas etárias e os percentuais de reajustes incidentes em cada uma delas, conforme normas expedidas pela ANS, ressalvado o disposto no art. 35-E.

•• *Caput com redação determinada pela Medida Provisória n. 2.177-44, de 24 de agosto de 2001.*

Parágrafo único. É vedada a variação a que alude o *caput* para consumidores com mais de 60 (sessenta) anos de idade, que participarem dos produtos de que tratam o inciso I e o § 1º do art. 1º, ou sucessores, há mais de 10 (dez) anos.

•• *Parágrafo único com redação determinada pela Medida Provisória n. 2.177-44, de 24 de agosto de 2001.*

• *A Lei n. 10.741, de 1º de outubro de 2003 (Estatuto do Idoso), dispõe em seu art. 15, § 3º: "É vedada a discriminação do idoso nos planos de saúde pela cobrança de valores diferenciados em razão da idade".*

Art. 16. Dos contratos, regulamentos ou condições gerais dos produtos de que tratam o inciso I e o § 1º do art. 1º desta Lei devem constar dispositivos que indiquem com clareza:

•• *Caput com redação determinada pela Medida Provisória n. 2.177-44, de 24 de agosto de 2001.*

I — as condições de admissão;

II — o início da vigência;

III — os períodos de carência para consultas, internações, procedimentos e exames;

IV — as faixas etárias e os percentuais a que alude o *caput* do art. 15;

V — as condições de perda da qualidade de beneficiário;

•• *Inciso V com redação determinada pela Medida Provisória n. 2.177-44, de 24 de agosto de 2001.*

VI — os eventos cobertos e excluídos;

VII — o regime, ou tipo de contratação:

a) individual ou familiar;

b) coletivo empresarial; ou

c) coletivo por adesão;

•• *Inciso VII com redação determinada pela Medida Provisória n. 2.177-44, de 24 de agosto de 2001.*

VIII — a franquia, os limites financeiros ou o percentual de coparticipação do consumidor ou beneficiário, contratualmente previstos nas despesas com assistência médica, hospitalar e odontológica;

•• *Inciso VIII com redação determinada pela Medida Provisória n. 2.177-44, de 24 de agosto de 2001.*

IX – os bônus, os descontos ou os agravamentos da contraprestação pecuniária;

X – a área geográfica de abrangência;

•• *Inciso X com redação determinada pela Medida Provisória n. 2.177-44, de 24 de agosto de 2001.*

XI – os critérios de reajuste e revisão das contraprestações pecuniárias;

• *A Resolução n. 19, de 11 de dezembro de 2002, da Agência Nacional de Saúde Suplementar – ANS, dispõe sobre a Revisão Técnica dos planos privados de assistência à saúde.*

XII – número de registro na ANS.

•• *Inciso XII acrescentado pela Medida Provisória n. 2.177-44, de 24 de agosto de 2001.*

Parágrafo único. A todo consumidor titular de plano individual ou familiar será obrigatoriamente entregue, quando de sua inscrição, cópia do contrato, do regulamento ou das condições gerais dos produtos de que tratam o inciso I e o § 1º do art. 1º, além de material explicativo que descreva, em linguagem simples e precisa, todas as suas características, direitos e obrigações.

•• *Parágrafo único com redação determinada pela Medida Provisória n. 2.177-44, de 24 de agosto de 2001.*

Art. 17. A inclusão como contratados, referenciados ou credenciados dos produtos de que tratam o inciso I e o § 1º do art. 1º desta Lei, de qualquer entidade hospitalar, implica compromisso para com os consumidores quanto à sua manutenção ao longo da vigência dos contratos.

•• Caput *com redação determinada pela Medida Provisória n. 2.177-44, de 24 de agosto de 2001.*

§ 1º É facultada a substituição de entidade hospitalar a que se refere o *caput* deste artigo, desde que por outro equivalente e mediante comunicação aos consumidores e à ANS com 30 (trinta) dias de antecedência, ressalvados desse prazo mínimo os casos decorrentes de rescisão por fraude ou infração das normas sanitárias e fiscais em vigor.

•• *§ 1º com redação determinada pela Medida Provisória n. 2.177-44, de 24 de agosto de 2001.*

§ 2º Na hipótese de a substituição do estabelecimento hospitalar a que se refere o § 1º ocorrer por vontade da operadora durante período de internação do consumidor, o estabelecimento obriga-se a manter a internação e a operadora, a pagar as despesas até a alta hospitalar, a critério médico, na forma do contrato.

•• *§ 2º com redação determinada pela Medida Provisória n. 2.177-44, de 24 de agosto de 2001.*

§ 3º Excetuam-se do previsto no § 2º os casos de substituição do estabelecimento hospitalar por infração às normas sanitárias em vigor, durante período de internação, quando a operadora arcará com a responsabilidade pela transferência imediata para outro estabelecimento equivalente, garantindo a continuação da assistência, sem ônus adicional para o consumidor.

•• *§ 3º acrescentado pela Medida Provisória n. 2.177-44, de 24 de agosto de 2001.*

§ 4º Em caso de redimensionamento da rede hospitalar por redução, as empresas deverão solicitar à ANS autorização expressa para tanto, informando:

I – nome da entidade a ser excluída;

II – capacidade operacional a ser reduzida com a exclusão;

III – impacto sobre a massa assistida, a partir de parâmetros definidos pela ANS, correlacionando a necessidade de leitos e a capacidade operacional restante; e

IV – justificativa para a decisão, observando a obrigatoriedade de manter cobertura com padrões de qualidade equivalente e sem ônus adicional para o consumidor.

•• *§ 4º acrescentado pela Medida Provisória n. 2.177-44, de 24 de agosto de 2001.*

Art. 18. A aceitação, por parte de qualquer prestador de serviço ou profissional de saúde, da condição de contratado, credenciado ou cooperado de uma operadora de produtos de que tratam o inciso I e o § 1º do art. 1º desta Lei, implicará as seguintes obrigações e direitos:

•• *Caput com redação determinada pela Medida Provisória n. 2.177-44, de 24 de agosto de 2001.*

I — o consumidor de determinada operadora, em nenhuma hipótese e sob nenhum pretexto ou alegação, pode ser discriminado ou atendido de forma distinta daquela dispensada aos clientes vinculados a outra operadora ou plano;

II — a marcação de consultas, exames e quaisquer outros procedimentos deve ser feita de forma a atender às necessidades dos consumidores, privilegiando os casos de emergência ou urgência, assim como as pessoas com mais de 65 (sessenta e cinco) anos de idade, as gestantes, lactantes, lactentes e crianças até 5 (cinco) anos;

III — a manutenção de relacionamento de contratação, credenciamento ou referenciamento com número ilimitado de operadoras, sendo expressamente vedado às operadoras, independente de sua natureza jurídica constitutiva, impor contratos de exclusividade ou de restrição à atividade profissional.

•• *Inciso III com redação determinada pela Medida Provisória n. 2.177-44, de 24 de agosto de 2001.*

Parágrafo único. A partir de 3 de dezembro de 1999, os prestadores de serviço ou profissionais de saúde não poderão manter contrato, credenciamento ou referenciamento com operadoras que não tiverem registros para funcionamento e comercialização conforme previsto nesta Lei, sob pena de responsabilidade por atividade irregular.

•• *Parágrafo único acrescentado pela Medida Provisória n. 2.177-44, de 24 de agosto de 2001.*

....

Art. 20. As operadoras de produtos de que tratam o inciso I e o § 1º do art. 1º desta Lei são obrigadas a fornecer, periodicamente, à ANS todas as informações e estatísticas relativas a suas atividades, incluídas as de natureza cadastral, especialmente aquelas que permitam a identificação dos consumidores e de seus dependentes, incluindo seus nomes, inscrições no Cadastro de Pessoas Físicas dos titulares e Municípios onde residem, para fins do disposto no art. 32.

•• *Caput com redação determinada pela Medida Provisória n. 2.177-44, de 24 de agosto de 2001.*

• *A Resolução n. 85, de 21 de setembro de 2001, da Agência Nacional de Saúde Suplementar, institui o Sistema de Informações de Produtos – SIP, para acompanhamento da assistência prestada aos beneficiários de planos privados de assistência à saúde.*

• *A Resolução Normativa n. 17, de 11 de novembro de 2002, da Agência Nacional de Saúde Suplementar — ANS, aprova novas normas para o fornecimento de informações do cadastro de beneficiários das operadoras de plano de saúde.*

§ 1º Os agentes, especialmente designados pela ANS, para o exercício das atividades de fiscalização e nos limites por ela estabelecidos, têm livre acesso às operadoras, podendo requisitar e apreender processos, contratos, manuais de rotina operacional e demais documentos, relativos aos produtos de que tratam o inciso I e o § 1º do art. 1º desta Lei.

•• *§ 1º com redação determinada pela Medida Provisória n. 2.177-44, de 24 de agosto de 2001.*

§ 2º Caracteriza-se como embaraço à fiscalização, sujeito às penas previstas na lei, a imposição de qualquer dificuldade à consecução dos objetivos da fiscalização, de que trata o § 1º deste artigo.

•• *§ 2º acrescentado pela Medida Provisória n. 2.177-44, de 24 de agosto de 2001.*

....

Art. 25. As infrações dos dispositivos desta Lei e de seus regulamentos, bem como aos dispositivos dos contratos firmados, a qualquer tempo, entre operadoras e usuários de planos privados de assistência à saúde, sujeitam a operadora dos produtos de que tratam o inciso I e o § 1º do art. 1º desta Lei, seus administradores, membros de conselhos administrativos, deliberativos, consultivos, fiscais e assemelhados às seguintes penalidades, sem prejuízo de outras estabelecidas na legislação vigente:

•• *Caput com redação determinada pela Medida Provisória n. 2.177-44, de 24 de agosto de 2001.*

• *A Súmula n. 1, de 21 de fevereiro de 2001, da Diretoria Colegiada da Agência Nacional de Saúde Suplementar, dispõe: "A Agência Nacional de Saúde Suplementar – ANS, por força do princípio da especialidade é órgão regulador, responsável pela atividade de fiscalização do setor privado de assistência à saúde, com a corolária competência punitiva, nas hipóteses de descumprimento de todo e qualquer contrato, independente da data de sua celebração".*

• *A Resolução Normativa n. 124, de 30 de março de 2006, da Agência Nacional de Saúde Suplementar – ANS, dispõe sobre a aplicação de penalidades para as infrações à legislação dos planos privados de assistência à saúde.*

I — advertência;

II — multa pecuniária;

III — suspensão do exercício do cargo;

IV — inabilitação temporária para exercício de cargos em operadoras de planos de assistência à saúde;

•• *Inciso IV com redação determinada pela Medida Provisória n. 2.177-44, de 24 de agosto de 2001.*

V — inabilitação permanente para exercício de cargos de direção ou em conselhos das operadoras a que se refere esta Lei, bem como em entidades de previdência privada, sociedades seguradoras, corretoras de seguros e instituições financeiras;

VI — cancelamento da autorização de funcionamento e alienação da carteira da operadora.

•• *Inciso VI acrescentado pela Medida Provisória n. 2.177-44, de 24 de agosto de 2001.*

• *Vide art. 3º, parágrafo único, da Lei n. 10.850, de 25 de março de 2004.*

....

Art. 30. Ao consumidor que contribuir para produtos de que tratam o inciso I e o § 1º do art. 1º desta Lei, em decorrência de vínculo empregatício, no caso de rescisão ou exoneração do contrato de trabalho sem justa causa, é assegurado o direito de manter sua condição de beneficiário, nas mesmas condições de cobertura assistencial de que gozava quando da vigência do contrato de trabalho, desde que assuma o seu pagamento integral.

•• *Caput com redação determinada pela Medida Provisória n. 2.177-44, de 24 de agosto de 2001.*

§ 1º O período de manutenção da condição de beneficiário a que se refere o *caput* será de 1/3 (um terço) do tempo de permanência nos produtos de que tratam o inciso I e o § 1º do art. 1º, ou sucessores, com um mínimo assegurado de 6 (seis) meses e um máximo de 24 (vinte e quatro) meses.

•• *§ 1º com redação determinada pela Medida Provisória n. 2.177-44, de 24 de agosto de 2001.*

§ 2º A manutenção de que trata este artigo é extensiva, obrigatoriamente, a todo grupo familiar inscrito quando da vigência do contrato de trabalho.

§ 3º Em caso de morte do titular, o direito de permanência é assegurado aos dependentes cobertos pelo plano ou seguro privado coletivo de assistência à saúde, nos termos do disposto neste artigo.

§ 4º O direito assegurado neste artigo não exclui vantagens obtidas pelos empregados decorrentes de negociações coletivas de trabalho.

§ 5º A condição prevista no *caput* deste artigo deixará de existir quando da admissão do consumidor titular em novo emprego.

•• *§ 5º acrescentado pela Medida Provisória n. 2.177-44, de 24 de agosto de 2001.*

§ 6º Nos planos coletivos custeados integralmente pela empresa, não é considerada contribuição a coparticipação do consumidor, única e exclusivamente, em procedimentos, como fator de moderação, na utilização dos serviços de assistência médica ou hospitalar.

•• *§ 6º acrescentado pela Medida Provisória n. 2.177-44, de 24 de agosto de 2001.*

• *A Súmula Normativa n. 7, de 27 de junho de 2005, da Agência Nacional de Saúde Suplementar, adota o entendimento vinculativo de que não se caracteriza como fator de moderação, previsto neste parágrafo, o pagamento fixo mensal realizado pelo consumidor, adicionalmente ao plano disponibilizado decorrente de vínculo empregatício e sem a sua participação, com a finalidade de acessar rede assistencial diferenciada, atendimento hospitalar em acomodação individual ou livre escolha de prestadores, entre outros. Nessas hipóteses, serão assegurados ao consumidor, para o plano ao qual estava vinculado, os direitos previstos neste artigo.*

Art. 31. Ao aposentado que contribuir para produtos de que tratam o inciso I e o § 1º do art. 1º desta Lei, em decorrência de vínculo empregatício, pelo prazo mínimo de 10 (dez) anos, é assegurado o direito de manutenção como beneficiário, nas mesmas condições de cobertura assistencial de que gozava quando da vigência do contrato de trabalho, desde que assuma o seu pagamento integral.

•• Caput *com redação determinada pela Medida Provisória n. 2.177-44, de 24 de agosto de 2001.*

•• *Artigo regulamentado pela Resolução n. 21, de 23 de março de 1999, do Conselho de Saúde Suplementar — CONSU.*

• Vide *nota ao art. 30, § 6º, desta Lei.*

§ 1º Ao aposentado que contribuir para planos coletivos de assistência à saúde por período inferior ao estabelecido no *caput* é assegurado o direito de manutenção como beneficiário, à razão de 1 (um) ano para cada ano de contribuição, desde que assuma o pagamento integral do mesmo.

•• *§ 1º com redação determinada pela Medida Provisória n. 2.177-44, de 24 de agosto de 2001.*

§ 2º Para gozo do direito assegurado neste artigo, observar-se-ão as mesmas condições estabelecidas nos §§ 2º, 3º, 4º, 5º e 6º do art. 30.

•• *§ 2º com redação determinada pela Medida Provisória n. 2.177-44, de 24 de agosto de 2001.*

....

Art. 33. Havendo indisponibilidade de leito hospitalar nos estabelecimentos próprios ou credenciados pelo plano, é garantido ao consumidor o acesso à acomodação, em nível superior, sem ônus adicional.

....

Art. 35. Aplicam-se as disposições desta Lei a todos os contratos celebrados a partir de sua vigência, assegurada aos consumidores com contratos anteriores, bem como àqueles com contratos celebrados entre 2 de setembro de 1998 e 1º de janeiro de 1999, a possibilidade de optar pela adaptação ao sistema previsto nesta Lei.

•• Caput *com redação determinada pela Medida Provisória n. 2.177-44, de 24 de agosto de 2001.*

•• Vide *nota ao art. 35-C, parágrafo único, desta Lei.*

§ 1º Sem prejuízo do disposto no art. 35-E, a adaptação dos contratos de que trata este artigo deverá ser formalizada em termo próprio, assinado pelos contratantes, de acordo com as normas a serem definidas pela ANS.

•• *§ 1º com redação determinada pela Medida Provisória n. 2.177-44, de 24 de agosto de 2001.*

§ 2º Quando a adaptação dos contratos incluir aumento de contraprestação pecuniária, a composição da base de cálculo deverá ficar restrita aos itens correspondentes ao aumento de cobertura, e ficará disponível para verificação pela ANS, que poderá determinar sua alteração quando o novo valor não estiver devidamente justificado.

•• *§ 2º com redação determinada pela Medida Provisória n. 2.177-44, de 24 de agosto de 2001.*

§ 3º A adaptação dos contratos não implica nova contagem dos períodos de carência e dos prazos de aquisição dos benefícios previstos nos arts. 30 e 31 desta Lei, observados, quanto aos últimos, os limites de cobertura previstos no contrato original.

•• *§ 3º acrescentado pela Medida Provisória n. 2.177-44, de 24 de agosto de 2001.*

§ 4º Nenhum contrato poderá ser adaptado por decisão unilateral da empresa operadora.

•• *§ 4º acrescentado pela Medida Provisória n. 2.177-44, de 24 de agosto de 2001.*

§ 5º A manutenção dos contratos originais pelos consumidores não optantes tem caráter personalíssimo, devendo ser garantida somente ao titular e a seus dependentes já inscritos, permitida inclusão apenas de novo cônjuge e filhos, e vedada a transferência da sua titularidade, sob qualquer pretexto, a terceiros.

•• *§ 5º acrescentado pela Medida Provisória n. 2.177-44, de 24 de agosto de 2001.*

§ 6º Os produtos de que tratam o inciso I e o § 1º do art. 1º desta Lei, contratados até 1º de janeiro de 1999, deverão permanecer em operação, por tempo indeterminado, apenas para os consumidores que não optarem pela adaptação às novas regras, sendo considerados extintos para fim de comercialização.

•• *§ 6º acrescentado pela Medida Provisória n. 2.177-44, de 24 de agosto de 2001.*

§ 7º Às pessoas jurídicas contratantes de planos coletivos, não optantes pela adaptação prevista neste artigo, fica assegurada a manutenção dos contratos originais, nas coberturas assistenciais neles pactuadas.

•• *§ 7º acrescentado pela Medida Provisória n. 2.177-44, de 24 de agosto de 2001.*

§ 8º A ANS definirá em norma própria os procedimentos formais que deverão ser adotados pelas empresas para a adaptação dos contratos de que trata este artigo.

•• *§ 8º acrescentado pela Medida Provisória n. 2.177-44, de 24 de agosto de 2001.*

Art. 35-A. Fica criado o Conselho de Saúde Suplementar — CONSU, órgão colegiado integrante da estrutura regimental do Ministério da Saúde, com competência para:

....

IV — fixar diretrizes gerais para implementação no setor de saúde suplementar sobre:

•• *Inciso IV,* caput, *acrescentado pela Medida Provisória n. 2.177-44, de 24 de agosto de 2001.*

....

e) criação de fundo, contratação de seguro garantidor ou outros instrumentos que julgar adequados, com o objetivo de proteger o consumidor de planos privados de assistência à saúde em caso de insolvência de empresas operadoras;

•• *Alínea* e *acrescentada pela Medida Provisória n. 2.177-44, de 24 de agosto de 2001.*

....

Art. 35-C. É obrigatória a cobertura do atendimento nos casos:

•• Caput *com redação determinada pela Lei n. 11.935, de 11 de maio de 2009.*

I — de emergência, como tal definidos os que implicarem risco imediato de vida ou de lesões irreparáveis para o paciente, caracterizado em declaração do médico-assistente;

•• *Inciso I com redação determinada pela Lei n. 11.935, de 11 de maio de 2009.*

II — de urgência, assim entendidos os resultantes de acidentes pessoais ou de complicações no processo gestacional;

•• *Inciso II com redação determinada pela Lei n. 11.935, de 11 de maio de 2009.*

III — de planejamento familiar.

•• *Inciso III acrescentado pela Lei n. 11.935, de 11 de maio de 2009.*

Parágrafo único. A ANS fará publicar normas regulamentares para o disposto neste artigo, observados os termos de adaptação previstos no art. 35.

•• *Parágrafo único acrescentado pela Medida Provisória n. 2.177-44, de 24 de agosto de 2001.*

• *A Resolução Normativa n. 211, de 11 de janeiro de 2010, da Diretoria Colegiada da Agência Nacional de Saúde Suplementar – ANS, atualiza o Rol de Procedimentos e Eventos em Saúde, que constitui a referência básica para cobertura assistencial mínima nos planos privados de assistência à saúde, contratados a partir de 1º de janeiro de 1999, fixa as diretrizes de atenção à saúde e dá outras providências.*

....

Art. 35-E. A partir de 5 de junho de 1998, fica estabelecido para os contratos celebrados anteriormente à data de vigência desta Lei que:

I — qualquer variação na contraprestação pecuniária para consumidores com mais de sessenta anos de idade estará sujeita à autorização prévia da ANS;

II — a alegação de doença ou lesão preexistente estará sujeita à prévia regulamentação da matéria pela ANS;

III — é vedada a suspensão ou a rescisão unilateral do contrato individual ou familiar de produtos de que tratam o inciso I e o § 1º do art. 1º desta Lei por parte da operadora, salvo o disposto no inciso II do parágrafo único do art. 13 desta Lei;

IV — é vedada a interrupção de internação hospitalar em leito clínico, cirúrgico ou em centro de terapia intensiva ou similar, salvo a critério do médico-assistente.

•• *Caput e incisos acrescentados pela Medida Provisória n. 2.177-44, de 24 de agosto de 2001.*

•• *O Supremo Tribunal Federal, em liminar concedida em 21 de agosto de 2003, na Ação Direta de Inconstitucionalidade (ADIn) n. 1.931-8, decidiu suspender a eficácia deste artigo, em razão da violação do art. 5º, XXXVI, da Constituição Federal.*

§ 1º Os contratos anteriores à vigência desta Lei, que estabeleçam reajuste por mudança de faixa etária com idade inicial em 60 (sessenta) anos ou mais, deverão ser adaptados, até 31 de outubro de 1999, para repactuação da cláusula de reajuste, observadas as seguintes disposições:

• *A Resolução Normativa n. 63, de 22 de dezembro de 2003, da Agência Nacional de Saúde Suplementar — ANS, define os limites a serem observados para adoção de variação de preço por faixa etária nos planos privados de assistência à saúde contratados a partir de 1º de janeiro de 2004.*

I — a repactuação será garantida aos consumidores de que trata o parágrafo único do art. 15, para as mudanças de faixa etária ocorridas após a vigência desta Lei, e limitar-se-á à diluição da aplicação do reajuste anteriormente previsto, em reajustes parciais anuais, com adoção de percentual fixo que, aplicado a cada ano, permita atingir o reajuste integral no início do último ano da faixa etária considerada;

II — para aplicação da fórmula de diluição, consideram-se de 10 (dez) anos as faixas etárias que tenham sido estipuladas sem limite superior;

III — a nova cláusula, contendo a fórmula de aplicação do reajuste, deverá ser encaminhada aos consumidores, juntamente com o boleto ou título de cobrança, com a demonstração do valor originalmente contratado, do valor repactuado e do percentual de reajuste anual fixo, esclarecendo, ainda, que o seu pagamento formalizará esta repactuação;

IV — a cláusula original de reajuste deverá ter sido previamente submetida à ANS;

V — na falta de aprovação prévia, a operadora, para que possa aplicar reajuste por faixa etária a consumidores com 60 (sessenta) anos ou mais de idade e 10 (dez) anos ou mais de contrato, deverá submeter à ANS as condições contratuais acompanhadas de nota técnica, para, uma vez aprovada a cláusula e o percentual de reajuste, adotar a diluição prevista neste parágrafo.

•• *§ 1º acrescentado pela Medida Provisória n. 2.177-44, de 24 de agosto de 2001.*

•• *O Supremo Tribunal Federal, em liminar parcialmente concedida em 21 de agosto de 2003, na Ação Direta de Inconstitucionalidade (ADIn) n. 1.931-8, decidiu suspender a eficácia deste artigo, em razão da violação do art. 5º, XXXVI, da Constituição Federal.*

§ 2º Nos contratos individuais de produtos de que tratam o inciso I e o § 1º do art. 1º desta Lei, independentemente da data de sua celebração, a aplicação de cláusula de reajuste das contraprestações pecuniárias dependerá de prévia aprovação da ANS.

•• *§ 2º acrescentado pela Medida Provisória n. 2.177-44, de 24 de agosto de 2001.*

• *Vide nota ao parágrafo anterior.*

§ 3º O disposto no art. 35 desta Lei aplica-se sem prejuízo do estabelecido neste artigo.

•• *§ 3º acrescentado pela Medida Provisória n. 2.177-44, de 24 de agosto de 2001.*

• *A Súmula n. 3, de 21 de setembro de 2001 (DOU de 25-9-2001, REP. em 29-10-2001), da Agência Nacional de Saúde Suplementar, faz referência à validade formal da cláusula de aumento no valor do seguro-saúde.*

Art. 35-F. A assistência a que alude o art. 1º desta Lei compreende todas as ações necessárias à prevenção da doença e à recuperação, manutenção e reabilitação da saúde, observados os termos desta Lei e do contrato firmado entre as partes.

•• *Artigo acrescentado pela Medida Provisória n. 2.177-44, de 24 de agosto de 2001.*

Art. 35-G. Aplicam-se subsidiariamente aos contratos entre usuários e operadoras de produtos de que tratam o inciso I e o § 1º do art. 1º desta Lei as disposições da Lei n. 8.078, de 1990.

•• *Artigo acrescentado pela Medida Provisória n. 2.177-44, de 24 de agosto de 2001.*

....

Art. 35-I. Responderão subsidiariamente pelos direitos contratuais e legais dos consumidores, prestadores de serviço e fornecedores, além dos débitos fiscais e trabalhistas, os bens pessoais dos diretores, administradores, gerentes e membros de conselhos da operadora de plano privado de assistência à saúde, independentemente da sua natureza jurídica.

•• *Artigo acrescentado pela Medida Provisória n. 2.177-44, de 24 de agosto de 2001.*

Art. 35-L. Os bens garantidores das provisões técnicas, fundos e provisões deverão ser registrados na ANS e não poderão ser alienados, prometidos a alienar ou, de qualquer forma, gravados sem prévia e expressa autorização, sendo nulas, de pleno direito, as alienações realizadas ou os gravames constituídos com violação deste artigo.

•• Caput *acrescentado pela Medida Provisória n. 2.177-44, de 24 de agosto de 2001.*

Parágrafo único. Quando a garantia recair em bem imóvel, será obrigatoriamente inscrita no competente Cartório do Registro Geral de Imóveis, mediante requerimento firmado pela operadora de plano de assistência à saúde e pela ANS.

•• *Parágrafo único acrescentado pela Medida Provisória n. 2.177-44, de 24 de agosto de 2001.*

Art. 36. Esta Lei entra em vigor 90 (noventa) dias após a data de sua publicação.

Brasília, 3 de junho de 1998; 177º da Independência e 110º da República.

FERNANDO HENRIQUE CARDOSO

Portaria n. 3,
de 19 de março de 1999 (*)

Divulga, em aditamento ao elenco do art. 51 da Lei n. 8.078, de 11 de setembro de 1990, e do art. 22 do Decreto n. 2.181, de 20 de março de 1997, as cláusulas abusivas que, dentre outras, são consideradas nulas de pleno direito.

(*) Publicada no *Diário Oficial da União*, de 22 de março de 1999.

O Secretário de Direito Econômico do Ministério da Justiça, no uso de suas atribuições legais,

Considerando que o elenco de Cláusulas Abusivas relativas ao fornecimento de produtos e serviços, constantes do art. 51 da Lei n. 8.078, de 11 de setembro de 1990, é de tipo aberto, exemplificativo, permitindo, desta forma a sua complementação; considerando o disposto no art. 56 do Decreto n. 2.181, de 20 de março de 1997, que regulamentou a Lei n. 8.078/90, e com o objetivo de orientar o Sistema Nacional de Defesa do Consumidor, notadamente para o fim de aplicação do disposto no inciso IV do art. 22 deste Decreto, bem assim promover a educação e a informação de fornecedores e consumidores, quanto aos seus direitos e deveres, com a melhoria, transparência, harmonia, equilíbrio e boa-fé nas relações de consumo, e considerando que decisões administrativas de diversos PROCONs, entendimentos dos Ministérios Públicos ou decisões judiciais pacificam como abusivas as cláusulas a seguir enumeradas, resolve:

Divulgar, em aditamento ao elenco do art. 51 da Lei n. 8.078/90, e do art. 22 do Decreto n. 2.181/97, as seguintes cláusulas que, dentre outras, são nulas de pleno direito:

1. Determinem aumentos de prestações nos contratos de planos e seguros de saúde, firmados anteriormente à Lei n. 9.656/98, por mudanças de faixas etárias sem previsão expressa e definida;

2. Imponham, em contratos de planos de saúde firmados anteriormente à Lei n. 9.656/98, limites ou restrições a procedimentos médicos (consultas, exames médicos, laboratoriais e internações hospitalares, UTI e similares) contrariando prescrição médica;

3. Permitam ao fornecedor de serviço essencial (água, energia elétrica, telefonia) incluir na conta, sem autorização expressa do consumidor, a cobrança de outros serviços. Excetuam-se os casos em que a prestadora do serviço essencial informe e disponibilize gratuitamente ao consumidor a opção de bloqueio prévio da cobrança ou utilização dos serviços de valor adicionado;

4. Estabeleçam prazos de carência para cancelamento do contrato de cartão de crédito;

5. Imponham o pagamento antecipado referente a períodos superiores a 30 (trinta) dias pela prestação de serviços educacionais ou similares;

6. Estabeleçam, nos contratos de prestação de serviços educacionais, a vinculação à aquisição de outros produtos ou serviços;

7. Estabeleçam que o consumidor reconheça que o contrato acompanhado do extrato demonstrativo da conta corrente bancária constituem título executivo extrajudicial, para os fins do art. 585, II, do Código de Processo Civil;

- *Citado art. 585, II, do Código de Processo Civil elenca como títulos executivos extrajudiciais a escritura pública ou outro documento público assinado pelo devedor; o documento particular assinado pelo devedor e por duas testemunhas; o instrumento de transação referendado pelo Ministério Público, pela Defensoria Pública ou pelos advogados dos transatores.*

8. Estipulem o reconhecimento, pelo consumidor, de que os valores lançados no extrato da conta corrente ou na fatura do cartão de crédito constituem dívida líquida, certa e exigível;

9. Estabeleçam a cobrança de juros capitalizados mensalmente;

10. Imponham, em contratos de consórcios, o pagamento de percentual a título de taxa de administração futura, pelos consorciados desistentes ou excluídos;

11. Estabeleçam, nos contratos de prestação de serviços educacionais e similares, multa moratória superior a 2% (dois por cento);

12. Exijam a assinatura de duplicatas, letras de câmbio, notas promissórias ou quaisquer outros títulos de crédito em branco;

13. Subtraiam ao consumidor, nos contratos de seguro, o recebimento de valor inferior ao contratado na apólice;

14. Prevejam em contratos de arrendamento mercantil (*leasing*) a exigência, a título de indenização, do pagamento das parcelas vincendas, no caso de restituição do bem;

15. Estabeleçam, em contrato de arrendamento mercantil (*leasing*), a exigência do pagamento antecipado do Valor Residual Garantido (VRG), sem previsão de devolução desse montante, corrigido monetariamente, se não exercida a opção de compra do bem.

Ruy Coutinho do Nascimento

Lei n. 9.791, de 24 de março de 1999 (*)

Dispõe sobre a obrigatoriedade de as concessionárias de serviços públicos estabelecerem ao consumidor e ao usuário datas opcionais para o vencimento de seus débitos.

O Presidente da República

Faço saber que o Congresso Nacional decreta e eu sanciono a seguinte Lei:

Art. 1º Esta Lei dispõe sobre a obrigatoriedade de as concessionárias de serviços públicos estabelecerem ao consumidor e ao usuário datas opcionais para o vencimento de seus débitos.

Art. 2º O Capítulo III da Lei n. 8.987, de 13 de fevereiro de 1995 (Lei de Concessões), passa a vigorar acrescido do seguinte artigo:

> "Art. 7º-A. As concessionárias de serviços públicos, de direito público e privado, nos Estados e no Distrito Federal, são obrigadas a oferecer ao consumidor e ao usuário, dentro do mês de vencimento, o mínimo de 6 (seis) datas opcionais para escolherem os dias de vencimento de seus débitos.
>
> Parágrafo único. (*Vetado*.)"

(*) Publicada no *Diário Oficial da União*, de 25 de março de 1999.

Art. 3º (*Vetado.*)

Brasília, 24 de março de 1999; 178º da Independência e 111º da República.

FERNANDO HENRIQUE CARDOSO

Lei n. 9.832, de 14 de setembro de 1999 (*)

Proíbe o uso industrial de embalagens metálicas soldadas com liga de chumbo e estanho para acondicionamento de gêneros alimentícios, exceto para produtos secos ou desidratados.

O Presidente da República

Faço saber que o Congresso Nacional decreta e eu sanciono a seguinte Lei:

Art. 1º É proibido em todo o território nacional, a partir de 2 (dois) anos da entrada em vigor desta Lei, o uso industrial de embalagens metálicas soldadas com liga de chumbo e estanho para acondicionamento de gêneros alimentícios, exceto para produtos secos ou desidratados.

Art. 2º O não cumprimento do disposto no art. 1º implicará a aplicação das penalidades administrativas, civis e penais previstas em lei, inclusive aquelas de que trata o art. 56 da Lei n. 8.078, de 11 de setembro de 1990.

Art. 3º Esta Lei entra em vigor na data de sua publicação.

Brasília, 14 de setembro de 1999; 178º da Independência e 111º da República.

FERNANDO HENRIQUE CARDOSO

(*) Publicada no *Diário Oficial da União*, de 15 de setembro de 1999.

Decreto n. 3.181, de 23 de setembro de 1999 (*)

Regulamenta a Lei n. 9.787, de 10 de fevereiro de 1999, que dispõe sobre a Vigilância Sanitária, estabelece o medicamento genérico, dispõe sobre a utilização de nomes genéricos em produtos farmacêuticos e dá outras providências.

O Presidente da República, usando da atribuição que lhe confere o art. 84, IV, da Constituição, e, tendo em vista o disposto no art. 57, da Lei n. 6.360, de 23 de setembro de 1976 e no art. 4º, da Lei n. 9.787, de 10 de fevereiro de 1999, decreta:

Art. 1º Constarão, obrigatoriamente, das embalagens, rótulos, bulas, prospectos, textos, ou qualquer outro tipo de material de divulgação e informação médica, referentes a medicamentos, a terminologia da Denominação Comum Brasileira – DCB ou, na sua falta, a Denominação Comum Internacional – DCI.

Art. 2º A denominação genérica dos medicamentos deverá estar situada no mesmo campo de impressão e abaixo do nome comercial ou marca.

Art. 3º As letras deverão guardar entre si as devidas proporções de distância, indispensáveis à sua fácil leitura e destaque, principalmente, no que diz respeito à denominação genérica para a substância base, que deverá corresponder à metade do tamanho das letras e caracteres do nome comercial ou marca.

(*) Publicado no *Diário Oficial da União*, de 24 de setembro de 1999. A Lei n. 10.742, de 6 de outubro de 2003, define as normas de regulação para o setor farmacêutico e cria a Câmara de Regulação do Mercado de Medicamentos – CMED. A Resolução RDC n. 16, de 2 de março de 2007, aprova Regulamento Técnico para Medicamentos Genéricos

Art. 4º O cartucho da embalagem dos medicamentos, produtos dietéticos e correlatos, que só podem ser vendidos sob prescrição médica, deverão ter uma faixa vermelha em toda sua extensão, no seu terço médio inferior, vedada a sua colocação no rodapé do cartucho, com largura não inferior a um quinto da maior face total, contendo os dizeres: "Venda sob prescrição médica".

Art. 5º Quando se tratar de medicamento que contenha uma associação ou combinação de princípios ativos, em dose fixa, a Agência Nacional de Vigilância Sanitária, por ato administrativo, determinará as correspondências com a denominação genérica.

Art. 6º É obrigatório o uso da denominação genérica nos formulários ou pedidos de registro e autorizações relativas à produção, comercialização e importação de medicamentos.

Art. 7º Os laboratórios que atualmente produzem e comercializam medicamentos com ou sem marca ou nome comercial terão o prazo de 4 (quatro) meses para as alterações e adaptações necessárias ao cumprimento do disposto na Lei n. 9.787, de 10 de fevereiro de 1999, e neste Decreto.

Parágrafo único. O medicamento similar só poderá ser comercializado e identificado por nome comercial ou marca.

Art. 8º A Agência Nacional de Vigilância Sanitária, regulamentará os critérios de rotulagem referentes à Denominação Comum Brasileira — DCB em todos os medicamentos, observado o disposto nos arts. 3º e 5º deste Decreto.

Art. 9º Este Decreto entra em vigor na data de sua publicação.

Art. 10. Fica revogado o Decreto n. 793, de 5 de abril de 1993.

Brasília, 23 de setembro de 1999; 178º da Independência e 111º da República.

FERNANDO HENRIQUE CARDOSO

Lei n. 9.847,
de 26 de outubro de 1999 (*)

Dispõe sobre a fiscalização das atividades relativas ao abastecimento nacional de combustíveis, de que trata a Lei n. 9.478, de 6 de agosto de 1997, estabelece sanções administrativas e dá outras providências.

Faço saber que o Presidente da República adotou a Medida Provisória n. 1.883-17, de 1999, que o Congresso Nacional aprovou, e eu, Antonio Carlos Magalhães, Presidente, para os efeitos do disposto no parágrafo único do art. 62 da Constituição Federal, promulgo a seguinte Lei:

Art. 1º A fiscalização das atividades relativas à indústria do petróleo e ao abastecimento nacional de combustíveis, bem como do adequado funcionamento do Sistema Nacional de Estoques de Combustíveis e do cumprimento do Plano Anual de Estoques Estratégicos de Combustíveis, de que trata a Lei n. 9.478, de 6 de agosto de 1997, será realizada pela Agência Nacional do Petróleo — ANP ou, mediante convênios por ela celebrados, por órgãos da Administração Pública direta e indireta da União, dos Estados, do Distrito Federal e dos Municípios.

§ 1º O abastecimento nacional de combustíveis é considerado de utilidade pública e abrange as seguintes atividades:

•• *§ 1º,* caput, *com redação determinada pela Lei n. 11.097, de 13 de janeiro de 2005.*

I — produção, importação, exportação, refino, beneficiamento, tratamento, processamento, transporte, transferência, armazenagem, esto-

(*) Publicada no *Diário Oficial da União*, de 27 de outubro de 1999. O Decreto n. 2.953, de 28 de janeiro de 1999, dispõe sobre o procedimento administrativo para aplicação de penalidades por infrações cometidas nas atividades relativas à indústria do petróleo e ao abastecimento nacional de combustíveis.

cagem, distribuição, revenda, comercialização, avaliação de conformidade e certificação do petróleo, gás natural e seus derivados;

•• *Inciso I com redação determinada pela Lei n. 11.097, de 13 de janeiro de 2005.*

II — produção, importação, exportação, armazenagem, estocagem, distribuição, revenda, comercialização, avaliação de conformidade e certificação do biodiesel;

•• *Inciso II com redação determinada pela Lei n. 11.097, de 13 de janeiro de 2005.*

III — comercialização, distribuição, revenda e controle de qualidade de álcool etílico combustível.

•• *Inciso III com redação determinada pela Lei n. 11.097, de 13 de janeiro de 2005.*

§ 2º A fiscalização abrange, também, a construção e operação de instalações e equipamentos relativos ao exercício das atividades referidas no parágrafo anterior.

Art. 2º Os infratores das disposições desta Lei e demais normas pertinentes ao exercício de atividades relativas à indústria do petróleo, ao abastecimento nacional de combustíveis, ao Sistema Nacional de Estoques de Combustíveis e ao Plano Anual de Estoques Estratégicos de Combustíveis ficarão sujeitos às seguintes sanções administrativas, sem prejuízo das de natureza civil e penal cabíveis:

I — multa;

II — apreensão de bens e produtos;

III — perdimento de produtos apreendidos;

IV — cancelamento do registro do produto junto à ANP;

V — suspensão de fornecimento de produtos;

VI — suspensão temporária, total ou parcial, de funcionamento de estabelecimento ou instalação;

VII — cancelamento de registro de estabelecimento ou instalação;

VIII — revogação de autorização para o exercício de atividade.

Parágrafo único. As sanções previstas nesta Lei poderão ser aplicadas cumulativamente.

Art. 3º A pena de multa será aplicada na ocorrência das infrações e nos limites seguintes:

• *A Portaria n. 122, de 11 de março de 2008, da ANP, define parâmetros para gradação da pena de multa de que trata este artigo.*

I — exercer atividade relativa à indústria do petróleo, ao abastecimento nacional de combustíveis, ao Sistema Nacional de Estoques de Combustíveis e ao Plano Anual de Estoques Estratégicos de Combustíveis, sem prévio registro ou autorização exigidos na legislação aplicável:

Multa — de R$ 50.000,00 (cinquenta mil reais) a R$ 200.000,00 (duzentos mil reais);

II — importar, exportar ou comercializar petróleo, gás natural, seus derivados e biocombustíveis em quantidade ou especificação diversa da autorizada, bem como dar ao produto destinação não permitida ou diversa da autorizada, na forma prevista na legislação aplicável:

•• *Inciso II com redação determinada pela Lei n. 11.097, de 13 de janeiro de 2005.*

Multa — de R$ 20.000,00 (vinte mil reais) a R$ 5.000.000,00 (cinco milhões de reais);

•• *Multa com redação determinada pela Lei n. 11.097, de 13 de janeiro de 2005.*

III — inobservar preços fixados na legislação aplicável para a venda de petróleo, seus derivados básicos e produtos, gás natural e condensado, e álcool etílico combustível:

Multa — de R$ 5.000,00 (cinco mil reais) a R$ 1.000.000,00 (um milhão de reais);

IV — deixar de registrar ou escriturar livros e outros documentos de acordo com a legislação aplicável ou não apresentá-los quando solicitados:

Multa — de R$ 5.000,00 (cinco mil reais) a R$ 10.000,00 (dez mil reais);

V — prestar declarações ou informações inverídicas, falsificar, adulterar, inutilizar, simular ou alterar registros e escrituração de livros e outros documentos exigidos na legislação aplicável:

Multa – de R$ 20.000,00 (vinte mil reais) a R$ 1.000.000,00 (um milhão de reais);

VI – não apresentar, na forma e no prazo estabelecidos na legislação aplicável ou, na sua ausência, no prazo de 48 (quarenta e oito) horas, os documentos comprobatórios de produção, importação, exportação, refino, beneficiamento, tratamento, processamento, transporte, transferência, armazenagem, estocagem, distribuição, revenda, destinação e comercialização de petróleo, gás natural, seus derivados e biocombustíveis:

•• *Inciso VI com redação determinada pela Lei n. 11.097, de 13 de janeiro de 2005.*

Multa – de R$ 20.000,00 (vinte mil reais) a R$ 1.000.000,00 (um milhão de reais);

•• *Multa com redação determinada pela Lei n. 11.097, de 13 de janeiro de 2005.*

VII – prestar declarações ou informações inverídicas, falsificar, adulterar, inutilizar, simular ou alterar registros e escrituração de livros e outros documentos exigidos na legislação aplicável, para o fim de receber indevidamente valores a título de benefício fiscal ou tributário, subsídio, ressarcimento de frete, despesas de transferência, estocagem e comercialização:

•• *Inciso VII com redação determinada pela Lei n. 11.097, de 13 de janeiro de 2005.*

Multa – de R$ 500.000,00 (quinhentos mil reais) a R$ 5.000.000,00 (cinco milhões de reais);

•• *Multa com redação determinada pela Lei n. 11.097, de 13 de janeiro de 2005.*

VIII – deixar de atender às normas de segurança previstas para o comércio ou estocagem de combustíveis, colocando em perigo direto e iminente a vida, a integridade física ou a saúde, o patrimônio público ou privado, a ordem pública ou o regular abastecimento nacional de combustíveis:

Multa – de R$ 20.000,00 (vinte mil reais) a R$ 1.000.000,00 (um milhão de reais);

IX – construir ou operar instalações e equipamentos necessários ao exercício das atividades abrangidas por esta Lei em desacordo com a legislação aplicável:

Multa – de R$ 5.000,00 (cinco mil reais) a R$ 2.000.000,00 (dois milhões de reais);

X – sonegar produtos:

Multa – de R$ 50.000,00 (cinquenta mil reais) a R$ 1.000.000,00 (um milhão de reais);

XI – importar, exportar e comercializar petróleo, gás natural, seus derivados e biocombustíveis fora de especificações técnicas, com vícios de qualidade ou quantidade, inclusive aqueles decorrentes da disparidade com as indicações constantes do recipiente, da embalagem ou rotulagem, que os tornem impróprios ou inadequados ao consumo a que se destinam ou lhes diminuam o valor:

•• *Inciso XI com redação determinada pela Lei n. 11.097, de 13 de janeiro de 2005.*

Multa – de R$ 20.000,00 (vinte mil reais) a R$ 5.000.000,00 (cinco milhões de reais);

•• *Multa com redação determinada pela Lei n. 11.097, de 13 de janeiro de 2005.*

XII – deixar de comunicar informações para cadastro ou alterações de informações já cadastradas no órgão, alteração de razão social ou nome de fantasia, e endereço, nas condições estabelecidas:

Multa – de R$ 5.000,00 (cinco mil reais) a R$ 10.000,00 (dez mil reais);

XIII – ocultar, violar ou inutilizar lacre, selo ou sinal, empregado por ordem da fiscalização, para identificar ou cerrar estabelecimento, instalação, equipamento ou obra:

Multa – de R$ 50.000,00 (cinquenta mil reais) a R$ 1.000.000,00 (um milhão de reais);

XIV – extraviar, remover, alterar ou vender produto depositado em estabelecimento ou instalação suspensa ou interditada nos termos desta Lei:

Multa – de R$ 500.000,00 (quinhentos mil reais) a R$ 2.000.000,00 (dois milhões de reais);

XV – deixar de fornecer aos consumidores as informações previstas na legislação aplicável ou fornecê-las em desacordo com a referida legislação:

Multa — de R$ 5.000,00 (cinco mil reais) a R$ 50.000,00 (cinquenta mil reais);

XVI — deixar de cumprir Notificação para apresentação de documentos ou atendimento de determinações exigíveis na legislação vigente, quando tal obrigação não se constituir, por si só, em fato já definido como infração na presente Lei:

Multa — de R$ 5.000,00 (cinco mil reais) a R$ 100.000,00 (cem mil reais);

XVII — deixar de comprovar orientação ou entrega de manuais, documentos, formulários e equipamentos necessários na forma da legislação vigente:

Multa — de R$ 10.000,00 (dez mil reais) a R$ 500.000,00 (quinhentos mil reais);

XVIII — não dispor de equipamentos necessários à verificação da qualidade, quantidade estocada e comercializada dos produtos derivados de petróleo, do gás natural e seus derivados, e dos biocombustíveis:

•• *Inciso XVIII com redação determinada pela Lei n. 11.097, de 13 de janeiro de 2005.*

Multa — de R$ 5.000,00 (cinco mil reais) a R$ 50.000,00 (cinquenta mil reais);

•• *Multa com redação determinada pela Lei n. 11.097, de 13 de janeiro de 2005.*

XIX — não enviar, na forma e no prazo estabelecidos na legislação aplicável, as informações mensais sobre suas atividades:

•• *Inciso XIX com redação determinada pela Lei n. 11.097, de 13 de janeiro de 2005.*

Multa — de R$ 20.000,00 (vinte mil reais) a R$ 1.000.000,00 (um milhão de reais).

•• *Multa com redação determinada pela Lei n. 11.097, de 13 de janeiro de 2005.*

Art. 4º A pena de multa será graduada de acordo com a gravidade da infração, a vantagem auferida, a condição econômica do infrator e os seus antecedentes.

• *A Portaria n. 122, de 11 de março de 2008, da ANP, define parâmetros para gradação da pena de multa de que trata esse artigo.*

§ 1º A multa será recolhida no prazo de 30 (trinta) dias, contado da decisão administrativa definitiva.

§ 2º O não pagamento da multa no prazo estabelecido sujeita o infrator a:

I — juros de mora de 1% (um por cento) ao mês ou fração;

II — multa de mora de 2% (dois por cento) ao mês ou fração.

§ 3º Na hipótese de o autuado expressamente renunciar ao direito de recorrer da decisão proferida no processo administrativo, a multa poderá ser recolhida no prazo para a interposição do recurso com redução de 30% (trinta por cento).

Art. 5º Sem prejuízo da aplicação de outras sanções administrativas, a fiscalização poderá, como medida cautelar:

•• Caput *com redação determinada pela Lei n. 11.097, de 13 de janeiro de 2005.*

I — interditar, total ou parcialmente, as instalações e equipamentos utilizados se ocorrer exercício de atividade relativa à indústria do petróleo, gás natural, seus derivados e biocombustíveis sem a autorização exigida na legislação aplicável;

•• *Inciso I com redação determinada pela Lei n. 11.097, de 13 de janeiro de 2005.*

II — interditar, total ou parcialmente, as instalações e equipamentos utilizados diretamente no exercício da atividade se o titular, depois de outorgada a autorização, concessão ou registro, por qualquer razão deixar de atender a alguma das condições requeridas para a outorga, pelo tempo em que perdurarem os motivos que deram ensejo à interdição;

•• *Inciso II com redação determinada pela Lei n. 11.097, de 13 de janeiro de 2005.*

III — interditar, total ou parcialmente, nos casos previstos nos incisos II, VI, VII, VIII, IX, XI e XIII do art. 3º desta Lei, as instalações e equipamentos utilizados diretamente no exercício da atividade outorgada;

•• *Inciso III acrescentado pela Lei n. 11.097, de 13 de janeiro de 2005.*

IV — apreender bens e produtos, nos casos previstos nos incisos I, II, VI, VII, VIII, IX, XI e XIII do art. 3º desta Lei.

•• *Inciso IV acrescentado pela Lei n. 11.097, de 13 de janeiro de 2005.*

§ 1º Ocorrendo a interdição ou a apreensão de bens e produtos, o fiscal, no prazo de 24 (vinte e quatro) horas, sob pena de responsabilidade, comunicará a ocorrência à autoridade competente da ANP, encaminhando-lhe cópia do auto de infração e, se houver, da documentação que o instrui.

§ 2º Comprovada a cessação das causas determinantes do ato de interdição ou apreensão, a autoridade competente da ANP, em despacho fundamentado, determinará a desinterdição ou devolução dos bens ou produtos apreendidos, no prazo máximo de 7 (sete) dias úteis.

Art. 6º As penas de apreensão de bens e produtos, de perdimento de produtos apreendidos, de suspensão de fornecimento de produtos e de cancelamento do registro do produto serão aplicadas, conforme o caso, quando forem constatados vícios de quantidade ou de qualidade por inadequação ou falta de segurança do produto.

Art. 7º Em se tratando de produtos fora das especificações ou com vício de qualidade ou quantidade, suscetíveis de reaproveitamento, total ou parcial, a ANP notificará o autuado ou o fornecedor do produto para que proceda sua retirada para reprocessamento ou decantação, cujas despesas e eventuais ressarcimentos por perdas e danos serão suportadas por aquele que, no julgamento definitivo do respectivo processo administrativo, for responsabilizado pela infração cometida.

Parágrafo único. O produto não passível de reaproveitamento ficará sob a guarda de fiel depositário, indicado pela ANP, até decisão final do respectivo processo administrativo, ficando ao encargo daquele que, administrativamente, vier a ser responsabilizado pela infração, o pagamento dos custos havidos com a guarda do produto.

Art. 8º A pena de suspensão temporária, total ou parcial, de funcionamento de estabelecimento ou instalação, será aplicada:

I — quando a multa, em seu valor máximo, não corresponder, em razão da gravidade da infração, à vantagem auferida em decorrência da prática infracional; ou

II — no caso de segunda reincidência.

§ 1º Verifica-se a reincidência quando o infrator pratica uma infração depois da decisão administrativa definitiva que o tenha apenado por qualquer infração prevista nesta Lei.

§ 2º Pendendo ação judicial na qual se discuta a imposição de penalidade administrativa, não haverá reincidência até o trânsito em julgado da decisão.

§ 3º A pena de suspensão temporária será aplicada por prazo mínimo de 10 (dez) e máximo de 15 (quinze) dias.

§ 4º A suspensão temporária será de 30 (trinta) dias quando aplicada a infrator já punido com a penalidade prevista no parágrafo anterior.

Art. 9º A pena de cancelamento de registro será aplicada a estabelecimento ou instalação que já tenha tido seu funcionamento suspenso, total ou parcialmente, nos termos previstos no § 4º do artigo anterior.

Art. 10. A penalidade de revogação de autorização para o exercício de atividade será aplicada quando a pessoa jurídica autorizada:

I — praticar fraude com o objetivo de receber indevidamente valores a título de ressarcimento de frete, subsídio e despesas de transferência, estocagem e comercialização;

II — já tiver sido punida com a pena de suspensão temporária, total ou parcial, de funcionamento de estabelecimento ou instalação;

III — reincidir nas infrações previstas nos incisos VIII e XI do art. 3º desta Lei;

IV — descumprir a pena de suspensão temporária, total ou parcial, ou a pena de cancelamento de registro de estabelecimento ou instalação;

V — praticar, no exercício de atividade relacionada ao abastecimento nacional de combustíveis, infração da ordem econômica, reconhecida pelo Conselho Administrativo de Defesa Econômica — CADE ou por decisão judicial.

•• *Inciso V acrescentado pela Lei n. 10.202, de 20 de fevereiro de 2001.*

§ 1º Aplicada a pena prevista neste artigo, os responsáveis pela pessoa jurídica ficarão impedidos, por 5 (cinco) anos, de exercer atividade constante desta lei.

•• *Primitivo parágrafo único renumerado pela Lei n. 10.202, de 20 de fevereiro de 2001.*

§ 2º Na hipótese do inciso V deste artigo, a revogação da autorização dar-se-á automaticamente na data de recebimento da notificação expedida pela autoridade competente.

•• *§ 2º acrescentado pela Lei n. 10.202, de 20 de fevereiro de 2001.*

Art. 11. A penalidade de perdimento de produtos apreendidos na forma do art. 5º, inciso IV, desta Lei, será aplicada quando:

•• Caput *com redação determinada pela Lei n. 11.097, de 13 de janeiro de 2005.*

I — comprovado, por exame realizado pela autoridade fiscalizadora, vício no produto ou produto que não esteja adequado à especificação autorizada;

II — falta de segurança do produto;

III — quando o produto estiver sendo utilizado em atividade relativa à indústria do petróleo, por pessoa sem prévio registro ou autorização exigidos na legislação aplicável;

IV — quando o produto estiver sendo utilizado para destinação não permitida ou diversa da autorizada;

V — o produto apreendido não tiver comprovação de origem por meio de nota fiscal.

•• *Inciso V acrescentado pela Lei n. 11.097, de 13 de janeiro de 2005.*

§ 1º A pena de perdimento só será aplicada após decisão definitiva, proferida em processo administrativo com a observância do devido processo legal.

§ 2º A penalidade prevista neste artigo será aplicada sem prejuízo das demais penalidades previstas nesta Lei e das sanções de natureza civil ou penal.

Art. 12. São autoridades competentes para lavrar auto de infração e instaurar processo administrativo os funcionários da ANP ou de órgãos conveniados, designados para as atividades de fiscalização.

Art. 13. As infrações serão apuradas em processo administrativo, que deverá conter os elementos suficientes para determinar a natureza da infração, a individualização e a gradação da penalidade, assegurado o direito de ampla defesa e o contraditório.

§ 1º Prescrevem no prazo de 5 (cinco) anos, contado da data do cometimento da infração, as sanções administrativas previstas nesta Lei.

§ 2º A prescrição interrompe-se pela notificação do infrator ou por qualquer ato inequívoco que importe apuração da irregularidade.

Art. 14. Qualquer pessoa, constatando infração às normas relativas à indústria do petróleo, ao abastecimento nacional de combustíveis, ao Sistema Nacional de Estoques de Combustíveis e ao Plano Anual de Estoques Estratégicos de Combustíveis, poderá dirigir representação à ANP, para efeito do exercício do seu poder de polícia.

Art. 15. O funcionário da ANP que tiver conhecimento de infração às normas relativas à indústria do petróleo, ao abastecimento nacional de combustíveis, ao Sistema Nacional de Estoques de Combustíveis e ao Plano Anual de Estoques Estratégicos de Combustíveis, é obrigado a comunicar o fato à autoridade competente, com vistas a sua apuração imediata, sob pena de corresponsabilidade.

Art. 16. O fiscal requisitará o emprego de força policial sempre que for necessário para efetivar a fiscalização.

Art. 17. Constatada a prática das infrações previstas nos incisos V, VI, VIII, X, XI e XIII do art. 3º desta Lei, e após a decisão definitiva proferida no processo administrativo, a autoridade competente da ANP, sob pena de responsabilidade, encaminhará ao Ministério Público cópia integral dos autos, para os efeitos previstos no Decreto-lei n. 2.848, de 7 de dezembro de 1940, nas Leis n. 8.078, de 11 de setembro de 1990, 8.884, de 11 de junho de 1994, e 8.176, de 8 de fevereiro de 1991, e legislação superveniente.

Art. 18. Os fornecedores e transportadores de petróleo, gás natural, seus derivados e biocombustíveis respondem solidariamente pelos vícios de qualidade ou quantidade, inclusive aqueles decorrentes da disparidade com as indicações constantes do recipiente, da embalagem ou rotulagem, que os tornem impróprios ou inadequados ao consumo a que se destinam ou lhes diminuam o valor.

•• Caput *com redação determinada pela Lei n. 11.097, de 13 de janeiro de 2005.*

§ 1º As companhias distribuidoras proprietárias de equipamentos, destinados ao abastecimento de combustíveis e responsáveis pela sua manutenção, respondem solidariamente com os postos revendedores por vícios de funcionamento dos mesmos.

§ 2º A responsabilidade das pessoas jurídicas não exclui a das pessoas físicas, autoras, coautoras ou partícipes do mesmo fato.

§ 3º Poderá ser desconsiderada a personalidade jurídica da sociedade sempre que esta constituir obstáculo ao ressarcimento de prejuízos causados ao abastecimento nacional de combustíveis ou ao Sistema Nacional de Estoques de Combustíveis.

Art. 19. Para os efeitos do disposto nesta Lei, poderá ser exigida a documentação comprobatória de produção, importação, exportação, refino, beneficiamento, tratamento, processamento, transporte, transferência, armazenagem, estocagem, distribuição, revenda, destinação e comercialização dos produtos sujeitos à regulação pela ANP.

•• *Artigo com redação determinada pela Lei n. 11.097, de 13 de janeiro de 2005.*

Art. 20. A administração dos recursos a que se refere o art. 13, II, da Lei n. 4.452, de 5 de novembro de 1964, alterado pelo Decreto-lei n. 1.785, de 13 de maio de 1980, será regulamentada pelo Poder Executivo.

Art. 21. Ficam convalidados os atos praticados com base na Medida Provisória n. 1.883-16, de 27 de agosto de 1999.

Art. 22. Esta Lei entra em vigor na data de sua publicação.

Congresso Nacional, em 26 de outubro de 1999; 178º da Independência e 111º da República.

Antonio Carlos Magalhães

Lei n. 9.870, de 23 de novembro de 1999 (*)

Dispõe sobre o valor total das anuidades escolares e dá outras providências.

O Presidente da República

Faço saber que o Congresso Nacional decreta e eu sanciono a seguinte Lei:

Art. 1º O valor das anuidades ou das semestralidades escolares do ensino pré-escolar, fundamental, médio e superior, será contratado, nos termos desta Lei, no ato da matrícula ou da sua renovação, entre o estabelecimento de ensino e o aluno, o pai do aluno ou o responsável.

§ 1º O valor anual ou semestral referido no *caput* deste artigo deverá ter como base a última parcela da anuidade ou da semestralidade legalmente fixada no ano anterior, multiplicada pelo número de parcelas do período letivo.

§ 2º (*Vetado.*)

§ 3º Poderá ser acrescido ao valor total anual de que trata o § 1º montante proporcional à variação de custos a título de pessoal e de custeio, comprovado mediante apresentação de planilha de custo, mesmo quando esta variação re-

(*) Publicada no *Diário Oficial da União*, de 24 de novembro de 1999.

sulte da introdução de aprimoramentos no processo didático-pedagógico.

•• *§ 3º acrescentado pela Medida Provisória n. 2.173-24, de 23 de agosto de 2001.*

§ 4º A planilha de que trata o § 3º será editada em ato do Poder Executivo.

•• *§ 4º acrescentado pela Medida Provisória n. 2.173-24, de 23 de agosto de 2001.*

§ 5º O valor total, anual ou semestral, apurado na forma dos parágrafos precedentes terá vigência por 1 (um) ano e será dividido em doze ou seis parcelas mensais iguais, facultada a apresentação de planos de pagamento alternativos, desde que não excedam ao valor total anual ou semestral apurado na forma dos parágrafos anteriores.

•• *Primitivo § 3º renumerado pela Medida Provisória n. 2.173-24, de 23 de agosto de 2001.*

§ 6º Será nula, não produzindo qualquer efeito, cláusula contratual de revisão ou reajustamento do valor das parcelas da anuidade ou semestralidade escolar em prazo inferior a 1 (um) ano a contar da data de sua fixação, salvo quando expressamente prevista em lei.

•• *Primitivo § 4º renumerado pela Medida Provisória n. 2.173-24, de 23 de agosto de 2001.*

Art. 2º O estabelecimento de ensino deverá divulgar, em local de fácil acesso ao público, o texto da proposta de contrato, o valor apurado na forma do art. 1º e o número de vagas por sala-classe, no período mínimo de 45 (quarenta e cinco) dias antes da data final para matrícula, conforme calendário e cronograma da instituição de ensino.

Parágrafo único. (*Vetado.*)

Art. 3º (*Vetado.*)

Art. 4º A Secretaria de Direito Econômico do Ministério da Justiça, quando necessário, poderá requerer, nos termos da Lei n. 8.078, de 11 de setembro de 1990, e no âmbito de suas atribuições, comprovação documental referente a qualquer cláusula contratual, exceto dos estabelecimentos de ensino que tenham firmado acordo com alunos, pais de alunos ou associações de pais e alunos, devidamente legalizadas, bem como quando o valor arbitrado for decorrente da decisão do mediador.

Parágrafo único. Quando a documentação apresentada pelo estabelecimento de ensino não corresponder às condições desta Lei, o órgão de que trata este artigo poderá tomar, dos interessados, termo de compromisso, na forma da legislação vigente.

Art. 5º Os alunos já matriculados, salvo quando inadimplentes, terão direito à renovação das matrículas, observado o calendário escolar da instituição, o regimento da escola ou cláusula contratual.

Art. 6º São proibidas a suspensão de provas escolares, a retenção de documentos escolares ou a aplicação de quaisquer outras penalidades pedagógicas por motivo de inadimplemento, sujeitando-se o contratante, no que couber, às sanções legais e administrativas, compatíveis com o Código de Defesa do Consumidor, e com os arts. 177 e 1.092 do Código Civil Brasileiro, caso a inadimplência perdure por mais de 90 (noventa) dias.

§ 1º O desligamento do aluno por inadimplência somente poderá ocorrer ao final do ano letivo ou, no ensino superior, ao final do semestre letivo quando a instituição adotar o regime didático semestral.

•• *§ 1º acrescentado pela Medida Provisória n. 2.173-24, de 23 de agosto de 2001.*

§ 2º Os estabelecimentos de ensino fundamental, médio e superior deverão expedir, a qualquer tempo, os documentos de transferência de seus alunos, independentemente de sua adimplência ou da adoção de procedimentos legais de cobranças judiciais.

•• *Primitivo § 1º renumerado pela Medida Provisória n. 2.173-24, de 23 de agosto de 2001.*

§ 3º São asseguradas em estabelecimentos públicos de ensino fundamental e médio as matrículas dos alunos, cujos contratos, celebrados por seus pais ou responsáveis para a prestação de serviços educacionais, tenham sido suspensos em virtude de inadimplemento, nos termos do *caput* deste artigo.

•• *Primitivo § 2º renumerado pela Medida Provisória n. 2.173-24, de 23 de agosto de 2001.*

§ 4º Na hipótese de os alunos a que se refere o § 2º, ou seus pais ou responsáveis, não terem providenciado a sua imediata matrícula em outro estabelecimento de sua livre escolha, as Secretarias de Educação estaduais e municipais deverão providenciá-la em estabelecimento de ensino da rede pública, em curso e série correspondentes aos cursados na escola de origem, de forma a garantir a continuidade de seus estudos no mesmo período letivo e a respeitar o disposto no inciso V do art. 53 do Estatuto da Criança e do Adolescente.

•• *Primitivo § 3º renumerado pela Medida Provisória n. 2.173-24, de 23 de agosto de 2001.*

• *A referência é ao § 3º.*

• *Dispõe o art. 53, V, do Estatuto da Criança e do Adolescente (Lei n. 8.069, de 13-7-1990): "Art. 53. A criança e o adolescente têm direito à educação, visando ao pleno desenvolvimento de sua pessoa, preparo para o exercício da cidadania e qualificação para o trabalho, assegurando-se-lhes:*

..

V — acesso a escola pública e gratuita próxima de sua residência".

Art. 7º São legitimados à propositura das ações previstas na Lei n. 8.078, de 1990, para a defesa dos direitos assegurados por esta Lei e pela legislação vigente, as associações de alunos, de pais de alunos e responsáveis, sendo indispensável, em qualquer caso, o apoio de, pelo menos, 20% (vinte por cento) dos pais de alunos do estabelecimento de ensino ou dos alunos, no caso de ensino superior.

Art. 8º O art. 39 da Lei n. 8.078, de 1990, passa a vigorar acrescido do seguinte inciso:

•• *Alteração já processada no diploma modificado.*

....

Art. 10. Continuam a produzir efeitos os atos praticados com base na Medida Provisória n. 1.890-66, de 24 de setembro de 1999, e nas suas antecessoras.

Art. 11. Esta Lei entra em vigor na data de sua publicação.

Art. 12. Revogam-se a Lei n. 8.170, de 17 de janeiro de 1991; o art. 14 da Lei n. 8.178, de 1º de março de 1991; e a Lei n. 8.747, de 9 de dezembro de 1993.

Brasília, 23 de novembro de 1999; 178º da Independência e 111º da República.

FERNANDO HENRIQUE CARDOSO

Lei n. 9.961,
de 28 de janeiro de 2000 (*)

Cria a Agência Nacional de Saúde Suplementar — ANS e dá outras providências.

O Presidente da República

Faço saber que o Congresso Nacional decreta e eu sanciono a seguinte Lei:

CAPÍTULO I
DA CRIAÇÃO E DA COMPETÊNCIA

Art. 1º É criada a Agência Nacional de Saúde Suplementar — ANS, autarquia sob o regime especial, vinculada ao Ministério da Saúde, com sede e foro na cidade do Rio de Janeiro — RJ, prazo de duração indeterminado e atuação em todo o território nacional, como órgão de regulação, normatização, controle e fiscalização das atividades que garantam a assistência suplementar à saúde.

Parágrafo único. A natureza de autarquia especial conferida à ANS é caracterizada por autonomia administrativa, financeira, patrimonial e de gestão de recursos humanos, autonomia nas suas decisões técnicas e mandato fixo de seus dirigentes.

Art. 2º Caberá ao Poder Executivo instalar a ANS, devendo o seu regulamento, aprovado

(*) Publicada no *Diário Oficial da União*, de 29 de janeiro de 2000.

por decreto do Presidente da República, fixar-lhe a estrutura organizacional básica.

Parágrafo único. Constituída a ANS, com a publicação de seu regimento interno, pela diretoria colegiada, ficará a autarquia, automaticamente, investida no exercício de suas atribuições.

Art. 3º A ANS terá por finalidade institucional promover a defesa do interesse público na assistência suplementar à saúde, regulando as operadoras setoriais, inclusive quanto às suas relações com prestadores e consumidores, contribuindo para o desenvolvimento das ações de saúde no País.

Art. 4º Compete à ANS:

I — propor políticas e diretrizes gerais ao Conselho Nacional de Saúde Suplementar — CONSU para a regulação do setor de saúde suplementar;

II — estabelecer as características gerais dos instrumentos contratuais utilizados na atividade das operadoras;

III — elaborar o rol de procedimentos e eventos em saúde, que constituirão referência básica para os fins do disposto na Lei n. 9.656, de 3 de junho de 1998, e suas excepcionalidades;

IV — fixar critérios para os procedimentos de credenciamento e descredenciamento de prestadores de serviço às operadoras;

V — estabelecer parâmetros e indicadores de qualidade e de cobertura em assistência à saúde para os serviços próprios e de terceiros oferecidos pelas operadoras;

VI — estabelecer normas para ressarcimento ao Sistema Único de Saúde — SUS;

• *A Resolução Normativa n. 185, de 30 de dezembro de 2008, institui o procedimento eletrônico de ressarcimento ao SUS, e estabelece normas de repetição de indébito e o repasse dos valores recolhidos a título de ressarcimento do SUS.*

VII — estabelecer normas relativas à adoção e utilização, pelas operadoras de planos de assistência à saúde, de mecanismos de regulação do uso dos serviços de saúde;

VIII — deliberar sobre a criação de câmaras técnicas, de caráter consultivo, de forma a subsidiar suas decisões;

IX — normatizar os conceitos de doença e lesão preexistentes;

X — definir, para fins de aplicação da Lei n. 9.656, de 1998, a segmentação das operadoras e administradoras de planos privados de assistência à saúde, observando as suas peculiaridades;

XI — estabelecer critérios, responsabilidades, obrigações e normas de procedimento para garantia dos direitos assegurados nos arts. 30 e 31 da Lei n. 9.656, de 1998;

XII — estabelecer normas para registro dos produtos definidos no inciso I e no § 1º do art. 1º da Lei n. 9.656, de 1998;

XIII — decidir sobre o estabelecimento de sub-segmentações aos tipos de planos definidos nos incisos I a IV do art. 12 da Lei n. 9.656, de 1998;

XIV — estabelecer critérios gerais para o exercício de cargos diretivos das operadoras de planos privados de assistência à saúde;

XV — estabelecer critérios de aferição e controle da qualidade dos serviços oferecidos pelas operadoras de planos privados de assistência à saúde, sejam eles próprios, referenciados, contratados ou conveniados;

XVI — estabelecer normas, rotinas e procedimentos para concessão, manutenção e cancelamento de registro dos produtos das operadoras de planos privados de assistência à saúde;

XVII — autorizar reajustes e revisões das contraprestações pecuniárias dos planos privados de assistência à saúde, ouvido o Ministério da Fazenda;

•• *Inciso XVII com redação determinada pela Medida Provisória n. 2.177-44, de 24 de agosto de 2001.*

XVIII — expedir normas e padrões para o envio de informações de natureza econômico-financeira pelas operadoras, com vistas à homologação de reajustes e revisões;

XIX – proceder à integração de informações com os bancos de dados do Sistema Único de Saúde;

XX – autorizar o registro dos planos privados de assistência à saúde;

XXI – monitorar a evolução dos preços de planos de assistência à saúde, seus prestadores de serviços, e respectivos componentes e insumos;

XXII – autorizar o registro e o funcionamento das operadoras de planos privados de assistência à saúde, bem assim sua cisão, fusão, incorporação, alteração ou transferência do controle societário, sem prejuízo do disposto na Lei n. 8.884, de 11 de junho de 1994;

•• *Inciso XXII com redação determinada pela Medida Provisória n. 2.177-44, de 24 de agosto de 2001.*

XXIII – fiscalizar as atividades das operadoras de planos privados de assistência à saúde e zelar pelo cumprimento das normas atinentes ao seu funcionamento;

XXIV – exercer o controle e a avaliação dos aspectos concernentes à garantia de acesso, manutenção e qualidade dos serviços prestados, direta ou indiretamente, pelas operadoras de planos privados de assistência à saúde;

XXV – avaliar a capacidade técnico-operacional das operadoras de planos privados de assistência à saúde para garantir a compatibilidade da cobertura oferecida com os recursos disponíveis na área geográfica de abrangência;

XXVI – fiscalizar a atuação das operadoras e prestadores de serviços de saúde com relação à abrangência das coberturas de patologias e procedimentos;

XXVII – fiscalizar aspectos concernentes às coberturas e o cumprimento da legislação referente aos aspectos sanitários e epidemiológicos, relativos à prestação de serviços médicos e hospitalares no âmbito da saúde suplementar;

XXVIII – avaliar os mecanismos de regulação utilizados pelas operadoras de planos privados de assistência à saúde;

XXIX – fiscalizar o cumprimento das disposições da Lei n. 9.656, de 1998, e de sua regulamentação;

XXX – aplicar as penalidades pelo descumprimento da Lei n. 9.656, de 1998, e de sua regulamentação;

XXXI – requisitar o fornecimento de informações às operadoras de planos privados de assistência à saúde, bem como da rede prestadora de serviços a elas credenciadas;

• *A Resolução Normativa n. 17, de 11 de novembro de 2002, da Agência Nacional de Saúde Suplementar – ANS, aprova novas normas para o fornecimento de informações do cadastro de beneficiários das operadoras de plano de saúde.*

XXXII – adotar as medidas necessárias para estimular a competição no setor de planos privados de assistência à saúde;

XXXIII – instituir o regime de direção fiscal ou técnica nas operadoras;

XXXIV – proceder à liquidação extrajudicial e autorizar o liquidante a requerer a falência ou insolvência civil das operadoras de planos privados de assistência à saúde;

•• *Inciso XXXIV com redação determinada pela Medida Provisória n. 2.177-44, de 24 de agosto de 2001.*

XXXV – determinar ou promover a alienação da carteira de planos privados de assistência à saúde das operadoras;

•• *Inciso XXXV com redação determinada pela Medida Provisória n. 2.177-44, de 24 de agosto de 2001.*

XXXVI – articular-se com os órgãos de defesa do consumidor visando a eficácia da proteção e defesa do consumidor de serviços privados de assistência à saúde, observado o disposto na Lei n. 8.078, de 11 de setembro de 1990;

XXXVII – zelar pela qualidade dos serviços de assistência à saúde no âmbito da assistência à saúde suplementar;

XXXVIII – administrar e arrecadar as taxas instituídas por esta Lei;

XXXIX – celebrar, nas condições que estabelecer, termo de compromisso de ajuste de conduta e termo de compromisso e fiscalizar os seus cumprimentos;

•• *Inciso XXXIX acrescentado pela Medida Provisória n. 2.177-44, de 24 de agosto de 2001.*

XL — definir as atribuições e competências do diretor técnico, diretor fiscal, do liquidante e do responsável pela alienação de carteira;

•• *Inciso XL acrescentado pela Medida Provisória n. 2.177-44, de 24 de agosto de 2001.*

XLI — fixar as normas para constituição, organização, funcionamento e fiscalização das operadoras de produtos de que tratam o inciso I e o § 1º do art. 1º da Lei n. 9.656, de 3 de junho de 1998, incluindo:

a) conteúdos e modelos assistenciais;

b) adequação e utilização de tecnologias em saúde;

c) direção fiscal ou técnica;

d) liquidação extrajudicial;

e) procedimentos de recuperação financeira das operadoras;

f) normas de aplicação de penalidades;

g) garantias assistenciais, para cobertura dos planos ou produtos comercializados ou disponibilizados;

•• *Inciso XLI acrescentado pela Medida Provisória n. 2.177-44, de 24 de agosto de 2001.*

XLII — estipular índices e demais condições técnicas sobre investimentos e outras relações patrimoniais a serem observadas pelas operadoras de planos de assistência à saúde.

•• *Inciso XLII acrescentado pela Medida Provisória n. 2.177-44, de 24 de agosto de 2001.*

§ 1º A recusa, a omissão, a falsidade ou o retardamento injustificado de informações ou documentos solicitados pela ANS constitui infração punível com multa diária de R$ 5.000,00 (cinco mil reais), podendo ser aumentada em até vinte (20) vezes, se necessário, para garantir a sua eficácia em razão da situação econômica da operadora ou prestadora de serviços.

•• *§ 1º com redação determinada pela Medida Provisória n. 2.177-44, de 24 de agosto de 2001.*

§ 2º As normas previstas neste artigo obedecerão às características específicas da operadora, especialmente no que concerne à natureza jurídica de seus atos constitutivos.

§ 3º (*Revogado pela Medida Provisória n. 2.177-44, de 24-8-2001.*)

Capítulo IV
DO PATRIMÔNIO, DAS RECEITAS E DA GESTÃO FINANCEIRA

Art. 18. É instituída a Taxa de Saúde Suplementar, cujo fato gerador é o exercício pela ANS do poder de polícia que lhe é legalmente atribuído.

Art. 19. São sujeitos passivos da Taxa de Saúde Suplementar as pessoas jurídicas, condomínios ou consórcios constituídos sob a modalidade de sociedade civil ou comercial, cooperativa ou entidade de autogestão, que operem produto, serviço ou contrato com a finalidade de garantir a assistência à saúde visando a assistência médica, hospitalar ou odontológica.

Art. 20. A Taxa de Saúde Suplementar será devida:

I — por plano de assistência à saúde, e seu valor será o produto da multiplicação de R$ 2,00 (dois reais) pelo número médio de usuários de cada plano privado de assistência à saúde, deduzido o percentual total de descontos apurado em cada plano, de acordo com as Tabelas I e II do Anexo II desta Lei;

II — por registro de produto, registro de operadora, alteração de dados referente ao produto, alteração de dados referente à operadora, pedido de reajuste de contraprestação pecuniária, conforme os valores constantes da Tabela que constitui o Anexo III desta Lei.

§ 1º Para fins do cálculo do número médio de usuários de cada plano privado de assistência à saúde, previsto no inciso I deste artigo, não serão incluídos os maiores de 60 (sessenta) anos.

§ 2º Para fins do inciso I deste artigo, a Taxa de Saúde Suplementar será devida anualmente e recolhida até o último dia útil do primeiro decêndio dos meses de março, junho, setembro e dezembro e de acordo com o disposto no regulamento da ANS.

§ 3º Para fins do inciso II deste artigo, a Taxa de Saúde Suplementar será devida quando da protocolização do requerimento e de acordo com o regulamento da ANS.

§ 4º Para fins do inciso II deste artigo, os casos de alteração de dados referentes ao produto ou à operadora que não produzam consequências para o consumidor ou o mercado de saúde suplementar, conforme disposto em resolução da Diretoria Colegiada da ANS, poderão fazer jus a isenção ou redução da respectiva Taxa de Saúde Suplementar.

§ 5º Até 31 de dezembro de 2000, os valores estabelecidos no Anexo III desta Lei sofrerão um desconto de 50% (cinquenta por cento).

§ 6º As operadoras de planos privados de assistência à saúde que se enquadram nos segmentos de autogestão por departamento de recursos humanos, ou de filantropia, ou que tenham número de usuários inferior a 20 (vinte) mil, ou que despendem, em sua rede própria, mais de 60% (sessenta por cento) do custo assistencial relativo aos gastos em serviços hospitalares referentes a seus Planos Privados de Assistência à Saúde e que prestam ao menos 30% (trinta por cento) de sua atividade ao Sistema Único de Saúde — SUS, farão jus a um desconto de 30% (trinta por cento) sobre o montante calculado na forma do inciso I deste artigo, conforme dispuser a ANS.

•• *§ 6º acrescentado pela Medida Provisória n. 2.177-44, de 24 de agosto de 2001.*

§ 7º As operadoras de planos privados de assistência à saúde que comercializam exclusivamente planos odontológicos farão jus a um desconto de 50% (cinquenta por cento) sobre o montante calculado na forma do inciso I deste artigo, conforme dispuser a ANS.

•• *§ 7º acrescentado pela Medida Provisória n. 2.177-44, de 24 de agosto de 2001.*

§ 8º As operadoras com número de usuários inferior a 20 (vinte) mil poderão optar pelo recolhimento em parcela única no mês de março, fazendo jus a um desconto de 5% (cinco por cento) sobre o montante calculado na forma do inciso I deste artigo, além dos descontos previstos nos §§ 6º e 7º, conforme dispuser a ANS.

•• *§ 8º acrescentado pela Medida Provisória n. 2.177-44, de 24 de agosto de 2001.*

§ 9º Os valores constantes do Anexo III desta Lei ficam reduzidos em 50% (cinquenta por cento), no caso das empresas com número de usuários inferior a 20 (vinte) mil.

•• *§ 9º acrescentado pela Medida Provisória n. 2.177-44, de 24 de agosto de 2001.*

§ 10. Para fins do disposto no inciso II deste artigo, os casos de alteração de dados referentes a produtos ou a operadoras, até edição da norma correspondente aos seus registros definitivos, conforme o disposto na Lei n. 9.656, de 1998, ficam isentos da respectiva Taxa de Saúde Suplementar.

•• *§ 10 acrescentado pela Medida Provisória n. 2.177-44, de 24 de agosto de 2001.*

§ 11. Para fins do disposto no inciso I deste artigo, nos casos de alienação compulsória de carteira, as operadoras de planos privados de assistência à saúde adquirentes ficam isentas de pagamento da respectiva Taxa de Saúde Suplementar, relativa aos beneficiários integrantes daquela carteira, pelo prazo de 5 (cinco) anos.

•• *§ 11 acrescentado pela Medida Provisória n. 2.177-44, de 24 de agosto de 2001.*

Art. 21. A Taxa de Saúde Suplementar não recolhida nos prazos fixados será cobrada com os seguintes acréscimos:

I — juros de mora, na via administrativa ou judicial, contados do mês seguinte ao do vencimento, à razão de 1% (um por cento) ao mês ou fração de mês;

II — multa de mora de 10% (dez por cento).

- *A Resolução Normativa n. 1, de 7 de fevereiro de 2005, da Agência Nacional de Saúde Suplementar — ANS, dispõe sobre o pagamento de Taxa de Saúde Suplementar — TSS não recolhida por força de decisão judicial.*

§ 1º Os débitos relativos à Taxa de Saúde Suplementar poderão ser parcelados, a juízo da ANS, de acordo com os critérios fixados na legislação tributária.

•• *Primitivo parágrafo único renumerado pela Medida Provisória n. 2.177-44, de 24 de agosto de 2001.*

§ 2º Além dos acréscimos previstos nos incisos I e II deste artigo, o não recolhimento da Taxa de Saúde Suplementar implicará a perda dos descontos previstos nesta Lei.

•• *§ 2º acrescentado pela Medida Provisória n. 2.177-44, de 24 de agosto de 2001.*

Art. 22. A Taxa de Saúde Suplementar será devida a partir de 1º de janeiro de 2000.

Art. 23. A Taxa de Saúde Suplementar será recolhida em conta vinculada à ANS.

Art. 24. Os valores cuja cobrança seja atribuída por lei à ANS e apurados administrativamente, não recolhidos no prazo estipulado, serão inscritos em dívida ativa da própria ANS e servirão de título executivo para cobrança judicial na forma da lei.

Art. 25. A execução fiscal da dívida ativa será promovida pela Procuradoria da ANS.

Capítulo V
DAS DISPOSIÇÕES FINAIS E TRANSITÓRIAS

....

Art. 39. O disposto nesta Lei aplica-se, no que couber, aos produtos de que tratam o inciso I e o § 1º do art. 1º da Lei n. 9.656, de 1998, bem assim às suas operadoras.

Art. 40. O Poder Executivo, no prazo de 45 (quarenta e cinco) dias, enviará projeto de lei tratando da matéria objeto da presente Lei, inclusive da estrutura física e do funcionamento da ANS.

Art. 41. Esta Lei entra em vigor na data de sua publicação.

Brasília, 28 de janeiro de 2000; 179º da Independência e 112º da República.

Fernando Henrique Cardoso

....

Anexo II

Tabela I

Descontos Por Abrangência Geográfica Do Plano

Abrangência Geográfica	Desconto (%)
Nacional	5
Grupo de Estados	10
Estadual	15
Grupo de Municípios	20
Municipal	25

Tabela II

Descontos por Cobertura Médico-Hospitalar-odontológica Oferecida

Cobertura	Desconto (%)
Ambulatorial (A)	20
A+Hospitalar (H)	6
A+H+Odontológico (O)	4
A+H+Obstetrícia (OB)	4
A+H+OB+O	2
A+O	14
H	16
H+O	14
H+OB	14
H+OB+O	12
O	32

....

Portaria n. 3,
de 15 de março de 2001 (*)

> *Divulga, em aditamento ao elenco do art. 51 da Lei n. 8.078, de 11 de setembro de 1990, e do art. 56 do Decreto n. 2.181, de 20 de março de 1997, as cláusulas abusivas, para fim de aplicação do disposto no inciso IV, do art. 22, do Decreto n. 2.181, de 20 de março de 1997.*

O Secretário de Direito Econômico do Ministério da Justiça, no uso de suas atribuições legais,

Considerando que o elenco de Cláusulas Abusivas relativas ao fornecimento de produtos e serviços, constantes do art. 51 da Lei n. 8.078, de 11 de setembro de 1990, é de tipo aberto, exemplificativo, permitindo, desta forma a sua complementação;

Considerando o disposto no art. 56 do Decreto n. 2.181, de 20 de março de 1997, que regulamentou a Lei n. 8.078/90, e com o objetivo de orientar o Sistema Nacional de Defesa do Consumidor, notadamente para o fim de aplicação do disposto no inciso IV do art. 22 desse Decreto, bem assim promover a educação e a informação de fornecedores e consumidores, quanto aos seus direitos e deveres, com a melhoria, transparência, harmonia, equilíbrio e boa-fé nas relações de consumo;

Considerando que as decisões judiciais, decisões administrativas de diversos Procon's, e entendimentos dos Ministérios Públicos pacificam como abusivas as cláusulas a seguir enumeradas, resolve:

Divulgar o seguinte elenco de cláusulas, as quais, na forma do art. 51 da Lei n. 8.078, de 11 de setembro de 1990, e do art. 56 do Decreto n. 2.181, de 20 de março de 1997, com o objetivo de orientar o Sistema Nacional de Defesa do Consumidor, serão consideradas como abusivas, notadamente para fim de aplicação do disposto no inciso IV, do art. 22 do Decreto n. 2.181/97:

1. estipule presunção de conhecimento por parte do consumidor de fatos novos não previstos em contrato;

2. estabeleça restrições ao direito do consumidor de questionar nas esferas administrativas e judicial possíveis lesões decorrentes de contrato por ele assinado;

3. imponha a perda de parte significativa das prestações já quitadas em situações de venda a crédito, em caso de desistência por justa causa ou impossibilidade de cumprimento da obrigação pelo consumidor;

4. estabeleça cumulação de multa rescisória e perda do valor das arras;

5. estipule a utilização expressa ou não, de juros capitalizados nos contratos civis;

6. autorize, em virtude de inadimplemento, o não fornecimento ao consumidor de informações de posse do fornecedor, tais como: histórico escolar, registros médicos, e demais do gênero;

7. autorize o envio do nome do consumidor e/ou seus garantes a cadastros de consumidores (SPC, SERASA, etc.), enquanto houver discussão em juízo relativa à relação de consumo;

8. considere, nos contratos bancários, financeiros e de cartões de crédito, o silêncio do consumidor, pessoa física, como aceitação tácita dos valores cobrados, das informações prestadas nos extratos ou aceitação de modificações de índices ou de quaisquer alterações contratuais;

9. permita à instituição bancária retirar da conta corrente do consumidor ou cobrar restituição deste dos valores usados por terceiros, que de forma ilícita estejam de posse de seus cartões bancários ou cheques, após comunicação de roubo, furto ou desaparecimento suspeito ou requisição de bloqueio ou final de conta;

10. exclua, nos contratos de seguro de vida, a cobertura de evento decorrente de doença pre-

---

(*) Publicada no *Diário Oficial da União*, de 17 de março de 2001.

existente, salvo as hipóteses em que a seguradora comprove que o consumidor tinha conhecimento da referida doença à época da contratação;

11. (*Revogado pela Portaria n. 24, de 7-12-2004.*)

12. preveja, nos contratos de seguro de automóvel, o ressarcimento pelo valor de mercado, se inferior ao previsto no contrato;

13. impeça o consumidor de acionar, em caso de erro médico, diretamente a operadora ou cooperativa que organiza ou administra o plano privado de assistência à saúde;

14. estabeleça, no contrato de venda e compra de imóvel, a incidência de juros antes da entrega das chaves;

15. preveja, no contrato de promessa de venda e compra de imóvel, que o adquirente autorize ao incorporador alienante constituir hipoteca do terreno e de suas acessões (unidades construídas) para garantir dívida da empresa incorporadora, realizada para financiamento de obras;

16. vede, nos serviços educacionais, em face de desistência pelo consumidor, a restituição de valor pago a título de pagamento antecipado de mensalidade.

Paulo de Tarso Ramos Ribeiro

Medida Provisória n. 2.172-32, de 23 de agosto de 2001 (*)

Estabelece a nulidade das disposições contratuais que menciona e inverte, nas hipóteses que prevê, o ônus da prova nas ações intentadas para sua declaração.

(*) Publicada no *Diário Oficial da União*, de 24 de agosto de 2001.

O Presidente da República, no uso da atribuição que lhe confere o art. 62 da Constituição, adota a seguinte Medida Provisória, com força de lei:

Art. 1º São nulas de pleno direito as estipulações usurárias, assim consideradas as que estabeleçam:

I — nos contratos civis de mútuo, taxas de juros superiores às legalmente permitidas, caso em que deverá o juiz, se requerido, ajustá-las à medida legal ou, na hipótese de já terem sido cumpridas, ordenar a restituição, em dobro, da quantia paga em excesso, com juros legais a contar da data do pagamento indevido;

II — nos negócios jurídicos não disciplinados pelas legislações comercial e de defesa do consumidor, lucros ou vantagens patrimoniais excessivos, estipulados em situação de vulnerabilidade da parte, caso em que deverá o juiz, se requerido, restabelecer o equilíbrio da relação contratual, ajustando-os ao valor corrente, ou, na hipótese de cumprimento da obrigação, ordenar a restituição, em dobro, da quantia recebida em excesso, com juros legais a contar da data do pagamento indevido.

Parágrafo único. Para a configuração do lucro ou vantagem excessivos, considerar-se-ão a vontade das partes, as circunstâncias da celebração do contrato, o seu conteúdo e natureza, a origem das correspondentes obrigações, as práticas de mercado e as taxas de juros legalmente permitidas.

Art. 2º São igualmente nulas de pleno direito as disposições contratuais que, com o pretexto de conferir ou transmitir direitos, são celebradas para garantir, direta ou indiretamente, contratos civis de mútuo com estipulações usurárias.

Art. 3º Nas ações que visem à declaração de nulidade de estipulações com amparo no disposto nesta Medida Provisória, incumbirá ao credor ou beneficiário do negócio o ônus de provar a regularidade jurídica das correspondentes obrigações, sempre que demonstrada pelo prejudicado, ou pelas circunstâncias do caso, a verossimilhança da alegação.

Art. 4º As disposições desta Medida Provisória não se aplicam:

I — às instituições financeiras e demais instituições autorizadas a funcionar pelo Banco Central do Brasil, bem como às operações realizadas nos mercados financeiro, de capitais e de valores mobiliários, que continuam regidas pelas normas legais e regulamentares que lhes são aplicáveis;

II — às sociedades de crédito que tenham por objeto social exclusivo a concessão de financiamentos ao microempreendedor;

III — às organizações da sociedade civil de interesse público de que trata a Lei n. 9.790, de 23 de março de 1999, devidamente registradas no Ministério da Justiça, que se dedicam a sistemas alternativos de crédito e não têm qualquer tipo de vinculação com o Sistema Financeiro Nacional.

Parágrafo único. Poderão também ser excluídas das disposições desta Medida Provisória, mediante deliberação do Conselho Monetário Nacional, outras modalidades de operações e negócios de natureza subsidiária, complementar ou acessória das atividades exercidas no âmbito dos mercados financeiro, de capitais e de valores mobiliários.

Art. 5º Ficam convalidados os atos praticados com base na Medida Provisória n. 2.172-31, de 26 de julho de 2001.

Art. 6º Esta Medida Provisória entra em vigor na data de sua publicação.

Art. 7º Fica revogado o § 3º do art. 4º da Lei n. 1.521, de 26 de dezembro de 1951.

Brasília, 23 de agosto de 2001; 180º da Independência e 113º da República.

FERNANDO HENRIQUE CARDOSO

Lei n. 10.359,
de 27 de dezembro de 2001 (*)

Dispõe sobre a obrigatoriedade de os novos aparelhos de televisão conterem dispositivo que possibilite o bloqueio temporário da recepção de programação inadequada.

O Presidente da República

Faço saber que o Congresso Nacional decreta e eu sanciono a seguinte Lei:

Art. 1º Os aparelhos de televisão produzidos no território nacional deverão dispor, obrigatoriamente, de dispositivo eletrônico que permita ao usuário bloquear a recepção de programas transmitidos pelas emissoras, concessionárias e permissionárias de serviços de televisão, inclusive por assinatura e a cabo, mediante:

- *A Resolução n. 488, de 3 de dezembro de 2007, da Agência Nacional de Telecomunicações, aprova o Regulamento de Proteção e Defesa dos Direitos dos Assinantes dos Serviços de Televisão por Assinatura.*

I — a utilização de código alfanumérico, de forma previamente programada; ou

II — o reconhecimento de código ou sinal, transmitido juntamente com os programas que contenham cenas de sexo ou violência.

Art. 2º É vedada a comercialização de aparelhos de televisão fabricados no Brasil após a entrada em vigor desta Lei ou importados a partir da mesma data que não disponham do dispositivo bloqueador referido no artigo anterior.

Parágrafo único. O Poder Executivo estabelecerá as condições e medidas de estímulo para que os atuais televisores existentes no mercado e os que serão comercializados até a entrada em vigor desta Lei venham a dispor do dispositivo eletrônico de bloqueio a que se refere o art. 1º.

(*) Publicada no *Diário Oficial da União*, de 28 de dezembro de 2001.

Art. 3º Competirá ao Poder Executivo, ouvidas as entidades representativas das emissoras especificadas no art. 1º, proceder à classificação indicativa dos programas de televisão.

- *A Portaria n. 1.220, de 11 de julho de 2007, do Ministério da Justiça, regulamenta as disposições desta Lei relativas ao processo de classificação indicativa de obras audiovisuais destinadas à televisão e congêneres.*

Parágrafo único. A classificação indicativa de que trata o *caput* abrangerá, obrigatoriamente, a identificação dos programas que contenham cenas de sexo ou violência.

Art. 4º As emissoras de televisão aberta e as operadoras de televisão por assinatura e a cabo deverão transmitir, juntamente com os programas que contenham cenas de sexo ou violência, sinal que permita seu reconhecimento pelo dispositivo especificado no inciso II do art. 1º desta Lei.

Art. 5º As emissoras de televisão aberta e as operadoras de televisão por assinatura e a cabo deverão divulgar previamente suas programações, indicando de forma clara os horários e canais de exibição dos programas que contiverem cenas de sexo ou violência, nos termos do parágrafo único do art. 3º desta Lei.

....

Art. 7º O Poder Executivo regulamentará esta Lei no prazo de 180 (cento e oitenta) dias, contado da sua publicação.

Art. 8º Esta Lei entra em vigor em 30 de junho de 2004.

•• *Artigo com redação determinada pela Lei n. 10.672, de 15 de maio de 2003.*

Brasília, 27 de dezembro de 2001; 180º da Independência e 113º da República.

FERNANDO HENRIQUE CARDOSO

Portaria n. 5, de 27 de agosto de 2002 (*)

Complementa o elenco de cláusulas abusivas constante do art. 51 da Lei n. 8.078, de 11 de setembro de 1990.

A Secretária de Direito Econômico do Ministério da Justiça, no uso da atribuição que lhe confere o art. 56 do Decreto n. 2.181, de 20 de março de 1997, e

Considerando que constitui dever da Secretaria de Direito Econômico orientar o Sistema Nacional de Defesa do Consumidor sobre a abusividade de cláusulas insertas em contratos de fornecimento de produtos e serviços, notadamente para o fim de aplicação do disposto no inciso IV do art. 22 do Decreto n. 2.181, de 1997;

Considerando que o elenco de cláusulas abusivas constante do art. 51 da Lei n. 8.078, de 1990, é meramente exemplificativo, uma vez que outras estipulações contratuais lesivas ao consumidor defluem do próprio texto legal;

Considerando que a informação de fornecedores e de consumidores quanto aos seus direitos e deveres promove a melhoria, a transparência, a harmonia, o equilíbrio e a boa-fé nas relações de consumo;

Considerando, finalmente, as sugestões oferecidas pelo Ministério Público e pelos PROCONs, bem como decisões judiciais sobre relações de consumo; resolve:

Art. 1º Considerar abusiva, nos contratos de fornecimento de produtos e serviços, a cláusula que:

I — autorize o envio do nome do consumidor, e/ou seus garantes, a bancos de dados e cadastros de consumidores, sem comprovada notificação prévia;

II — imponha ao consumidor, nos contratos de adesão, a obrigação de manifestar-se contra a transferência, onerosa ou não, para terceiros, dos dados cadastrais confiados ao fornecedor;

III — autorize o fornecedor a investigar a vida privada do consumidor;

(*) Publicada no *Diário Oficial da União*, de 28 de agosto de 2002.

IV — imponha em contratos de seguro-saúde, firmados anteriormente à Lei n. 9.656, de 3 de junho de 1998, limite temporal para internação hospitalar;

- *Citado diploma consta deste volume.*

V — prescreva, em contrato de plano de saúde ou seguro-saúde, a não cobertura de doenças de notificação compulsória.

Art. 2º Esta Portaria entra em vigor na data de sua publicação.

Elisa Silva Ribeiro Baptista de Oliveira

Lei n. 10.671, de 15 de maio de 2003 (*)

> *Dispõe sobre o Estatuto de Defesa do Torcedor e dá outras providências.*

O Presidente da República:

Faço saber que o Congresso Nacional decreta e eu sanciono a seguinte Lei:

Capítulo I
DISPOSIÇÕES GERAIS

Art. 1º Este Estatuto estabelece normas de proteção e defesa do torcedor.

Art. 2º Torcedor é toda pessoa que aprecie, apoie ou se associe a qualquer entidade de prática desportiva do País e acompanhe a prática de determinada modalidade esportiva.

Parágrafo único. Salvo prova em contrário, presumem-se a apreciação, o apoio ou o acompanhamento de que trata o *caput* deste artigo.

(*) Publicada no *Diário Oficial da União*, de 16 de maio de 2003. O Decreto n. 4.960, de 19 de janeiro de 2004, cria a Comissão Nacional de Prevenção da Violência e Segurança nos Espetáculos Esportivos — CONSEGUE.

Art. 3º Para todos os efeitos legais, equiparam-se a fornecedor, nos termos da Lei n. 8.078, de 11 de setembro de 1990, a entidade responsável pela organização da competição, bem como a entidade de prática desportiva detentora do mando de jogo.

Art. 4º (*Vetado.*)

Capítulo II
DA TRANSPARÊNCIA NA ORGANIZAÇÃO

Art. 5º São asseguradas ao torcedor a publicidade e transparência na organização das competições administradas pelas entidades de administração do desporto, bem como pelas ligas de que trata o art. 20 da Lei n. 9.615, de 24 de março de 1998.

Parágrafo único. As entidades de que trata o *caput* farão publicar na internet, em sítio dedicado exclusivamente à competição, bem como afixar ostensivamente em local visível, em caracteres facilmente legíveis, do lado externo de todas as entradas do local onde se realiza o evento esportivo:

I — a íntegra do regulamento da competição;

II — as tabelas da competição, contendo as partidas que serão realizadas, com especificação de sua data, local e horário;

III — o nome e as formas de contato do Ouvidor da Competição de que trata o art. 6º;

IV — os borderôs completos das partidas;

V — a escalação dos árbitros imediatamente após sua definição; e

VI — a relação dos nomes dos torcedores impedidos de comparecer ao local do evento desportivo.

Art. 6º A entidade responsável pela organização da competição, previamente ao seu início, designará o Ouvidor da Competição, fornecendo-lhe os meios de comunicação necessários ao amplo acesso dos torcedores.

§ 1º São deveres do Ouvidor da Competição recolher as sugestões, propostas e reclamações que receber dos torcedores, examiná-las e propor à respectiva entidade medidas necessárias ao aperfeiçoamento da competição e ao benefício do torcedor.

§ 2º É assegurado ao torcedor:

I — o amplo acesso ao Ouvidor da Competição, mediante comunicação postal ou mensagem eletrônica; e

II — o direito de receber do Ouvidor da Competição as respostas às sugestões, propostas e reclamações, que encaminhou, no prazo de trinta dias.

§ 3º Na hipótese de que trata o inciso II do § 2º, o Ouvidor da Competição utilizará, prioritariamente, o mesmo meio de comunicação utilizado pelo torcedor para o encaminhamento de sua mensagem.

§ 4º O sítio da internet em que forem publicadas as informações de que trata o parágrafo único do art. 5º conterá, também, as manifestações e propostas do Ouvidor da Competição.

§ 5º A função de Ouvidor da Competição poderá ser remunerada pelas entidades de prática desportiva participantes da competição.

Art. 7º É direito do torcedor a divulgação, durante a realização da partida, da renda obtida pelo pagamento de ingressos e do número de espectadores pagantes e não pagantes, por intermédio dos serviços de som e imagem instalados no estádio em que se realiza a partida, pela entidade responsável pela organização da competição.

Art. 8º As competições de atletas profissionais de que participem entidades integrantes da organização desportiva do País deverão ser promovidas de acordo com calendário anual de eventos oficiais que:

I — garanta às entidades de prática desportiva participação em competições durante pelo menos dez meses do ano;

II — adote, em pelo menos uma competição de âmbito nacional, sistema de disputa em que as equipes participantes conheçam, previamente ao seu início, a quantidade de partidas que disputarão, bem como seus adversários.

Capítulo III
DO REGULAMENTO DA COMPETIÇÃO

Art. 9º É direito do torcedor que o regulamento, as tabelas da competição e o nome do Ouvidor da Competição sejam divulgados até sessenta dias antes de seu início, na forma do parágrafo único do art. 5º.

§ 1º Nos dez dias subsequentes à divulgação de que trata o *caput*, qualquer interessado poderá manifestar-se sobre o regulamento diretamente ao Ouvidor da Competição.

§ 2º O Ouvidor da Competição elaborará, em setenta e duas horas, relatório contendo as principais propostas e sugestões encaminhadas.

§ 3º Após o exame do relatório, a entidade responsável pela organização da competição decidirá, em quarenta e oito horas, motivadamente, sobre a conveniência da aceitação das propostas e sugestões relatadas.

§ 4º O regulamento definitivo da competição será divulgado, na forma do parágrafo único do art. 5º, quarenta e cinco dias antes de seu início.

§ 5º É vedado proceder alterações no regulamento da competição desde sua divulgação definitiva, salvo nas hipóteses de:

I — apresentação de novo calendário anual de eventos oficiais para o ano subsequente, desde que aprovado pelo Conselho Nacional do Esporte — CNE;

II — após dois anos de vigência do mesmo regulamento, observado o procedimento de que trata este artigo.

§ 6º A competição que vier a substituir outra, segundo o novo calendário anual de eventos oficiais apresentado para o ano subsequente, deverá ter âmbito territorial diverso da competição a ser substituída.

Art. 10. É direito do torcedor que a participação das entidades de prática desportiva em competições organizadas pelas entidades de que trata o art. 5º seja exclusivamente em virtude de critério técnico previamente definido.

§ 1º Para os fins do disposto neste artigo, considera-se critério técnico a habilitação de entidade de prática desportiva em razão de colocação obtida em competição anterior.

§ 2º Fica vedada a adoção de qualquer outro critério, especialmente o convite, observado o disposto no art. 89 da Lei n. 9.615, de 24 de março de 1998.

- *Citado artigo dispõe: "Art. 89. Em campeonatos ou torneios regulares com mais de uma divisão, as entidades de administração do desporto determinarão em seus regulamentos o princípio do acesso e do descenso, observado sempre o critério técnico".*

§ 3º Em campeonatos ou torneios regulares com mais de uma divisão, será observado o princípio do acesso e do descenso.

§ 4º Serão desconsideradas as partidas disputadas pela entidade de prática desportiva que não tenham atendido ao critério técnico previamente definido, inclusive para efeito de pontuação na competição.

Art. 11. É direito do torcedor que o árbitro e seus auxiliares entreguem, em até quatro horas contadas do término da partida, a súmula e os relatórios da partida ao representante da entidade responsável pela organização da competição.

§ 1º Em casos excepcionais, de grave tumulto ou necessidade de laudo médico, os relatórios da partida poderão ser complementados em até vinte e quatro horas após o seu término.

§ 2º A súmula e os relatórios da partida serão elaborados em três vias, de igual teor e forma, devidamente assinadas pelo árbitro, auxiliares e pelo representante da entidade responsável pela organização da competição.

§ 3º A primeira via será acondicionada em envelope lacrado e ficará na posse de representante da entidade responsável pela organização da competição, que a encaminhará ao setor competente da respectiva entidade até as treze horas do primeiro dia útil subsequente.

§ 4º O lacre de que trata o § 3º será assinado pelo árbitro e seus auxiliares.

§ 5º A segunda via ficará na posse do árbitro da partida, servindo-lhe como recibo.

§ 6º A terceira via ficará na posse do representante da entidade responsável pela organização da competição, que a encaminhará ao Ouvidor da Competição até as treze horas do primeiro dia útil subsequente, para imediata divulgação.

Art. 12. A entidade responsável pela organização da competição dará publicidade à súmula e aos relatórios da partida no sítio de que trata o parágrafo único do art. 5º até as quatorze horas do primeiro dia útil subsequente ao da realização da partida.

Capítulo IV

DA SEGURANÇA DO TORCEDOR PARTÍCIPE DO EVENTO ESPORTIVO

Art. 13. O torcedor tem direito a segurança nos locais onde são realizados os eventos esportivos antes, durante e após a realização das partidas.

Parágrafo único. Será assegurado acessibilidade ao torcedor portador de deficiência ou com mobilidade reduzida.

- Vide *art. 44 desta Lei.*

Art. 14. Sem prejuízo do disposto nos arts. 12 a 14 da Lei n. 8.078, de 11 de setembro de 1990, a responsabilidade pela segurança do torcedor em evento esportivo é da entidade de prática desportiva detentora do mando de jogo e de seus dirigentes, que deverão:

I — solicitar ao Poder Público competente a presença de agentes públicos de segurança, devidamente identificados, responsáveis pela segurança dos torcedores dentro e fora dos estádios e demais locais de realização de eventos esportivos;

II — informar imediatamente após a decisão acerca da realização da partida, dentre outros, aos órgãos públicos de segurança, transporte e higiene, os dados necessários à segurança da partida, especialmente:

a) o local;

b) o horário de abertura do estádio;

c) a capacidade de público do estádio; e

d) a expectativa de público;

III – colocar à disposição do torcedor orientadores e serviço de atendimento para que aquele encaminhe suas reclamações no momento da partida, em local:

a) amplamente divulgado e de fácil acesso; e

b) situado no estádio.

§ 1º É dever da entidade de prática desportiva detentora do mando de jogo solucionar imediatamente, sempre que possível, as reclamações dirigidas ao serviço de atendimento referido no inciso III, bem como reportá-las ao Ouvidor da Competição e, nos casos relacionados à violação de direitos e interesses de consumidores, aos órgãos de defesa e proteção do consumidor.

§ 2º Perderá o mando de campo por, no mínimo, dois meses, sem prejuízo das sanções cabíveis, a entidade de prática desportiva detentora do mando de jogo que não observar o disposto no *caput* deste artigo.

Art. 15. O detentor do mando de jogo será uma das entidades de prática desportiva envolvidas na partida, de acordo com os critérios definidos no regulamento da competição.

Art. 16. É dever da entidade responsável pela organização da competição:

I – confirmar, com até quarenta e oito horas de antecedência, o horário e o local da realização das partidas em que a definição das equipes dependa de resultado anterior;

II – contratar seguro de acidentes pessoais, tendo como beneficiário o torcedor portador de ingresso, válido a partir do momento em que ingressar no estádio;

III – disponibilizar um médico e dois enfermeiros-padrão para cada dez mil torcedores presentes à partida;

IV – disponibilizar uma ambulância para cada dez mil torcedores presentes à partida; e

V – comunicar previamente à autoridade de saúde a realização do evento.

Art. 17. É direito do torcedor a implementação de planos de ação referentes a segurança, transporte e contingências que possam ocorrer durante a realização de eventos esportivos.

§ 1º Os planos de ação de que trata o *caput*:

I – serão elaborados pela entidade responsável pela organização da competição, com a participação das entidades de prática desportiva que a disputarão; e

II – deverão ser apresentados previamente aos órgãos responsáveis pela segurança pública das localidades em que se realizarão as partidas da competição.

§ 2º Planos de ação especiais poderão ser apresentados em relação a eventos esportivos com excepcional expectativa de público.

§ 3º Os planos de ação serão divulgados no sítio dedicado à competição de que trata o parágrafo único do art. 5º no mesmo prazo de publicação do regulamento definitivo da competição.

Art. 18. Os estádios com capacidade superior a vinte mil pessoas deverão manter central técnica de informações, com infra-estrutura suficiente para viabilizar o monitoramento por imagem do público presente.

- Vide *arts. 25 e 44 desta Lei.*

Art. 19. As entidades responsáveis pela organização da competição, bem como seus dirigentes respondem solidariamente com as entidades de que trata o art. 15 e seus dirigentes, independentemente da existência de culpa, pelos prejuízos causados a torcedor que decorram de falhas de segurança nos estádios ou da inobservância do disposto neste capítulo.

Capítulo V
DOS INGRESSOS

Art. 20. É direito do torcedor partícipe que os ingressos para as partidas integrantes de competições profissionais sejam colocados à venda até setenta e duas horas antes do início da partida correspondente.

§ 1º O prazo referido no *caput* será de quarenta e oito horas nas partidas em que:

I – as equipes sejam definidas a partir de jogos eliminatórios; e

II – a realização não seja possível prever com antecedência de quatro dias.

§ 2º A venda deverá ser realizada por sistema que assegure a sua agilidade e amplo acesso à informação.

§ 3º É assegurado ao torcedor partícipe o fornecimento de comprovante de pagamento, logo após a aquisição dos ingressos.

§ 4º Não será exigida, em qualquer hipótese, a devolução do comprovante de que trata o § 3º.

§ 5º Nas partidas que compõem as competições de âmbito nacional ou regional de primeira e segunda divisão, a venda de ingressos será realizada em, pelo menos, cinco postos de venda localizados em distritos diferentes da cidade.

Art. 21. A entidade detentora do mando de jogo implementará, na organização da emissão e venda de ingressos, sistema de segurança contra falsificações, fraudes e outras práticas que contribuam para a evasão da receita decorrente do evento esportivo.

Art. 22. São direitos do torcedor partícipe:

I — que todos os ingressos emitidos sejam numerados; e

II — ocupar o local correspondente ao número constante do ingresso.

§ 1º O disposto no inciso II não se aplica aos locais já existentes para assistência em pé, nas competições que o permitirem, limitando-se, nesses locais, o número de pessoas, de acordo com critérios de saúde, segurança e bem-estar.

§ 2º A emissão de ingressos e o acesso ao estádio na primeira divisão da principal competição nacional e nas partidas finais das competições eliminatórias de âmbito nacional deverão ser realizados por meio de sistema eletrônico que viabilize a fiscalização e o controle da quantidade de público e do movimento financeiro da partida.

§ 3º O disposto no § 2º não se aplica aos eventos esportivos realizados em estádios com capacidade inferior a vinte mil pessoas.

• Vide *art. 44 desta Lei.*

Art. 23. A entidade responsável pela organização da competição apresentará ao Ministério Público dos Estados e do Distrito Federal, previamente à sua realização, os laudos técnicos expedidos pelos órgãos e autoridades competentes pela vistoria das condições de segurança dos estádios a serem utilizados na competição.

•• *Artigo regulamentado pelo Decreto n. 6.795, de 13 de março de 2009, no que concerne ao controle das condições sanitárias e de segurança dos estádios a serem utilizados em competições esportivas.*

• Vide *art. 29, parágrafo único, desta Lei.*

§ 1º Os laudos atestarão a real capacidade de público dos estádios, bem como suas condições de segurança.

§ 2º Perderá o mando de jogo por, no mínimo, seis meses, sem prejuízo das demais sanções cabíveis, a entidade de prática desportiva detentora do mando do jogo em que:

I — tenha sido colocado à venda número de ingressos maior do que a capacidade de público do estádio; ou

II — tenham entrado pessoas em número maior do que a capacidade de público do estádio.

Art. 24. É direito do torcedor partícipe que conste no ingresso o preço pago por ele.

§ 1º Os valores estampados nos ingressos destinados a um mesmo setor do estádio não poderão ser diferentes entre si, nem daqueles divulgados antes da partida pela entidade detentora do mando de jogo.

§ 2º O disposto no § 1º não se aplica aos casos de venda antecipada de carnê para um conjunto de, no mínimo, três partidas de uma mesma equipe, bem como na venda de ingresso com redução de preço decorrente de previsão legal.

Art. 25. O controle e a fiscalização do acesso do público ao estádio com capacidade para mais de vinte mil pessoas deverá contar com meio de monitoramento por imagem das catracas, sem prejuízo do disposto no art. 18 desta Lei.

• Vide *art. 44 desta Lei.*

Capítulo VI
DO TRANSPORTE

Art. 26. Em relação ao transporte de torcedores

para eventos esportivos, fica assegurado ao torcedor partícipe:

I — o acesso a transporte seguro e organizado;

II — a ampla divulgação das providências tomadas em relação ao acesso ao local da partida, seja em transporte público ou privado; e

III — a organização das imediações do estádio em que será disputada a partida, bem como suas entradas e saídas, de modo a viabilizar, sempre que possível, o acesso seguro e rápido ao evento, na entrada, e aos meios de transporte, na saída.

Art. 27. A entidade responsável pela organização da competição e a entidade de prática desportiva detentora do mando de jogo solicitarão formalmente, direto ou mediante convênio, ao Poder Público competente:

I — serviços de estacionamento para uso por torcedores partícipes durante a realização de eventos esportivos, assegurando a estes acesso a serviço organizado de transporte para o estádio, ainda que oneroso; e

II — meio de transporte, ainda que oneroso, para condução de idosos, crianças e pessoas portadoras de deficiência física aos estádios, partindo de locais de fácil acesso, previamente determinados.

Parágrafo único. O cumprimento do disposto neste artigo fica dispensado na hipótese de evento esportivo realizado em estádio com capacidade inferior a vinte mil pessoas.

Capítulo VII
DA ALIMENTAÇÃO E DA HIGIENE

Art. 28. O torcedor partícipe tem direito à higiene e à qualidade das instalações físicas dos estádios e dos produtos alimentícios vendidos no local.

§ 1º O Poder Público, por meio de seus órgãos de vigilância sanitária, verificará o cumprimento do disposto neste artigo, na forma da legislação em vigor.

§ 2º É vedado impor preços excessivos ou aumentar sem justa causa os preços dos produtos alimentícios comercializados no local de realização do evento esportivo.

Art. 29. É direito do torcedor partícipe que os estádios possuam sanitários em número compatível com sua capacidade de público, em plenas condições de limpeza e funcionamento.

Parágrafo único. Os laudos de que trata o art. 23 deverão aferir o número de sanitários em condições de uso e emitir parecer sobre a sua compatibilidade com a capacidade de público do estádio.

Capítulo VIII
DA RELAÇÃO COM A ARBITRAGEM ESPORTIVA

Art. 30. É direito do torcedor que a arbitragem das competições desportivas seja independente, imparcial, previamente remunerada e isenta de pressões.

Parágrafo único. A remuneração do árbitro e de seus auxiliares será de responsabilidade da entidade de administração do desporto ou da liga organizadora do evento esportivo.

Art. 31. A entidade detentora do mando do jogo e seus dirigentes deverão convocar os agentes públicos de segurança visando a garantia da integridade física do árbitro e de seus auxiliares.

Art. 32. É direito do torcedor que os árbitros de cada partida sejam escolhidos mediante sorteio, dentre aqueles previamente selecionados.

§ 1º O sorteio será realizado no mínimo quarenta e oito horas antes de cada rodada, em local e data previamente definidos.

§ 2º O sorteio será aberto ao público, garantida sua ampla divulgação.

Capítulo IX
DA RELAÇÃO COM A ENTIDADE DE PRÁTICA DESPORTIVA

Art. 33. Sem prejuízo do disposto nesta Lei, cada entidade de prática desportiva fará publicar documento que contemple as diretrizes básicas de seu relacionamento com os torcedores, disciplinando, obrigatoriamente:

I — o acesso ao estádio e aos locais de venda dos ingressos;

II — mecanismos de transparência financeira da entidade, inclusive com disposições relativas à realização de auditorias independentes, observado o disposto no art. 46-A da Lei n. 9.615, de 24 de março de 1998; e

• *O art. 46-A da Lei n. 9.615, de 24 de março de 1998, dispõe sobre a prestação de contas, e as penalidades impostas em caso de sua infringência, a que estão obrigadas as ligas desportivas, as entidades de administração de desporto e as de prática desportiva envolvidas em qualquer competição de atletas profissionais.*

III — a comunicação entre o torcedor e a entidade de prática desportiva.

Parágrafo único. A comunicação entre o torcedor e a entidade de prática desportiva de que trata o inciso III do *caput* poderá, dentre outras medidas, ocorrer mediante:

I — a instalação de uma ouvidoria estável;

II — a constituição de um órgão consultivo formado por torcedores não sócios; ou

III — reconhecimento da figura do sócio-torcedor, com direitos mais restritos que os dos demais sócios.

• Vide *art. 44 desta Lei.*

Capítulo X
DA RELAÇÃO COM A JUSTIÇA DESPORTIVA

Art. 34. É direito do torcedor que os órgãos da Justiça Desportiva, no exercício de suas funções, observem os princípios da impessoalidade, da moralidade, da celeridade, da publicidade e da independência.

Art. 35. As decisões proferidas pelos órgãos da Justiça Desportiva devem ser, em qualquer hipótese, motivadas e ter a mesma publicidade que as decisões dos tribunais federais.

§ 1º Não correm em segredo de justiça os processos em curso perante a Justiça Desportiva.

§ 2º As decisões de que trata o *caput* serão disponibilizadas no sítio de que trata o parágrafo único do art. 5º.

Art. 36. São nulas as decisões proferidas que não observarem o disposto nos arts. 34 e 35.

Capítulo XI
DAS PENALIDADES

Art. 37. Sem prejuízo das demais sanções cabíveis, a entidade de administração do desporto, a liga ou a entidade de prática desportiva que violar ou de qualquer forma concorrer para a violação do disposto nesta Lei, observado o devido processo legal, incidirá nas seguintes sanções:

I — destituição de seus dirigentes, na hipótese de violação das regras de que tratam os Capítulos II, IV e V desta Lei;

II — suspensão por seis meses dos seus dirigentes, por violação dos dispositivos desta Lei não referidos no inciso I;

III — impedimento de gozar de qualquer benefício fiscal em âmbito federal; e

IV — suspensão por seis meses dos repasses de recursos públicos federais da administração direta e indireta, sem prejuízo do disposto no art. 18 da Lei n. 9.615, de 24 de março de 1998.

• *O art. 18 da Lei n. 9.615, de 24 de março de 1998, estabelece condições de isenções fiscais e repasses públicos.*

§ 1º Os dirigentes de que tratam os incisos I e II do *caput* deste artigo serão sempre:

I — o presidente da entidade, ou aquele que lhe faça as vezes; e

II — o dirigente que praticou a infração, ainda que por omissão.

§ 2º A União, os Estados, o Distrito Federal e os Municípios poderão instituir, no âmbito de suas competências, multas em razão do descumprimento do disposto nesta Lei.

§ 3º A instauração do processo apuratório acarretará adoção cautelar do afastamento compulsório dos dirigentes e demais pessoas que, de forma direta ou indiretamente, puderem interferir prejudicialmente na completa elucidação dos fatos, além da suspensão dos repasses de verbas públicas, até a decisão final.

Art. 38. (*Vetado.*)

Art. 39. O torcedor que promover tumulto, praticar ou incitar a violência, ou invadir local restrito aos competidores ficará impedido de comparecer às proximidades, bem como a qualquer local em que se realize evento esportivo, pelo prazo de três meses a um ano, de acordo com a gravidade da conduta, sem prejuízo das demais sanções cabíveis.

§ 1º Incorrerá nas mesmas penas o torcedor que promover tumulto, praticar ou incitar a violência num raio de cinco mil metros ao redor do local de realização do evento esportivo.

§ 2º A verificação do mau torcedor deverá ser feita pela sua conduta no evento esportivo ou por Boletins de Ocorrências Policiais lavrados.

§ 3º A apenação se dará por sentença dos juizados especiais criminais e deverá ser provocada pelo Ministério Público, pela polícia judiciária, por qualquer autoridade, pelo mando do evento esportivo ou por qualquer torcedor partícipe, mediante representação.

Art. 40. A defesa dos interesses e direitos dos torcedores em juízo observará, no que couber, a mesma disciplina da defesa dos consumidores em juízo de que trata o Título III da Lei n. 8.078, de 11 de setembro de 1990.

Art. 41. A União, os Estados, o Distrito Federal e os Municípios promoverão a defesa do torcedor, e, com a finalidade de fiscalizar o cumprimento do disposto nesta Lei, poderão:

I — constituir órgão especializado de defesa do torcedor; ou

II — atribuir a promoção e defesa do torcedor aos órgãos de defesa do consumidor.

Capítulo XII
DISPOSIÇÕES FINAIS E TRANSITÓRIAS

Art. 42. O Conselho Nacional de Esportes — CNE promoverá, no prazo de seis meses, contado da publicação desta Lei, a adequação do Código de Justiça Desportiva ao disposto na Lei n. 9.615, de 24 de março de 1998, nesta Lei e em seus respectivos regulamentos.

- *A Resolução n. 1, de 23 de dezembro de 2003, do Conselho Nacional do Esporte, aprova o Código Brasileiro de Justiça Desportiva, a que se submetem todas as competições desportivas que se iniciarem após sua vigência.*

Art. 43. Esta Lei aplica-se apenas ao desporto profissional.

Art. 44. O disposto no parágrafo único do art. 13, e nos arts. 18, 22, 25 e 33 entrará em vigor após seis meses da publicação desta Lei.

Art. 45. Esta Lei entra em vigor na data de sua publicação.

Brasília, 15 de maio de 2003; 182º da Independência e 115º da República.

Luiz Inácio Lula da Silva

Lei n. 10.742,
de 6 de outubro de 2003 (*)

Define normas de regulação para o setor farmacêutico, cria a Câmara de Regulação do Mercado de Medicamentos — CMED e altera a Lei n. 6.360, de 23 de setembro de 1976, e dá outras providências.

O Presidente da República

Faço saber que o Congresso Nacional decreta e eu sanciono a seguinte Lei:

Art. 1º Esta Lei estabelece normas de regulação do setor farmacêutico, com a finalidade de promover a assistência farmacêutica à popula-

(*) Publicada no *Diário Oficial da União*, de 7 de outubro de 2003. O Decreto n. 4.766, de 26 de junho de 2003, regulamenta a criação, as competências e o funcionamento da Câmara de Regulação do Mercado de Medicamentos — CMED.

ção, por meio de mecanismos que estimulem a oferta de medicamentos e a competitividade do setor.

• *O art. 1º da Resolução RDC n. 80, de 11 de maio de 2006, da Agência Nacional de Vigilância Sanitária – ANVISA, dispõe: "Art. 1º As farmácias e drogarias poderão fracionar medicamentos a partir de embalagens especialmente desenvolvidas para essa finalidade de modo que possam ser dispensados em quantidades individualizadas para atender às necessidades terapêuticas dos consumidores e usuários desses produtos, desde que garantidas as características asseguradas no produto original registrado e observadas as condições técnicas e operacionais estabelecidas nesta Resolução. Parágrafo único. O fracionamento de que trata esta Resolução não se aplica aos medicamentos sujeitos ao controle especial".*

Art. 2º Aplica-se o disposto nesta Lei às empresas produtoras de medicamentos, às farmácias e drogarias, aos representantes, às distribuidoras de medicamentos, e, de igual modo, a quaisquer pessoas jurídicas de direito público ou privado, inclusive associações de entidades ou pessoas, constituídas de fato ou de direito, ainda que temporariamente, com ou sem personalidade jurídica, que, de alguma maneira, atuem no setor farmacêutico.

....

Art. 4º As empresas produtoras de medicamentos deverão observar, para o ajuste e determinação de seus preços, as regras definidas nesta Lei, a partir de sua publicação, ficando vedado qualquer ajuste em desacordo com esta Lei.

• *O Decreto n. 4.937, de 29 de dezembro de 2003, regulamenta este artigo, para estabelecer os critérios de composição de fatores para o ajuste de preços de medicamentos.*

§ 1º O ajuste de preços de medicamentos será baseado em modelo de teto de preços calculado com base em um índice, em um fator de produtividade e em um fator de ajuste de preços relativos intrassetor e entre setores.

§ 2º O índice utilizado, para fins do ajuste previsto no § 1º, é o Índice Nacional de Preços ao Consumidor Amplo — IPCA, calculado pelo Instituto Brasileiro de Geografia e Estatística — IBGE.

§ 3º O fator de produtividade, expresso em percentual, é o mecanismo que permite repassar aos consumidores, por meio dos preços dos medicamentos, projeções de ganhos de produtividade das empresas produtoras de medicamentos.

§ 4º O fator de ajuste de preços relativos, expresso em percentual, é composto de duas parcelas:

I — a parcela do fator de ajuste de preços relativos intrassetor, que será calculada com base no poder de mercado, que é determinado, entre outros, pelo poder de monopólio ou oligopólio, na assimetria de informação e nas barreiras à entrada; e

II — a parcela do fator de ajuste de preços relativos entre setores, que será calculada com base na variação dos custos dos insumos, desde que tais custos não sejam recuperados pelo cômputo do índice previsto no § 2º deste artigo.

§ 5º Compete à Câmara de Regulação do Mercado de Medicamentos — CMED, criada pelo art. 5º desta Lei, propor critérios de composição dos fatores a que se refere o § 1º, bem como o grau de desagregação de tais fatores, seja por produto, por mercado relevante ou por grupos de mercados relevantes, a serem reguladas até 31 de dezembro de 2003, na forma do art. 84 da Constituição Federal.

• *O art. 84 da Constituição Federal dispõe sobre as atribuições do Presidente da República.*

§ 6º A CMED dará transparência e publicidade aos critérios a que se referem os §§ 1º e 2º deste artigo.

§ 7º Os ajustes de preços ocorrerão anualmente.

§ 8º O primeiro ajuste, com base nos critérios estabelecidos nesta Lei, ocorrerá em março de 2004, considerando-se, para efeito desse ajuste:

I — o preço fabricante do medicamento em 31 de agosto de 2003; e

II — o IPCA acumulado a partir de setembro de 2003, inclusive.

§ 9º Excepcionalmente, o Conselho de Ministros da CMED poderá autorizar um ajuste positivo de preços ou determinar um ajuste negativo em 31 de agosto de 2003, tendo como referência o preço fabricante em 31 de março de 2003.

Art. 5º Fica criada a Câmara de Regulação do Mercado de Medicamentos — CMED, do Conselho de Governo, que tem por objetivos a adoção, implementação e coordenação de atividades relativas à regulação econômica do mercado de medicamentos, voltados a promover a assistência farmacêutica à população, por meio de mecanismos que estimulem a oferta de medicamentos e a competitividade do setor.

Parágrafo único. A composição da CMED será definida em ato do Poder Executivo.

Art. 6º Compete à CMED, dentre outros atos necessários à consecução dos objetivos a que se destina esta Lei:

I — definir diretrizes e procedimentos relativos à regulação econômica do mercado de medicamentos;

II — estabelecer critérios para a fixação e ajuste de preços de medicamentos;

....

VIII — propor a adoção de legislações e regulamentações referentes à regulação econômica do mercado de medicamentos;

....

XII — monitorar, para os fins desta Lei, o mercado de medicamentos, podendo, para tanto, requisitar informações sobre produção, insumos, matérias-primas, vendas e quaisquer outros dados que julgar necessários ao exercício desta competência, em poder de pessoas de direito público ou privado;

XIII — zelar pela proteção dos interesses do consumidor de medicamentos;

XIV — decidir sobre a aplicação de penalidades previstas nesta Lei e, relativamente ao mercado de medicamentos, aquelas previstas na Lei n. 8.078, de 11 de setembro de 1990, sem prejuízo das competências dos demais órgãos do Sistema Nacional de Defesa do Consumidor;

....

Art. 7º A partir da publicação desta Lei, os produtos novos e as novas apresentações de medicamentos que venham a ser incluídos na lista de produtos comercializados pela empresa produtora deverão observar, para fins da definição de preços iniciais, os critérios estabelecidos pela CMED.

§ 1º Para fins do cálculo do preço referido no *caput* deste artigo, a CMED utilizará as informações fornecidas à Anvisa por ocasião do pedido de registro ou de sua renovação, sem prejuízo de outras que venham a ser por ela solicitadas.

§ 2º A CMED regulamentará prazos para análises de preços de produtos novos e novas apresentações.

Art. 8º O descumprimento de atos emanados pela CMED, no exercício de suas competências de regulação e monitoramento do mercado de medicamentos, bem como o descumprimento de norma prevista nesta Lei, sujeitam-se às sanções administrativas previstas no art. 56 da Lei n. 8.078, de 1990.

....

Brasília, 6 de outubro de 2003; 182º da Independência e 115º da República.

LUIZ INÁCIO LULA DA SILVA

Lei n. 10.850, de 25 de março de 2004 (*)

Atribui competências à Agência Nacional de Saúde Suplementar — ANS e fixa as diretrizes a serem observadas na definição de normas para implantação de programas especiais de incentivo à adaptação de contratos anteriores à Lei n. 9.656, de 3 de junho de 1998.

Faço saber que o Presidente da República adotou a Medida Provisória n. 148, de 2003, que o

(*) Publicada no *Diário Oficial da União*, de 26 de março de 2004.

Congresso Nacional aprovou, e eu, Inocêncio Oliveira, Primeiro Vice-Presidente da Mesa do Congresso Nacional, no exercício da Presidência, para os efeitos do disposto no art. 62 da Constituição Federal, com a redação dada pela Emenda Constitucional n. 32, combinado com o art. 12 da Resolução n. 1, de 2002-CN, promulgo a seguinte Lei:

Art. 1º Compete à Agência Nacional de Saúde Suplementar — ANS, na defesa do interesse público no setor de saúde suplementar, a definição de ações para instituição de programas especiais de incentivo à adaptação de contratos de planos privados de assistência à saúde firmados até 2 de janeiro de 1999, com o objetivo de facilitar o acesso dos consumidores vinculados a esses contratos a garantias e direitos definidos na Lei n. 9.656, de 3 de junho de 1998.

- *Citada Lei consta deste volume.*

Art. 2º As ações de incentivo de que trata esta Lei serão definidas por normas específicas da ANS, considerando as seguintes diretrizes gerais:

I — revisão de contratos, procedendo-se às devidas alterações de cláusulas contratuais em vigor, por meio de termos aditivos;

II — viabilização de migração da relação contratual estabelecida para outro plano da mesma operadora; e

III — definição de linhas gerais para execução de planos especiais de adaptação, de implementação facultativa ou obrigatória, determinando forma, condições e exigências específicas a serem observadas para carências, reajustes, variação de preço por faixa etária, cobertura obrigatória, doenças e lesões pré-existentes, e outras condições contratuais previstas na Lei n. 9.656, de 1998, bem como as rotinas de apresentação desses planos especiais, e as variações de preço por índice de adesão e outras variáveis que poderão estar contidas nas propostas oferecidas aos usuários.

§ 1º Para os planos coletivos empresariais, a ANS poderá prever a implementação parcial ou gradativa da extensão de cobertura prevista nos arts. 10, 10-A e 12 da Lei n. 9.656, de 1998, bem como a alteração da data-base para reajustes.

§ 2º Para as operadoras de planos de assistência à saúde, cujo número de beneficiários for inferior a dez mil e que não tenham em operação planos comercializados após 2 de janeiro de 1999, a ANS poderá definir condições especiais de oferecimento aos consumidores de alteração contratual para incorporação parcial das regras contidas na Lei n. 9.656, de 1998.

Art. 3º Será garantido ao consumidor o caráter facultativo da adesão aos planos especiais, ficando as operadoras obrigadas a manter em operação todos os contratos não adaptados.

Parágrafo único. Nas hipóteses de infração a dispositivo contratual, as operadoras permanecem sujeitas à fiscalização da ANS e à aplicação das penalidades previstas no art. 25 da Lei n. 9.656, de 1998.

Art. 4º Esta Lei entra em vigor na data de sua publicação.

Congresso Nacional, em 25 de março de 2004; 183º da Independência e 116º da República.

Inocêncio Oliveira

Lei n. 10.962,
de 11 de outubro de 2004 (*)

Dispõe sobre a oferta e as formas de afixação de preços de produtos e serviços para o consumidor.

O Presidente da República

Faço saber que o Congresso Nacional decreta e eu sanciono a seguinte Lei:

(*) Publicada no *Diário Oficial da União* de 13 de outubro de 2004. Regulamentada pelo Decreto n. 5.903, de 20 de setembro de 2006. *Vide* arts. 6º, III e 31 do Código de Proteção e Defesa do Consumidor.

Art. 1º Esta Lei regula as condições de oferta e afixação de preços de bens e serviços para o consumidor.

Art. 2º São admitidas as seguintes formas de afixação de preços em vendas a varejo para o consumidor:

I – no comércio em geral, por meio de etiquetas ou similares afixados diretamente nos bens expostos à venda, e em vitrines, mediante divulgação do preço à vista em caracteres legíveis;

II – em autosserviços, supermercados, hipermercados, mercearias ou estabelecimentos comerciais onde o consumidor tenha acesso direto ao produto, sem intervenção do comerciante, mediante a impressão ou afixação do preço do produto na embalagem, ou a afixação de código referencial, ou ainda, com a afixação de código de barras.

Parágrafo único. Nos casos de utilização de código referencial ou de barras, o comerciante deverá expor, de forma clara e legível, junto aos itens expostos, informação relativa ao preço à vista do produto, suas características e código.

Art. 3º Na impossibilidade de afixação de preços conforme disposto no art. 2º, é permitido o uso de relações de preços dos produtos expostos, bem como dos serviços oferecidos, de forma escrita, clara e acessível ao consumidor.

Art. 4º Nos estabelecimentos que utilizem código de barras para apreçamento, deverão ser oferecidos equipamentos de leitura ótica para consulta de preço pelo consumidor, localizados na área de vendas e em outras de fácil acesso.

§ 1º O regulamento desta Lei definirá, observados, dentre outros critérios ou fatores, o tipo e o tamanho do estabelecimento e a quantidade e a diversidade dos itens de bens e serviços, a área máxima que deverá ser atendida por cada leitora ótica.

§ 2º Para os fins desta Lei, considera-se área de vendas aquela na qual os consumidores têm acesso às mercadorias e serviços oferecidos para consumo no varejo, dentro do estabelecimento.

Art. 5º No caso de divergência de preços para o mesmo produto entre os sistemas de informação de preços utilizados pelo estabelecimento, o consumidor pagará o menor dentre eles.

Art. 6º (*Vetado.*)

Art. 7º Esta Lei entra em vigor na data de sua publicação.

Brasília, 11 de outubro de 2004; 183º da Independência e 116º da República.

LUIZ INÁCIO LULA DA SILVA

Lei n. 11.291, de 26 de abril de 2006 (*)

Dispõe sobre a inclusão nos locais indicados de aviso alertando sobre os malefícios resultantes do uso de equipamentos de som em potência superior a 85 (oitenta e cinco) decibéis.

O Presidente da República

Faço saber que o Congresso Nacional decreta e eu sanciono a seguinte Lei:

Art. 1º O fabricante ou o importador de equipamento eletroeletrônico de geração e propagação de ondas sonoras fará inserir texto de advertência, ostensivo e de fácil compreensão, de que constem informações referentes à eventualidade de ocorrerem danos no sistema auditivo exposto a potência superior a 85 (oitenta e cinco) decibéis.

Parágrafo único. A referida advertência deverá constar nas peças publicitárias, no invólucro do produto, no manual do usuário e, quando as dimensões o permitirem, no equipamento.

(*) Publicada no *Diário Oficial da União*, de 27 de abril de 2006. Em vigor em 45 dias após a publicação.

Art. 2º O descumprimento das disposições desta Lei e de seu regulamento acarretará ao infrator as sanções e as penalidades previstas na Lei n. 8.078, de 11 de setembro de 1990.

Art. 3º (*Vetado.*)

Brasília, 26 de abril de 2006; 185º da Independência e 118º da República.

LUIZ INÁCIO LULA DA SILVA

Decreto n. 5.903, de 20 de setembro de 2006 (*)

Regulamenta a Lei n. 10.962, de 11 de outubro de 2004, e a Lei n. 8.078, de 11 de setembro de 1990.

O Presidente da República, no uso da atribuição que lhe confere o art. 84, inciso IV, da Constituição; e tendo em vista o disposto na Lei n. 8.078, de 11 de setembro de 1990, e na Lei n. 10.962, de 11 de outubro de 2004, decreta:

Art. 1º Este Decreto regulamenta a Lei n. 10.962, de 11 de outubro de 2004, e dispõe sobre as práticas infracionais que atentam contra o direito básico do consumidor de obter informação adequada e clara sobre produtos e serviços, previstas na Lei n. 8.078, de 11 de setembro de 1990.

Art. 2º Os preços de produtos e serviços deverão ser informados adequadamente, de modo a garantir ao consumidor a correção, clareza, precisão, ostensividade e legibilidade das informações prestadas.

§ 1º Para efeito do disposto no *caput* deste artigo, considera-se:

I — correção, a informação verdadeira que não seja capaz de induzir o consumidor em erro;

II — clareza, a informação que pode ser entendida de imediato e com facilidade pelo consumidor, sem abreviaturas que dificultem a sua compreensão, e sem a necessidade de qualquer interpretação ou cálculo;

III — precisão, a informação que seja exata, definida e que esteja física ou visualmente ligada ao produto a que se refere, sem nenhum embaraço físico ou visual interposto;

IV — ostensividade, a informação que seja de fácil percepção, dispensando qualquer esforço na sua assimilação; e

V — legibilidade, a informação que seja visível e indelével.

Art. 3º O preço de produto ou serviço deverá ser informado discriminando-se o total à vista.

Parágrafo único. No caso de outorga de crédito, como nas hipóteses de financiamento ou parcelamento, deverão ser também discriminados:

I — o valor total a ser pago com financiamento;

II — o número, periodicidade e valor das prestações;

III — os juros; e

IV — os eventuais acréscimos e encargos que incidirem sobre o valor do financiamento ou parcelamento.

Art. 4º Os preços dos produtos e serviços expostos à venda devem ficar sempre visíveis aos consumidores enquanto o estabelecimento estiver aberto ao público.

Parágrafo único. A montagem, rearranjo ou limpeza, se em horário de funcionamento, deve ser feito sem prejuízo das informações relativas aos preços de produtos ou serviços expostos à venda.

Art. 5º Na hipótese de afixação de preços de bens e serviços para o consumidor, em vitrines e no comércio em geral, de que trata o inciso I do art. 2º da Lei n. 10.962, de 2004, a etiqueta ou si-

(*) Publicado no *Diário Oficial da União* de 21 de setembro de 2006. *Vide* arts. 6º, III, e 31 do Código de Proteção e Defesa do Consumidor.

milar afixada diretamente no produto exposto à venda deverá ter sua face principal voltada ao consumidor, a fim de garantir a pronta visualização do preço, independentemente de solicitação do consumidor ou intervenção do comerciante.

Parágrafo único. Entende-se como similar qualquer meio físico que esteja unido ao produto e gere efeitos visuais equivalentes aos da etiqueta.

Art. 6º Os preços de bens e serviços para o consumidor nos estabelecimentos comerciais de que trata o inciso II do art. 2º da Lei n. 10.962, de 2004, admitem as seguintes modalidades de afixação:

I — direta ou impressa na própria embalagem;

II — de código referencial; ou

III — de código de barras.

§ 1º Na afixação direta ou impressão na própria embalagem do produto, será observado o disposto no art. 5º deste Decreto.

§ 2º A utilização da modalidade de afixação de código referencial deverá atender às seguintes exigências:

I — a relação dos códigos e seus respectivos preços devem estar visualmente unidos e próximos dos produtos a que se referem, e imediatamente perceptível ao consumidor, sem a necessidade de qualquer esforço ou deslocamento de sua parte; e

II — o código referencial deve estar fisicamente ligado ao produto, em contraste de cores e em tamanho suficientes que permitam a pronta identificação pelo consumidor.

§ 3º Na modalidade de afixação de código de barras, deverão ser observados os seguintes requisitos:

I — as informações relativas ao preço à vista, características e código do produto deverão estar a ele visualmente unidas, garantindo a pronta identificação pelo consumidor;

II — a informação sobre as características do item deve compreender o nome, quantidade e demais elementos que o particularizem; e

III — as informações deverão ser disponibilizadas em etiquetas com caracteres ostensivos e em cores de destaque em relação ao fundo.

Art. 7º Na hipótese de utilização do código de barras para apreçamento, os fornecedores deverão disponibilizar, na área de vendas, para consulta de preços pelo consumidor, equipamentos de leitura ótica em perfeito estado de funcionamento.

§ 1º Os leitores óticos deverão ser indicados por cartazes suspensos que informem a sua localização.

§ 2º Os leitores óticos deverão ser dispostos na área de vendas, observada a distância máxima de quinze metros entre qualquer produto e a leitora ótica mais próxima.

§ 3º Para efeito de fiscalização, os fornecedores deverão prestar as informações necessárias aos agentes fiscais mediante disponibilização de croqui da área de vendas, com a identificação clara e precisa da localização dos leitores óticos e a distância que os separa, demonstrando graficamente o cumprimento da distância máxima fixada neste artigo.

Art. 8º A modalidade de relação de preços de produtos expostos e de serviços oferecidos aos consumidores somente poderá ser empregada quando for impossível o uso das modalidades descritas nos arts. 5º e 6º deste Decreto.

§ 1º A relação de preços de produtos ou serviços expostos à venda deve ter sua face principal voltada ao consumidor, de forma a garantir a pronta visualização do preço, independentemente de solicitação do consumidor ou intervenção do comerciante.

§ 2º A relação de preços deverá ser também afixada, externamente, nas entradas de restaurantes, bares, casas noturnas e similares.

Art. 9º Configuram infrações ao direito básico do consumidor à informação adequada e clara sobre os diferentes produtos e serviços, sujeitando o infrator às penalidades previstas na Lei n. 8.078, de 1990, as seguintes condutas:

I — utilizar letras cujo tamanho não seja uniforme ou dificulte a percepção da informação, considerada a distância normal de visualização do consumidor;

II — expor preços com as cores das letras e do fundo idêntico ou semelhante;

III — utilizar caracteres apagados, rasurados ou borrados;

IV — informar preços apenas em parcelas, obrigando o consumidor ao cálculo do total;

V — informar preços em moeda estrangeira, desacompanhados de sua conversão em moeda corrente nacional, em caracteres de igual ou superior destaque;

VI — utilizar referência que deixa dúvida quanto à identificação do item ao qual se refere;

VII — atribuir preços distintos para o mesmo item; e

VIII — expor informação redigida na vertical ou outro ângulo que dificulte a percepção.

Art. 10. A aplicação do disposto neste Decreto dar-se-á sem prejuízo de outras normas de controle incluídas na competência de demais órgãos e entidades federais.

Art. 11. Este Decreto entra em vigor noventa dias após sua publicação.

Brasília, 20 de setembro de 2006; 185º da Independência e 118º da República.

LUIZ INÁCIO LULA DA SILVA

Decreto n. 6.061, de 15 de março de 2007 (*)

Aprova a Estrutura Regimental e o Quadro Demonstrativo dos Cargos em Comissão e das Funções Gratificadas do Ministério da Justiça, e dá outras providências.

(*) Publicado no *Diário Oficial da União*, de 16 de março de 2007.

O Presidente da República, no uso das atribuições que lhe confere o art. 84, incisos IV e VI, alínea *a*, da Constituição, e tendo em vista o disposto na Lei n. 10.683, de 28 de maio de 2003, decreta:

Art. 1º Ficam aprovados a Estrutura Regimental e o Quadro Demonstrativo dos Cargos em Comissão e das Funções Gratificadas do Ministério da Justiça, na forma dos Anexos I e II.

•• *Deixamos de publicar o Anexo II por não atender o propósito desta obra.*

....

Art. 5º Este Decreto entra em vigor na data de sua publicação.

Art. 6º Fica revogado o Decreto n. 5.834, de 6 de julho de 2006.

Brasília, 15 de março de 2007; 186º da Independência e 119º da República.

LUIZ INÁCIO LULA DA SILVA

ANEXO I

ESTRUTURA REGIMENTAL DO MINISTÉRIO DA JUSTIÇA

CAPÍTULO I
DA NATUREZA E COMPETÊNCIA

Art. 1º O Ministério da Justiça, órgão da administração federal direta, tem como área de competência os seguintes assuntos:

....

V — defesa da ordem econômica nacional e dos direitos do consumidor;

....

VIII — ouvidoria-geral dos índios e do consumidor;

....

CAPÍTULO II
DA ESTRUTURA ORGANIZACIONAL

Art. 2º O Ministério da Justiça tem a seguinte estrutura organizacional:

....

II — órgãos específicos singulares:

....

c) Secretaria de Direito Econômico:

1. Departamento de Proteção e Defesa Econômica; e

2. Departamento de Proteção e Defesa do Consumidor;

....

Capítulo III
DAS COMPETÊNCIAS DOS ÓRGÃOS

....

Seção II
Dos Órgãos Específicos Singulares

....

Art. 17. À Secretaria de Direito Econômico cabe exercer as competências estabelecidas nas Leis ns. 8.078, de 11 de setembro de 1990, 8.884, de 11 de junho de 1994, 9.008, de 21 de março de 1995, e 9.021, de 30 de março de 1995, e, especificamente:

- *Citadas Leis constam deste volume.*

I — formular, promover, supervisionar e coordenar a política de proteção da ordem econômica, nas áreas de concorrência e defesa do consumidor;

II — adotar as medidas de sua competência necessárias a assegurar a livre concorrência, a livre iniciativa e a livre distribuição de bens e serviços;

III — orientar e coordenar ações com vistas à adoção de medidas de proteção e defesa da livre concorrência e dos consumidores;

IV — prevenir, apurar e reprimir as infrações contra a ordem econômica;

V — examinar os atos, sob qualquer forma manifestados, que possam limitar ou prejudicar a livre concorrência ou resultar na dominação de mercados relevantes de bens ou serviços;

VI — acompanhar, permanentemente, as atividades e práticas comerciais de pessoas físicas ou jurídicas que detiverem posição dominante no mercado relevante de bens e serviços, para prevenir infrações da ordem econômica;

VII — orientar as atividades de planejamento, elaboração e execução da Política Nacional de Defesa do Consumidor;

VIII — promover, desenvolver, coordenar e supervisionar atividades de divulgação e de formação de consciência dos direitos do consumidor;

IX — promover as medidas necessárias para assegurar os direitos e interesses dos consumidores; e

X — firmar convênios com órgãos e entidades públicas e com instituições privadas para assegurar a execução de planos, programas e fiscalização do cumprimento das normas e medidas federais.

Art. 18. Ao Departamento de Proteção e Defesa Econômica cabe apoiar a Secretaria de Direito Econômico no cumprimento das competências estabelecidas nas Leis ns. 8.884, de 1994, e 9.021, de 1995.

- *Citadas Leis constam deste volume.*

Art. 19. Ao Departamento de Proteção e Defesa do Consumidor cabe apoiar a Secretaria de Direito Econômico no cumprimento das competências estabelecidas na Lei n. 8.078, de 1990.

....

Art. 38. À Defensoria Pública da União cabe exercer as competências estabelecidas na Lei Complementar n. 80, de 12 de janeiro de 1994, e, especificamente:

....

VIII — patrocinar os interesses do consumidor lesado.

Seção III
Dos Órgãos Colegiados

....

Art. 41. Ao Conselho Federal Gestor do Fundo de Defesa dos Direitos Difusos cabe exercer as competências estabelecidas na Lei n. 9.008, de 1995.

....

Decreto n. 6.275, de 28 de novembro de 2007 (*)

Aprova a Estrutura Regimental e o Quadro Demonstrativo dos Cargos em Comissão e das Funções Gratificadas do Instituto Nacional de Metrologia, Normalização e Qualidade Industrial — INMETRO, e dá outras providências.

O Presidente da República, no uso das atribuições que lhe confere o art. 84, incisos IV e VI, alínea *a*, da Constituição, e tendo em vista o disposto na Lei n. 10.683, de 28 de maio de 2003, decreta:

Art. 1º Ficam aprovados a Estrutura Regimental e o Quadro Demonstrativo dos Cargos em Comissão e das Funções Gratificadas do Instituto Nacional de Metrologia, Normalização e Qualidade Industrial — INMETRO, na forma dos Anexos I e II.

....

Art. 5º Este Decreto entra em vigor na data de sua publicação.

Art. 6º Ficam revogados os Decretos ns. 5.842, de 13 de julho de 2006, e 5.965, de 14 de novembro de 2006.

Brasília, 28 de novembro de 2007; 186º da Independência e 119º da República.

Luiz Inácio Lula da Silva

(*) Publicado no *Diário Oficial da União*, de 29 de novembro de 2007.

Anexo I

ESTRUTURA REGIMENTAL DO INSTITUTO NACIONAL DE METROLOGIA, NORMALIZAÇÃO E QUALIDADE INDUSTRIAL — INMETRO

....

Capítulo IV
DAS COMPETÊNCIAS DOS ÓRGÃOS

....

Seção III
Dos Órgãos Específicos Singulares

Art. 13. À Diretoria da Qualidade compete:

I — planejar, dirigir, orientar, coordenar e executar as atividades de avaliação da conformidade;

II — articular-se com os diferentes segmentos da sociedade, objetivando identificar e priorizar as demandas por programas de avaliação da conformidade;

III — efetuar estudos de viabilidade, desenvolvimento, implantação, acompanhamento e avaliação dos diferentes programas de avaliação da conformidade, no âmbito do SINMETRO;

IV — realizar ações para acompanhar, fiscalizar e verificar, no mercado, a conformidade de produtos, de processos e de serviços às normas e regulamentos técnicos pertinentes;

V — orientar e educar os diferentes segmentos da sociedade nas questões ligadas à avaliação da conformidade, qualidade e relações de consumo;

VI — incentivar o desenvolvimento da normalização nacional;

VII — elaborar regulamentos técnicos na área da qualidade;

VIII — coordenar ações de reconhecimento internacional dos programas de avaliação da conformidade; e

IX – coordenar as atividades de registro dos produtos, serviços e processos submetidos a regulamentos e programas de avaliação da conformidade de sua competência.

....

Decreto n. 6.523, de 31 de julho de 2008 (*)

Regulamenta a Lei n. 8.078, de 11 de setembro de 1990, para fixar normas gerais sobre o Serviço de Atendimento ao Consumidor – SAC.

O Presidente da República, no uso da atribuição que lhe confere o art. 84, inciso IV, da Constituição, e tendo em vista o disposto na Lei n. 8.078, de 11 de setembro de 1990, decreta:

Art. 1º Este Decreto regulamenta a Lei n. 8.078, de 11 de setembro de 1990, e fixa normas gerais sobre o Serviço de Atendimento ao Consumidor – SAC por telefone, no âmbito dos fornecedores de serviços regulados pelo Poder Público federal, com vistas à observância dos direitos básicos do consumidor de obter informação adequada e clara sobre os serviços que contratar e de manter-se protegido contra práticas abusivas ou ilegais impostas no fornecimento desses serviços.

Capítulo I
DO ÂMBITO DA APLICAÇÃO

Art. 2º Para os fins deste Decreto, compreende-se por SAC o serviço de atendimento telefônico das prestadoras de serviços regulados que tenham como finalidade resolver as demandas dos consumidores sobre informação, dúvida, reclamação, suspensão ou cancelamento de contratos e de serviços.

Parágrafo único. Excluem-se do âmbito de aplicação deste Decreto a oferta e a contratação de produtos e serviços realizadas por telefone.

Capítulo II
DA ACESSIBILIDADE DO SERVIÇO

Art. 3º As ligações para o SAC serão gratuitas e o atendimento das solicitações e demandas previsto neste Decreto não deverá resultar em qualquer ônus para o consumidor.

Art. 4º O SAC garantirá ao consumidor, no primeiro menu eletrônico, as opções de contato com o atendente, de reclamação e de cancelamento de contratos e serviços.

§ 1º A opção de contatar o atendimento pessoal constará de todas as subdivisões do menu eletrônico.

§ 2º O consumidor não terá a sua ligação finalizada pelo fornecedor antes da conclusão do atendimento.

§ 3º O acesso inicial ao atendente não será condicionado ao prévio fornecimento de dados pelo consumidor.

§ 4º Regulamentação específica tratará do tempo máximo necessário para o contato direto com o atendente, quando essa opção for selecionada.

•• Vide *Portaria n. 2.014, de 13 de outubro de 2008, sobre o tempo máximo para contato direto com o atendente e o horário de funcionamento no SAC.*

Art. 5º O SAC estará disponível, ininterruptamente, durante vinte e quatro horas por dia e sete dias por semana, ressalvado o disposto em normas específicas.

•• Vide *art. 3º, §§ 1º e 2º, da Portaria n. 2.014, de 13 de outubro de 2008.*

Art. 6º O acesso das pessoas com deficiência auditiva ou de fala será garantido pelo SAC, em caráter preferencial, facultado à empresa atribuir número telefônico específico para este fim.

Art. 7º O número do SAC constará de forma clara e objetiva em todos os documentos e materiais impressos entregues ao consumidor no

(*) Publicada no *Diário Oficial da União*, de 1º de agosto de 2008.

momento da contratação do serviço e durante o seu fornecimento, bem como na página eletrônica da empresa na INTERNET.

Parágrafo único. No caso de empresa ou grupo empresarial que oferte serviços conjuntamente, será garantido ao consumidor o acesso, ainda que por meio de diversos números de telefone, a canal único que possibilite o atendimento de demanda relativa a qualquer um dos serviços oferecidos.

Capítulo III
DA QUALIDADE DO ATENDIMENTO

Art. 8º O SAC obedecerá aos princípios da dignidade, boa-fé, transparência, eficiência, eficácia, celeridade e cordialidade.

Art. 9º O atendente, para exercer suas funções no SAC, deve ser capacitado com as habilidades técnicas e procedimentais necessárias para realizar o adequado atendimento ao consumidor, em linguagem clara.

Art. 10. Ressalvados os casos de reclamação e de cancelamento de serviços, o SAC garantirá a transferência imediata ao setor competente para atendimento definitivo da demanda, caso o primeiro atendente não tenha essa atribuição.

§ 1º A transferência dessa ligação será efetivada em até sessenta segundos.

§ 2º Nos casos de reclamação e cancelamento de serviço, não será admitida a transferência da ligação, devendo todos os atendentes possuir atribuições para executar essas funções.

§ 3º O sistema informatizado garantirá ao atendente o acesso ao histórico de demandas do consumidor.

Art. 11. Os dados pessoais do consumidor serão preservados, mantidos em sigilo e utilizados exclusivamente para os fins do atendimento.

Art. 12. É vedado solicitar a repetição da demanda do consumidor após seu registro pelo primeiro atendente.

Art. 13. O sistema informatizado deve ser programado tecnicamente de modo a garantir a agilidade, a segurança das informações e o respeito ao consumidor.

Art. 14. É vedada a veiculação de mensagens publicitárias durante o tempo de espera para o atendimento, salvo se houver prévio consentimento do consumidor.

Capítulo IV
DO ACOMPANHAMENTO DE DEMANDAS

Art. 15. Será permitido o acompanhamento pelo consumidor de todas as suas demandas por meio de registro numérico, que lhe será informado no início do atendimento.

§ 1º Para fins do disposto no *caput*, será utilizada sequência numérica única para identificar todos os atendimentos.

§ 2º O registro numérico, com data, hora e objeto da demanda, será informado ao consumidor e, se por este solicitado, enviado por correspondência ou por meio eletrônico, a critério do consumidor.

§ 3º É obrigatória a manutenção da gravação das chamadas efetuadas para o SAC, pelo prazo mínimo de noventa dias, durante o qual o consumidor poderá requerer acesso ao seu conteúdo.

§ 4º O registro eletrônico do atendimento será mantido à disposição do consumidor e do órgão ou entidade fiscalizadora por um período mínimo de dois anos após a solução da demanda.

Art. 16. O consumidor terá direito de acesso ao conteúdo do histórico de suas demandas, que lhe será enviado, quando solicitado, no prazo máximo de setenta e duas horas, por correspondência ou por meio eletrônico, a seu critério.

Capítulo V
DO PROCEDIMENTO PARA A RESOLUÇÃO DE DEMANDAS

Art. 17. As informações solicitadas pelo consumidor serão prestadas imediatamente e suas reclamações, resolvidas no prazo máximo de cinco dias úteis a contar do registro.

§ 1º O consumidor será informado sobre a resolução de sua demanda e, sempre que solicitar, ser-lhe-á enviada a comprovação pertinente por correspondência ou por meio eletrônico, a seu critério.

§ 2º A resposta do fornecedor será clara e objetiva e deverá abordar todos os pontos da demanda do consumidor.

§ 3º Quando a demanda versar sobre serviço não solicitado ou cobrança indevida, a cobrança será suspensa imediatamente, salvo se o fornecedor indicar o instrumento por meio do qual o serviço foi contratado e comprovar que o valor é efetivamente devido.

Capítulo VI
DO PEDIDO DE CANCELAMENTO DO SERVIÇO

Art. 18. O SAC receberá e processará imediatamente o pedido de cancelamento de serviço feito pelo consumidor.

§ 1º O pedido de cancelamento será permitido e assegurado ao consumidor por todos os meios disponíveis para a contratação do serviço.

§ 2º Os efeitos do cancelamento serão imediatos à solicitação do consumidor, ainda que o seu processamento técnico necessite de prazo, e independe de seu adimplemento contratual.

§ 3º O comprovante do pedido de cancelamento será expedido por correspondência ou por meio eletrônico, a critério do consumidor.

Capítulo VII
DAS DISPOSIÇÕES FINAIS

Art. 19. A inobservância das condutas descritas neste Decreto ensejará aplicação das sanções previstas no art. 56 da Lei n. 8.078, de 1990, sem prejuízo das constantes dos regulamentos específicos dos órgãos e entidades reguladoras.

Art. 20. Os órgãos competentes, quando necessário, expedirão normas complementares e específicas para execução do disposto neste Decreto.

Art. 21. Os direitos previstos neste Decreto não excluem outros, decorrentes de regulamentações expedidas pelos órgãos e entidades reguladores, desde que mais benéficos para o consumidor.

•• Vide *Portaria n. 2.014, de 13 de outubro de 2008.*

Art. 22. Este Decreto entra em vigor em 1º de dezembro de 2008.

Brasília, 31 de julho de 2008; 187º da Independência e 120º da República.

Luiz Inácio Lula da Silva

Portaria n. 2.014, de 13 de outubro de 2008 (*)

Estabelece o tempo máximo para o contato direto com o atendente e o horário de funcionamento no Serviço de Atendimento ao Consumidor – SAC .

O Ministro de Estado da Justiça, no uso de suas atribuições, considerando o disposto no art. 4º, § 4º, e art. 5º do Decreto n. 6.523, de 31 de julho de 2008,

Considerando a necessidade de regulamentar o Decreto n. 6.523, que dispôs sobre a forma de prestação do serviço de atendimento ao consumidor – SAC;

Considerando que os princípios da transparência, da eficiência, do equilíbrio e da boa-fé nas relações de consumo orientam a prestação dos serviços públicos regulados;

Considerando que o serviço de atendimento ao consumidor deve ser dimensionado com fundamento na previsão de chamadas para garantir o atendimento, que deve ser prestado de forma adequada;

Considerando a vulnerabilidade do consumidor e a necessidade de resguardar, na análise das exceções da presente Portaria, a interpretação mais favorável ao consumidor;

(*) Publicada no *Diário Oficial da União*, de 16 de outubro de 2008.

Considerando que a comprovação das exceções e o seu impacto na capacidade de atendimento do SAC constituem ônus dos prestadores de serviços regulados previstos nesta Portaria; resolve:

Art. 1º O tempo máximo para o contato direto com o atendente, quando essa opção for selecionada pelo consumidor, será de até 60 (sessenta) segundos, ressalvadas as hipóteses especificadas nesta Portaria.

§ 1º Nos serviços financeiros, o tempo máximo para o contato direto com o atendente será de até 45 (quarenta e cinco) segundos. Nas segundas-feiras, nos dias que antecedem e sucedem os feriados e no 5º dia útil de cada mês o referido prazo máximo será de até 90 (noventa) segundos.

§ 2º Nos serviços de energia elétrica, o tempo máximo para o contato direto com o atendente somente poderá ultrapassar o estabelecido no *caput*, nos casos de atendimentos emergenciais de abrangência sistêmica, assim considerados aqueles que, por sua própria natureza, impliquem a interrupção do fornecimento de energia elétrica a um grande número de consumidores, ocasionando elevada concentração de chamadas, nos termos de regulação setorial.

Art. 2º Os prazos fixados nesta portaria não excluem outros mais benéficos ao consumidor, decorrentes de regulamentações e contratos de concessão, observado o disposto no artigo 21 do Decreto n. 6.523/08.

Art. 3º O SAC estará disponível, ininterruptamente, durante vinte e quatro horas por dia e sete dias por semana.

§ 1º Poderá haver interrupção do acesso ao SAC quando o serviço ofertado não estiver disponível para fruição ou contratação, vinte e quatro horas por dia e sete dias por semana, nos termos da regulamentação setorial em vigor.

§ 2º Excetua-se do disposto no *caput* do presente artigo, o SAC destinado ao serviço de transporte aéreo não regular de passageiros e ao atendimento de até cinquenta mil assinantes de serviços de televisão por assinatura, cuja disponibilidade será fixada na regulação setorial.

Art. 4º Esta Portaria entrará em vigor em 1º de dezembro de 2008.

Tarso Genro

Resolução da Diretoria Colegiada – RDC n. 96, de 17 de dezembro de 2008 (*)

Dispõe sobre a propaganda, publicidade, informação e outras práticas cujo objetivo seja a divulgação ou promoção comercial de medicamentos.

A Diretoria Colegiada da Agência Nacional de Vigilância Sanitária, no uso da atribuição que lhe confere o art. 11, inciso IV, do Regulamento da Agência Nacional de Vigilância Sanitária aprovado pelo Decreto n. 3.029, de 16 de abril de 1999, e conforme art. 11, inciso IV, do Regimento Interno, aprovado nos termos do Anexo I da Portaria n. 354 da Anvisa, de 11 de agosto de 2006, republicada no *DOU* de 21 de agosto de 2006, em reunião realizada em 21 de novembro de 2008;

considerando a Constituição Federal de 1988;

considerando a Lei n. 6.360, de 23 de setembro de 1976;

considerando o Decreto n. 79.094, de 5 de janeiro de 1977, que regulamenta a Lei n. 6.360, de 24 de setembro de 1976;

considerando a Lei n. 9.782, de 26 de janeiro de 1999;

considerando a Lei n. 9.787, de 10 de fevereiro de 1999;

considerando a Lei n. 11.343, de 23 de agosto de 2006;

(*) Publicada no *Diário Oficial da União* de 18 de dezembro de 2008.

considerando o Decreto n. 78.992, de 21 de dezembro de 1976, que regulamenta a Lei n. 6.368, de 21 de outubro de 1976;

considerando a Lei n. 6.437, de 20 de agosto de 1977, sobre infrações sanitárias;

considerando a Lei n. 9.294, de 15 de julho de 1996;

considerando o Decreto n. 2.018, de 1º de outubro de 1996, que regulamenta a Lei n. 9.294, de 15 de julho de 1996;

considerando a Lei n. 8.078, de 11 de setembro de 1990;

considerando o Decreto n. 2.181, de 20 de março de 1997;

considerando a Lei n. 8.069, de 13 de julho de 1990;

considerando a Lei n. 10.742, de 6 de outubro de 2003;

considerando a RDC n. 26, de 30 de março de 2007;

considerando a Portaria n. 3.916, de 30 de outubro de 1998, que define a Política Nacional de Medicamentos;

considerando a publicação do Ministério da Saúde e da Agência Nacional de Vigilância Sanitária intitulada Estudo Comparado – Regulamentação da Propaganda de Medicamentos;

considerando a necessidade de atualização do Regulamento Técnico sobre Propaganda, Publicidade, Promoção e Informação de Medicamentos;

adota a seguinte Resolução de Diretoria Colegiada e eu, Diretor-Presidente, determino a sua publicação.

Art. 1º O Regulamento anexo a esta Resolução se aplica à propaganda, publicidade, informação e outras práticas cujo objetivo seja a divulgação ou promoção comercial de medicamentos, de produção nacional ou estrangeira, quaisquer que sejam as formas e meios de sua veiculação, incluindo as transmitidas no decorrer da programação normal das emissoras de rádio e televisão.

• Vide *Lei n. 9.294, de 15 de julho de 1996.*

Art. 2º Esta Resolução de Diretoria Colegiada entra em vigor 180 (cento e oitenta) dias após a sua publicação.

Dirceu Raposo de Mello

Anexo

REGULAMENTO

Art. 1º Este Regulamento se aplica à propaganda, publicidade, informação e outras práticas cujo objetivo seja a divulgação ou promoção comercial de medicamentos de produção nacional ou estrangeira, quaisquer que sejam as formas e meios de sua veiculação, incluindo as transmitidas no decorrer da programação normal das emissoras de rádio e televisão.

Título I

REQUISITOS GERAIS

Art. 2º Para efeito deste Regulamento são adotadas as seguintes definições:

DENOMINAÇÃO COMUM BRASILEIRA/DCB – Denominação do fármaco ou princípio farmacologicamente ativo aprovada pelo órgão federal responsável pela vigilância sanitária.

DENOMINAÇÃO COMUM INTERNACIONAL/DCI – Denominação do fármaco ou princípio farmacologicamente ativo recomendada pela Organização Mundial da Saúde.

EMPRESA – Pessoa jurídica, de direito público ou privado, que exerça como atividade principal ou subsidiária a produção, manipulação, comércio, fornecimento, distribuição e divulgação de medicamentos, insumos farmacêuticos e outros produtos que sejam anunciados como medicamento.

MARCA NOMINATIVA – É aquela constituída por uma ou mais palavras no sentido amplo do alfabeto romano, compreendendo, também, os neologismos e as combinações de letras e/ou algarismos romanos e/ou arábicos.

MARCA FIGURATIVA – É aquela constituída por desenho, figura ou qualquer forma estilizada de letra e número, isoladamente.

MARCA MISTA – É aquela constituída pela combinação de elementos nominativos e figurativos ou de elementos nominativos com grafia apresentada de forma estilizada.

MATERIAL CIENTÍFICO – Artigos científicos publicados e livros técnicos.

MATERIAL DE AJUDA VISUAL – Peça publicitária utilizada exclusivamente pelos propagandistas com o objetivo de apresentar aos profissionais prescritores e dispensadores os medicamentos com informações e linguagem uniformizadas pela empresa.

MEDICAMENTO BIOLÓGICO – Medicamento biológico que contém molécula com atividade biológica conhecida, e que tenha passado por todas as etapas de fabricação (formulação, envase, liofilização, rotulagem, embalagem, armazenamento, controle de qualidade e liberação do lote de produto biológico para uso).

MENSAGEM RETIFICADORA – É aquela elaborada para esclarecer e corrigir erros e equívocos causados pela veiculação de propagandas enganosas e/ou abusivas, e/ou que apresentem informações incorretas e incompletas sendo, portanto, capazes de induzir, direta ou indiretamente, o consumidor a erro e a se comportar de forma prejudicial à sua saúde e segurança.

MONOGRAFIA – Material elaborado mediante uma compilação de informações técnico-científicas provenientes de estudos publicados, livros técnicos e informações contidas na documentação de registro submetida à Anvisa, visando munir o profissional de saúde com variadas informações sobre determinado medicamento, apresentando resumos com informações equilibradas, ou seja, resultados satisfatórios e não satisfatórios, e conclusões fiéis à original.

NÍVEL DE EVIDÊNCIA I – Nível de estudo I: Ensaios clínicos randomizados, com desfecho e magnitude de efeitos clinicamente relevantes, correspondentes à hipótese principal em tese, com adequado poder e mínima possibilidade de erro alfa. Meta-análises de ensaios clínicos de nível II, comparáveis e com validade interna, com adequado poder final e mínima possibilidade de erro alfa.

NÍVEL DE EVIDÊNCIA II – Nível de estudo II: Ensaio clínico randomizado que não preenche os critérios do nível I. Análise de hipóteses secundárias de estudos nível I.

PATROCÍNIO – Custeio total ou parcial da produção de material, programa de rádio ou televisão, evento, projeto comunitário, atividade cultural, artística, esportiva, de pesquisa ou de atualização científica, concedido como estratégia de *marketing*, bem como custeio dos participantes das atividades citadas.

PEÇA PUBLICITÁRIA – Cada um dos elementos produzidos para uma campanha publicitária ou de promoção de vendas, com funções e características próprias, que seguem a especificidade e a linguagem de cada veículo. Exemplos: anúncio, encarte, filmete, *spot*, *jingle*, cartaz, cartazete, painel, letreiro, *display*, *folder*, *banner*, móbile, *outdoor*, *busdoor*, visual *aid* etc.

PESSOA FÍSICA – Aquela que, de forma direta ou indireta, seja responsável por atividades relacionadas à produção, manipulação, comércio, fornecimento, distribuição e divulgação de medicamentos, insumos farmacêuticos e outros produtos que sejam anunciados como medicamento.

PREPARAÇÃO MAGISTRAL – É aquela preparada na farmácia, de forma individualizada, para ser dispensada atendendo a uma prescrição de um profissional habilitado, respeitada a legislação vigente, que estabelece sua composição, forma farmacêutica, posologia e modo de usar.

PREPARAÇÃO OFICINAL – É aquela preparada na farmácia, cuja fórmula esteja inscrita nas farmacopeias, compêndios ou formulários reconhecidos pelo Ministério da Saúde.

PROGRAMAS DE FIDELIZAÇÃO – São aqueles realizados por farmácias e drogarias, as quais, na intenção de fidelizar o consumidor, possibilitam aos clientes, em troca da compra de produtos, a participação em sorteios, ganho de prêmios ou descontos na compra de produtos, entre outros benefícios.

PROPAGANDA/PUBLICIDADE – Conjunto de técnicas e atividades de informação e persuasão com o objetivo de divulgar conhecimentos, tornar mais conhecido e/ou prestigiado determinado produto ou marca, visando exercer influência sobre o público por meio de ações que objetivem promover e/ou induzir à prescrição, dispensação, aquisição e utilização de medicamento.

PROPAGANDA/PUBLICIDADE ABUSIVA – É aquela que incita a discriminação de qualquer natureza, a violência, explora o medo ou superstições, se aproveita da deficiência de julgamento e de experiência da criança, desrespeita valores ambientais ou que seja capaz de induzir o usuário a se comportar de forma prejudicial ou perigosa à sua saúde ou segurança.

PROPAGANDA/PUBLICIDADE ENGANOSA – É qualquer modalidade de informação ou comunicação de caráter publicitário, inteira ou parcialmente falsa, ou que, por qualquer outro modo, mesmo por omissão de dado essencial do produto, seja capaz de induzir o consumidor a erro, a respeito da natureza, características, qualidade, quantidade, propriedades, origem, preço e quaisquer outros dados sobre produtos e serviços.

PROPAGANDA/PUBLICIDADE INDIRETA – É aquela que, sem mencionar o nome dos produtos, utiliza marcas, símbolos, designações e/ou indicações capaz de identificá-los e/ou que cita a existência de algum tipo de tratamento para uma condição específica de saúde.

REFERÊNCIA BIBLIOGRÁFICA – Conjunto padronizado de elementos descritivos que permite a identificação de documentos utilizados, possibilitando sua localização e obtenção direta por um leitor interessado.

SUBSTÂNCIA ATIVA – Qualquer substância que apresente atividade farmacológica ou outro efeito direto no diagnóstico, tais como: cura, alívio, tratamento ou prevenção de doenças; ou afete qualquer função do organismo humano.

VACINAS – Produtos biológicos que contêm uma ou mais substâncias antigênicas que, quando inoculados, são capazes de induzir imunidade específica ativa e proteger contra a doença causada pelo agente infeccioso que originou o antígeno.

Art. 3º Somente é permitida a propaganda ou publicidade de medicamentos regularizados na Anvisa.

§ 1º A propaganda ou publicidade deve ser procedente de empresas regularizadas perante o órgão sanitário competente, quando assim a legislação o exigir, ainda que a peça publicitária esteja de acordo com este Regulamento.

§ 2º Todas as alegações presentes na peça publicitária referentes à ação do medicamento, indicações, posologia, modo de usar, reações adversas, eficácia, segurança, qualidade e demais características do medicamento devem ser compatíveis com as informações registradas na Anvisa.

§ 3º O conteúdo das referências bibliográficas citadas na propaganda ou publicidade de medicamentos isentos de prescrição devem estar disponíveis pela empresa no Serviço de Atendimento ao Consumidor (SAC) e no serviço de atendimento aos profissionais prescritores e dispensadores de medicamentos.

•• *§ 3º com redação determinada pela Resolução n. 23, de 20 de maio de 2009.*

§ 4º O conteúdo das referências bibliográficas citadas na propaganda ou publicidade de medicamentos de venda sob prescrição devem estar disponíveis no serviço de atendimento aos profissionais prescritores e dispensadores de medicamentos.

•• *§ 4º acrescentado pela Resolução n. 23, de 20 de maio de 2009.*

Art. 4º Não é permitida a propaganda ou publicidade enganosa, abusiva e/ou indireta.

• Vide *arts. 36 a 38 do Código de Proteção e Defesa do Consumidor.*

Parágrafo único. Fica vedado utilizar técnicas de comunicação que permitam a veiculação de imagem e/ou menção de qualquer substância ativa ou marca de medicamentos, de forma não declaradamente publicitária, de maneira direta ou indireta, em espaços editoriais na televisão; contexto cênico de telenovelas; espetáculos teatrais; filmes; mensagens ou programas radiofônicos; entre outros tipos de mídia eletrônica ou impressa.

Art. 5º As empresas não podem outorgar, oferecer, prometer ou distribuir brindes, benefícios e vantagens aos profissionais prescritores ou dispensadores, aos que exerçam atividade de venda direta ao consumidor, bem como ao público em geral.

Art. 6º As informações exigidas neste Regulamento, quando exibidas em linguagem escrita, devem ser apresentadas em cores que contrastem com o fundo do anúncio, devem estar dispostas no sentido predominante da leitura da peça publicitária e devem permitir a sua imediata visualização, guardando entre si as devidas proporções de distância, indispensáveis à legibilidade e destaque.

Parágrafo único. No caso de propaganda ou publicidade veiculada na televisão, quando as informações escritas não forem locucionadas, elas deverão ser exibidas pelo tempo suficiente à leitura.

Art. 7º As informações sobre medicamentos devem ser comprovadas cientificamente.

Art. 8º É vedado na propaganda ou publicidade de medicamentos:

I – estimular e/ou induzir o uso indiscriminado de medicamentos;

II – sugerir ou estimular diagnósticos ao público em geral;

III – incluir imagens de pessoas fazendo uso do medicamento;

IV – anunciar um medicamento como novo, depois de transcorridos dois anos da data de início de sua comercialização no Brasil;

V – incluir selos, marcas nominativas, figurativas ou mistas de instituições governamentais, entidades filantrópicas, fundações, associações e/ou sociedades médicas, organizações não governamentais, associações que representem os interesses dos consumidores ou dos profissionais de saúde e/ou selos de certificação de qualidade;

VI – sugerir que o medicamento possua características organolépticas agradáveis, tais como: "saboroso", "gostoso", "delicioso" ou expressões equivalentes; bem como a inclusão de imagens ou figuras que remetam à indicação do sabor do medicamento;

VII – empregar imperativos que induzam diretamente ao consumo de medicamentos, tais como: "tenha", "tome", "use", "experimente";

VIII – fazer propaganda ou publicidade de medicamentos e (ou) empresas em qualquer parte do bloco de receituários médicos;

IX – criar expectativa de venda;

X – divulgar como genéricos os medicamentos manipulados ou industrializados que não sejam genéricos, nos termos da Lei n. 9.787/99;

- *A Lei n. 9.787, de 10 de fevereiro de 1999, estabelece o medicamento genérico, dispõe sobre a utilização de nomes genéricos em produtos farmacêuticos e dá outras providências.*

XI – usar expressões ou imagens que possam sugerir que a saúde de uma pessoa poderá ser afetada por não usar o medicamento.

Art. 9º É permitido na propaganda ou publicidade de medicamentos:

I – utilizar figuras anatômicas, a fim de orientar o profissional de saúde ou o paciente sobre a correta utilização do produto;

II – informar o sabor do medicamento;

III – utilizar expressões tais como: "seguro", "eficaz" e "qualidade", em combinação ou isoladamente, desde que complementadas por frases que justifiquem a veracidade da informação, as quais devem ser extraídas de estudos veiculados em publicações científicas e devem estar devidamente referenciadas;

IV – utilizar expressões tais como: "absoluta", "excelente", "máxima", "ótima", "perfeita", "total" relacionadas à eficácia e à segurança do medicamento, quando fielmente reproduzidas de estudos veiculados em publicações científicas e devidamente referenciadas;

V – quando constar das propriedades aprovadas no registro do medicamento na Anvisa, informar que o medicamento pode ser utilizado por qualquer faixa etária, inclusive por intermédio de imagens;

•• *Inciso V com redação determinada pela Resolução n. 23, de 20 de maio de 2009.*

VI – quando determinado pela Anvisa, publicar mensagens tais como: "Aprovado", "Recomendado por especialista", "o mais frequentemente recomendado" ou "Publicidade Aprovada pela Vigilância Sanitária", pelo "Ministério da

Saúde", ou mensagem similar referente a órgão congênere Estadual, Municipal e do Distrito Federal;

VII – fazer menção à quantidade de países onde o medicamento é comercializado e/ou fabricado, desde que os países sejam identificados na peça publicitária.

Art. 10. Os programas de fidelização realizados em farmácias e drogarias, dirigidos ao consumidor, não podem ter medicamentos como objeto de pontuação, troca, sorteios ou prêmios.

Parágrafo único. Todo o material publicitário de divulgação e o regulamento dos programas de fidelização devem informar sobre a restrição prevista no *caput* deste artigo.

Art. 11. A comparação de preços dirigida aos consumidores somente pode ser feita entre medicamentos que sejam intercambiáveis nos termos da Lei n. 9.787/99.

§ 1º Somente aos profissionais prescritores é permitida a comparação de preço entre medicamentos que não sejam intercambiáveis, com base em informações mercadológicas, desde que tenham o mesmo princípio ativo.

§ 2º A comparação deve ser feita entre os custos de tratamento ou, no caso de medicamentos de uso contínuo, entre as doses diárias definidas.

§ 3º A propaganda ou publicidade de medicamentos biológicos, assim classificados conforme regulamento específico, não pode apresentar comparação de preços, mesmo que elas tenham a mesma indicação.

§ 4º Quando informado um valor porcentual do desconto e/ou o preço promocional do medicamento, o preço integral praticado pela farmácia ou drogaria também deve ser informado.

§ 5º Quando as farmácias e drogarias anunciarem descontos para medicamentos, seja por intermédio de anúncios veiculados na televisão, rádio, impressos, faixas ou qualquer outro meio, devem ter disponível, em local visível ao público, lista dos medicamentos anunciados com o preço reduzido conforme art. 18 deste Regulamento.

Art. 12. É permitido oferecer, aos prescritores e dispensadores, material com a relação de medicamentos genéricos em lista que contemple o número de registro na Anvisa, o nome do detentor do registro, a apresentação, incluindo a concentração, a forma farmacêutica e a quantidade, o nome do medicamento de referência e o respectivo detentor do registro, ficando dispensadas as informações dos arts. 17, 22, 23 e 27 deste Regulamento.

•• *Artigo com redação determinada pela Resolução n. 23, de 20 de maio de 2009.*

Art. 13. É permitido somente às distribuidoras de medicamentos, farmácias e drogarias receberem catálogo de produtos contendo as seguintes informações: nome comercial dos medicamentos, incluindo aqueles sujeitos à retenção de receita; a substância ativa de acordo com a DCB/DCI; a apresentação, incluindo a concentração, forma farmacêutica e quantidade; o número de registro na Agência Nacional de Vigilância Sanitária; e o respectivo preço, ficando dispensadas as informações dos arts. 17, 22, 23 e 27.

•• *Artigo com redação determinada pela Resolução n. 23, de 20 de maio de 2009.*

Art. 14. A propaganda ou publicidade de medicamentos não pode utilizar designações, símbolos, figuras ou outras representações gráficas, ou quaisquer indicações que possam tornar a informação falsa, incorreta, ou que possibilitem interpretação falsa, equívoco, erro e/ou confusão em relação à verdadeira natureza, composição, procedência, qualidade, forma de uso, finalidade e/ou características do produto.

Art. 15. As comparações realizadas de forma direta ou indireta entre quaisquer medicamentos, isentos de prescrição ou não, devem estar baseadas em informações extraídas de estudos comparativos, veiculados em publicações científicas, preferencialmente com níveis de evidência I ou II, e especificar a referência bibliográfica completa.

Parágrafo único. As comparações relacionadas à biodisponibilidade e à bioequivalência de princípios ativos poderão ser feitas com base em estudos aprovados pela Anvisa emitidos por laboratórios certificados, desde que devidamente referenciados.

•• *Parágrafo único com redação determinada pela Resolução n. 23, de 20 de maio de 2009.*

Art. 16. Quando se tratar de medicamento genérico, de acordo com a Lei n. 9.787/99 e suas regulamentações, a propaganda ou publicidade deve incluir a frase: "Medicamento Genérico – Lei n. 9.787/99".

Art. 17. A propaganda ou publicidade de medicamentos que apresentem efeitos de sedação e/ou sonolência, conforme a bula do medicamento registrada na Anvisa, deve apresentar a advertência: "(nome comercial do medicamento ou, no caso dos medicamentos genéricos, a substância ativa) é um medicamento. Durante seu uso, não dirija veículos ou opere máquinas, pois sua agilidade e atenção podem estar prejudicadas", ficando dispensada a advertência do art. 24 deste Regulamento.

Parágrafo único. A advertência a que se refere o *caput* desse artigo deverá obedecer aos critérios do art. 23.

Art. 18. Os preços dos medicamentos, quando informados ao público em geral, devem ser indicados por meio de listas nas quais devem constar somente o nome comercial do produto; a substância ativa, segundo a DCB/DCI; a apresentação, incluindo a concentração, forma farmacêutica e a quantidade; o número de registro na Agência Nacional de Vigilância Sanitária; o nome do detentor do registro; e o preço dos medicamentos listados.

Parágrafo único. No caso dos medicamentos isentos de prescrição médica, ficam permitidas outras formas de comunicação, que não sejam as listas, desde que incluam as demais informações exigidas por este Regulamento.

Art. 19. Quando as farmácias e drogarias utilizarem frases para informar a redução de preços para grupos de medicamentos, tais como "desconto para anticoncepcionais", "genéricos com 30% de desconto", não podem ser utilizados outros argumentos de cunho publicitário.

Art. 20. Na propaganda ou publicidade dirigida aos profissionais habilitados a dispensar ou prescrever medicamentos, as informações referentes ao preço máximo ao consumidor devem mencionar a respectiva fonte, bem como informar apresentação, incluindo concentração, forma farmacêutica e quantidade do medicamento.

Art. 21. No caso específico de ser apresentado o nome e/ou imagem de profissional de saúde, como respaldo das propriedades anunciadas do medicamento, é obrigatório constar, de maneira clara, na mensagem publicitária, o nome do profissional interveniente e seu número de inscrição no respectivo Conselho ou outro órgão de registro profissional.

Título II

REQUISITOS PARA A PROPAGANDA OU PUBLICIDADE DE MEDICAMENTOS INDUSTRIALIZADOS ISENTOS DE PRESCRIÇÃO

Art. 22. A propaganda ou publicidade de medicamentos isentos de prescrição médica deve cumprir os requisitos gerais, sem prejuízo do que, particularmente, se estabeleça para determinados tipos de medicamentos, sendo exigido constar as seguintes informações:

I – nome comercial do medicamento, quando houver;

II – nome da substância ativa de acordo com a DCB e, na sua falta, a DCI ou nomenclatura botânica, que deverá ter, no mínimo, 50% do tamanho do nome comercial;

III – número de registro na Anvisa, contemplando, no mínimo, nove dígitos, com exceção das peças publicitárias veiculadas em rádio;

IV – no caso dos medicamentos de notificação simplificada, a seguinte frase: "MEDICAMENTO DE NOTIFICAÇÃO SIMPLIFICADA RDC Anvisa N. ..../2006. AFE n. ....", com exceção das peças publicitárias veiculadas em rádio;

V – as indicações;

VI – data de impressão das peças publicitárias;

VII – a advertência: "SE PERSISTIREM OS SINTOMAS, O MÉDICO DEVERÁ SER CONSULTADO", que deve observar o art. 6º.

a) Os requisitos dos incisos "II", "V", "VI" e "VII" aplicam-se às formulações oficinais, tendo como embasamento técnico-científico a literatura nacional e internacional, oficialmente reconhecida e relacionada no anexo II deste Regulamento.

b) A emissora de rádio, a partir da venda do espaço promocional, deve ter à disposição do consumidor e da autoridade sanitária, a informação sobre o número de registro ou, no caso dos medicamentos de notificação simplificada, a Resolução que autoriza a fabricação, importação e/ou comercialização do medicamento.

c) Quando direcionada ao público em geral, os termos técnicos da propaganda ou publicidade de medicamentos isentos de prescrição médica deverão ser escritos de maneira a facilitar a compreensão do público.

d) No caso de medicamentos com mais que dois e até quatro substâncias ativas, a veiculação dos nomes das substâncias ativas na propaganda ou publicidade pode ser feita com, no mínimo, 30% do tamanho do nome comercial.

•• *Alínea* d *acrescentada pela Resolução n. 23, de 20 de maio de 2009.*

e) No caso de medicamentos com mais de quatro fármacos que tenham algum impedimento técnico de cumprir o disposto no item imediatamente anterior, pode ser utilizado na propaganda ou publicidade o nome genérico do fármaco/ substância ativa que justifique a indicação terapêutica do produto seguida da expressão "+ ASSOCIAÇÃO", em tamanho correspondente a 50% do tamanho do nome comercial.

•• *Alínea* e *acrescentada pela Resolução n. 23, de 20 de maio de 2009.*

f) No caso de complexos vitamínicos e ou minerais, e ou de aminoácidos pode ser utilizado na propaganda ou publicidade as expressões Polivitamínico e ou, Poliminerais e ou Poliaminoácidos, como designação genérica, correspondendo a 50% do tamanho do nome comercial do produto.

•• *Alínea* f *acrescentada pela Resolução n. 23, de 20 de maio de 2009.*

Art. 23. A propaganda ou publicidade de medicamentos isentos de prescrição médica deve, também, veicular advertência relacionada à substância ativa do medicamento, conforme tabela do anexo II.

Parágrafo único. No caso de não ser contemplada alguma substância ativa ou associação na tabela do anexo II, a propaganda ou publicidade deve veicular a seguinte advertência: "(nome comercial do medicamento ou, no caso dos medicamentos genéricos, a substância ativa) É UM MEDICAMENTO. SEU USO PODE TRAZER RISCOS. PROCURE O MÉDICO E O FARMACÊUTICO. LEIA A BULA".

Art. 24. A advertência a que se refere o art. 23 deve ser contextualizada na peça publicitária, de maneira que seja pronunciada pelo personagem principal, quando veiculada na televisão; proferida pelo mesmo locutor, quando veiculada em rádio; e, quando impressa, deve causar o mesmo impacto visual que as demais informações presentes na peça publicitária, apresentando-se com, no mínimo, 35% do tamanho da maior fonte utilizada.

I – A locução das advertências de que trata o *caput* deste artigo deve ser cadenciada, pausada e perfeitamente audível.

II – Se a propaganda ou publicidade de televisão não apresentar personagem principal, as advertências devem observar os seguintes requisitos:

a) após o término da mensagem publicitária, a advertência será exibida em cartela única, com fundo azul, em letras brancas, de forma a permitir a perfeita legibilidade e visibilidade, permanecendo imóvel no vídeo;

b) a locução deve ser diferenciada, cadenciada, pausada e perfeitamente audível;

c) a cartela obedecerá ao gabarito RTV de filmagem no tamanho padrão de 36,5cmx27cm (trinta e seis e meio centímetros por vinte e sete centímetros);

d) as letras apostas na cartela serão da família tipográfica Humanist 777 Bold ou Frutiger 55 Bold, corpo 38, caixa alta.

III – Na internet, a advertência deve ser exibida permanentemente e de forma visível, inserida em retângulo de fundo branco, emoldurada por filete interno, em letras de cor preta, padrão Humanist 777 Bold ou Frutiger 55 Bold, caixa alta, respeitando a proporção de dois décimos do total do espaço da propaganda.

Art. 25. Fica proibida a veiculação, na televisão, de propaganda ou publicidade de medicamentos nos intervalos dos programas destinados a crianças, conforme classificação do Estatuto da Criança e do Adolescente, bem como em revistas de conteúdo dedicado a este público.

•• *Artigo com redação determinada pela Resolução n. 23, de 20 de maio de 2009.*

Art. 26. Na propaganda ou publicidade de medicamentos isentos de prescrição é vedado:

I – usar expressões tais como: "Demonstrado em ensaios clínicos", "Comprovado cientificamente";

II – sugerir que o medicamento é a única alternativa de tratamento e/ou fazer crer que são supérfluos os hábitos de vida saudáveis e/ou a consulta ao médico;

•• *Inciso II com redação determinada pela Resolução n. 23, de 20 de maio de 2009.*

III – apresentar nome, imagem e/ou voz de pessoa leiga em medicina ou farmácia, cujas características sejam facilmente reconhecidas pelo público em razão de sua celebridade, afirmando ou sugerindo que utiliza o medicamento ou recomendando o seu uso;

IV – usar de linguagem direta ou indireta relacionando o uso de medicamento a excessos etílicos ou gastronômicos;

V – usar de linguagem direta ou indireta relacionando o uso de medicamento ao desempenho físico, intelectual, emocional, sexual ou à beleza de uma pessoa, exceto quando forem propriedades aprovadas pela Anvisa;

VI – apresentar de forma abusiva, enganosa ou assustadora representações visuais das alterações do corpo humano causadas por doenças ou lesões;

VII – incluir mensagens, símbolos e imagens de qualquer natureza dirigidas a crianças ou adolescentes, conforme classificação do Estatuto da Criança e do Adolescente.

Título III
REQUISITOS PARA PROPAGANDA OU PUBLICIDADE DE MEDICAMENTOS INDUSTRIALIZADOS DE VENDA SOB PRESCRIÇÃO

Art. 27. A propaganda ou publicidade de medicamentos de venda sob prescrição deve cumprir os requisitos gerais, sem prejuízo do que, particularmente, se estabeleça para determinados tipos de medicamentos, e fica restrita aos meios de comunicação destinados exclusivamente aos profissionais de saúde habilitados a prescrever ou dispensar tais produtos, devendo incluir informações essenciais referentes:

I – ao nome comercial do medicamento, quando houver;

II – ao nome da substância ativa de acordo com a DCB e, na sua falta, a DCI ou nomenclatura botânica, que deverá ter, no mínimo, 50% do tamanho do nome comercial;

III – ao número de registro na Anvisa, contemplando no mínimo os nove dígitos;

IV – às indicações;

V – às contraindicações;

VI – aos cuidados e advertências (contemplando as reações adversas e interações com medicamentos, alimentos e álcool);

VII – à posologia;

VIII – à classificação do medicamento em relação à prescrição e dispensação;

IX – à data de impressão das peças publicitárias impressas.

§ 1º As informações exigidas por este artigo devem se apresentar com fonte de, no mínimo, dois milímetros.

§ 2º Na propaganda ou publicidade de vacinas, deverá constar, ainda, a informação sobre o número de doses necessárias para uma completa imunização.

Art. 28. Na propaganda ou publicidade de medicamentos de venda sob prescrição, quando forem destacados os benefícios do medicamento no texto da peça publicitária, devem ser destacadas, pelo menos, uma contraindicação e uma interação medicamentosa mais frequente, dentre aquelas exigidas no art. 27, incisos, V e VI, causando impacto visual ao leitor e obedecendo à proporcionalidade de 20% do tamanho da maior fonte utilizada.

Art. 29. A propaganda ou publicidade de medicamentos de venda sob prescrição veiculada na internet deve ser acessível, exclusivamente, aos profissionais habilitados a prescrever ou dispensar medicamentos, por meio de sistema de cadastramento eletrônico, devendo ser apresentado um termo de responsabilidade informando sobre a restrição legal do acesso.

Parágrafo único. As bulas dos medicamentos de venda sob prescrição médica veiculadas na internet, sem acesso restrito, devem ser atualizadas, reproduzir fielmente as aprovadas pela Anvisa e não podem apresentar designações, símbolos, figuras, desenhos, imagens, *slogans* e quaisquer argumentos de cunho publicitário em relação aos medicamentos.

Art. 30. Quaisquer afirmações, citações, tabelas ou ilustrações relacionadas a informações científicas devem ser extraídas de estudos clínicos, veiculados em publicações científicas, preferencialmente com níveis de evidência I ou II.

§ 1º As afirmações, citações, tabelas ou outras ilustrações a que se refere o *caput* do artigo devem ser fielmente reproduzidas e especificar a referência bibliográfica.

§ 2º A criação de gráficos, quadros, tabelas e ilustrações de mecanismos de ação para transmitir informações, que não estejam assim representadas nos estudos científicos, deve expressar com rigor a veracidade das informações e especificar a referência bibliográfica completa.

§ 3º Os gráficos, tabelas e ilustrações de mecanismos de ação de que trata este artigo devem ser verdadeiros, exatos, completos, não tendenciosos, bem como não podem ser apresentados de forma que possibilitem erro ou confusão quanto às características do medicamento através do impacto visual.

Art. 31. As afirmações relacionadas à biodisponibilidade e à bioequivalência de princípios ativos poderão ser feitas com base em estudos aprovados pela Anvisa emitidos por laboratórios certificados, desde que devidamente referenciados.

•• *Artigo com redação determinada pela Resolução n. 23, de 20 de maio de 2009.*

Art. 32. A propaganda ou publicidade de medicamentos sob controle especial, sujeitos à venda sob prescrição médica, com notificação de receita ou retenção de receita, além de observar as disposições deste regulamento técnico, somente pode ser efetuada em revistas de conteúdo exclusivamente técnico, referentes a patologias e medicamentos, dirigidas direta e unicamente a profissionais de saúde habilitados a prescrever e/ou dispensar medicamentos.

§ 1º Ficam excluídas das revistas mencionadas no *caput* deste artigo, aquelas que possuam matérias de cunho sociocultural e outras que não sejam técnico-científicas.

§ 2º É permitida a veiculação de propaganda ou publicidade dos medicamentos citados no *caput* deste artigo, em cópia fiel de artigo técnico-científico referente à substância ativa do medicamento divulgado e publicado em revistas mencionadas no *caput*, especificando a referência bibliográfica completa, bem como em material de ajuda visual de uso exclusivo do propagandista e monografias do medicamento.

Título IV

REQUISITOS PARA AMOSTRAS GRÁTIS

Art. 33. (*Revogado pela Resolução n. 60, de 26-11-2009.*)

Art. 34. (*Revogado pela Resolução n. 60, de 26-11-2009.*)

Art. 35. (*Revogado pela Resolução n. 60, de 26-11-2009.*)

Título V
REQUISITOS PARA MATERIAL INFORMATIVO DE MEDICAMENTOS MANIPULADOS

Art. 36. Para a divulgação de informações sobre medicamentos manipulados é facultado às farmácias o direito de fornecer, exclusivamente aos profissionais habilitados a prescrever medicamentos, material informativo que contenha somente os nomes das substâncias ativas utilizadas na manipulação de fórmulas magistrais, segundo a sua Denominação Comum Brasileira ou, na sua falta, a Denominação Comum Internacional ou a nomenclatura botânica, bem como as respectivas indicações terapêuticas, fielmente extraídas de literatura especializada e publicações científicas, devidamente referenciadas.

Parágrafo único. O material informativo a que se refere o *caput* desse artigo não pode veicular nome comercial, preço, designações, símbolos, figuras, imagens, desenhos, *slogans* e quaisquer argumentos de cunho publicitário em relação à substância ativa.

Art. 37. É vedado fazer propaganda ou publicidade de empresas em blocos de receituários médicos.

Título VI
REQUISITOS PARA A VISITA DE PROPAGANDISTAS

Art. 38. Quando as informações técnicas sobre os medicamentos industrializados e manipulados forem levadas aos profissionais prescritores ou dispensadores por intermédio de propagandistas das empresas, elas deverão ser transmitidas com intuito de promover a prescrição e dispensação do medicamento de forma adequada e condizente com a Política Nacional de Medicamentos.

§ 1º Nas suas ações de propaganda ou publicidade, os propagandistas devem limitar-se às informações científicas e características do medicamento registradas na Anvisa.

§ 2º A visita do propagandista não pode interferir na assistência farmacêutica, nem na atenção aos pacientes, bem como não pode ser realizada na presença de pacientes e seus respectivos acompanhantes, ficando a critério das instituições de saúde a regulamentação das visitas dos propagandistas.

Título VII
REQUISITOS PARA PROPAGANDA OU PUBLICIDADE EM EVENTOS CIENTÍFICOS

Art. 39. Nos eventos científicos pode ser distribuído aos profissionais de saúde não habilitados a prescrever ou dispensar medicamentos e aos estudantes da área de saúde material científico contendo o nome comercial do medicamento, a substância ativa e o nome da empresa.

Art. 40. O material de propaganda ou publicidade de medicamentos deve ser distribuído aos participantes dos eventos que estiverem com a identificação de sua categoria profissional claramente visível nos crachás.

Art. 41. A identificação dos espaços na área de exposição e no interior dos auditórios e similares pode apresentar o nome comercial do medicamento, quando for o caso, juntamente com a respectiva substância ativa e/ou o nome da empresa, podendo ser utilizada a marca figurativa ou mista do produto presente na embalagem aprovada pela Anvisa.

Parágrafo único. Fica proibido a utilização de designações, símbolos, figuras, imagens, desenhos, *slogans* e quaisquer argumentos de cunho publicitário em relação aos medicamentos.

•• *Parágrafo único acrescentado pela Resolução n. 23, de 20 de maio de 2009.*

Art. 42. Qualquer apoio ou patrocínio, total ou parcial, aos profissionais de saúde para participação em eventos científicos, nacionais ou internacionais, não deve estar condicionado à prescrição, dispensação e/ou propaganda ou publicidade de algum tipo de medicamento.

§ 1º O patrocínio por uma ou mais empresas, de quaisquer eventos, simpósios, congressos, reuniões, conferências e assemelhados, públicos ou privados, seja ele parcial ou total, deve ser exposto com clareza no ato da inscrição dos participantes e nos anais, quando estes existirem.

§ 2º Os palestrantes de qualquer sessão científica que estabeleçam relações com laboratórios farmacêuticos ou tenham qualquer outro interesse financeiro ou comercial devem informar potencial conflito de interesses aos organizadores dos congressos, com a devida indicação na programação oficial do evento e no início de sua palestra, bem como, nos anais, quando estes existirem.

Art. 43. Os organizadores de eventos científicos que permitam a propaganda ou publicidade de medicamentos devem informar a Anvisa, com antecedência de três meses, a realização de quaisquer eventos científicos regionais, nacionais e internacionais, contemplando local e data de realização, bem como as categorias de profissionais participantes.

Título VIII

REQUISITOS PARA CAMPANHAS SOCIAIS

Art. 44. A divulgação de campanha social deve ter como único objetivo informar ações de responsabilidade social da empresa, não podendo haver menção a nomes de medicamentos, nem publicidade destes produtos, da mesma forma que nenhuma propaganda ou publicidade de medicamentos pode se referir às ações de campanhas sociais da empresa.

Título IX

DISPOSIÇÕES GERAIS

Art. 45. Fica estabelecido o prazo de 180 (cento e oitenta) dias, a contar da data de publicação deste regulamento, para as empresas e pessoas físicas responsáveis pela propaganda, publicidade, informação e outras práticas cujo objetivo seja a divulgação, promoção ou comercialização de medicamentos se adequarem às novas disposições deste regulamento.

Parágrafo único. (*Revogado pela Resolução n. 60, de 26-11-2009.*)

Art. 46. A concessão de redução no preço de medicamento, bem como a sua aquisição de forma gratuita condicionada ao envio de cupons, cartões ou qualquer outro meio ou material, ou ao fornecimento de quaisquer dados que permitam identificar o paciente, o profissional prescritor, a instituição à qual o profissional está vinculado ou o local da prescrição, fica sob regulamentação da Câmara de Regulação de Medicamentos.

Art. 47. Os materiais citados nos arts. 12, 13, *caput* do art. 18 e 39 não poderão utilizar designações, símbolos, figuras, imagens, desenhos, marcas figurativas ou mistas, *slogans* e quaisquer argumentos de cunho publicitário em relação aos medicamentos.

•• *Artigo com redação determinada pela Resolução n. 23, de 20 de maio de 2009.*

Art. 48. Após a publicação da decisão condenatória que aplicar a sanção de mensagem retificadora, o responsável será notificado para apresentar o plano de mídia da propaganda ou publicidade veiculada de forma irregular e uma proposta de mensagem retificadora com o respectivo plano de mídia provisório.

§ 1º A mensagem retificadora deve contemplar:

I – declaração de que a empresa ou pessoa física foi condenada em processo administrativo sanitário, instaurado pela Anvisa e/ou autoridade sanitária local, a divulgar mensagem de retificação e esclarecimento para compensar propaganda ou publicidade de produto sujeito à vigilância sanitária veiculada em desconformidade com a legislação sanitária federal;

II – listar as irregularidades, identificadas na propaganda e analisadas no processo administrativo sanitário, que culminaram na aplicação da mensagem retificadora, esclarecendo os erros, equívocos e enganos causados e prestando as informações corretas e completas sobre o produto divulgado;

III – No caso de medicamentos isentos de prescrição, veicular a seguinte advertência: "Todo medicamento também oferece riscos. Para evitar danos à sua saúde, informe-se".

IV – No caso de medicamentos de venda sob prescrição, informar as contraindicações, cuidados, advertências, reações adversas e interações medicamentosas do medicamento, bem como veicular a seguinte advertência: "Informações equilibradas e avaliadas criteriosamente são essenciais para a prescrição e o uso racional de medicamentos".

§ 2º O plano de mídia provisório poderá ser modificado e/ou adaptado, assim como poderão ser impostos outros requisitos que levarão em consideração o tipo de produto divulgado, o risco sanitário e o público atingido.

Art. 49. A veiculação da mensagem retificadora deve observar os seguintes requisitos:

I – Na televisão, a mensagem retificadora deve ser veiculada em texto escrito sobre fundo verde, sem imagens, com letras brancas, padrão Humanist 777 ou Frutiger 55, subindo em rol de caracteres, com locução em "off", cadenciada, sem fundo musical e perfeitamente audível.

II – Em rádio, a mensagem retificadora deve ser lida sem fundo musical e com locução cadenciada e perfeitamente audível.

III – Nos jornais, revistas, mídia exterior e congêneres, a mensagem retificadora deve ser publicada em fundo branco, emoldurado por filete interno e com letras de cor preta, padrão Humanist 777 ou Frutiger 55.

IV – Na Internet, a mensagem retificadora deve ser inserida em fundo branco, emoldurado por filete interno, com letras de cor preta, padrão Humanist 777 ou Frutiger 55.

V – Caso o espaço publicitário seja suficiente, a mensagem deve ser veiculada em cartela única, com as letras em tamanho legível. Caso não seja suficiente, a mensagem deve ser exibida sequencialmente e de forma perfeitamente legível.

VI – O responsável pode ser notificado para apresentar, no prazo de dez dias contados do recebimento da notificação, prorrogável uma única vez por igual período, modificações na mensagem retificadora e no plano de mídia apresentados para adequá-los aos requisitos impostos de acordo com as normas estabelecidas nesta Resolução.

Art. 50. Cumpridos todos os requisitos, o responsável será notificado para proceder à divulgação da mensagem retificadora nos meios de comunicação, devendo, em seguida, comprovar a execução completa do plano de mídia da seguinte forma:

I – em relação às mensagens retificadoras veiculadas na televisão e no rádio, deve ser juntada aos autos a nota fiscal discriminada, comprovando que a mensagem foi divulgada nos veículos, horários e frequências previstos no plano de mídia, bem como a gravação da mensagem veiculada;

II – em relação às mensagens retificadoras veiculadas em jornais e revistas, deve ser juntado aos autos um exemplar de cada publicação na qual a mensagem foi divulgada;

III – em relação às mensagens retificadoras veiculadas na mídia exterior e congêneres, devem ser juntadas aos autos, além da nota fiscal discriminada, comprovando que a mensagem foi divulgada conforme previsto no plano de mídia, fotos com os negativos da mensagem inserida nos respectivos meios;

IV – em relação às mensagens retificadoras veiculadas na Internet, deve ser juntado aos autos documento comprovando que a mensagem foi divulgada nos sítios eletrônicos especificados no plano de mídia, bem como a impressão da página contendo a data.

§ 1º Após a divulgação da mensagem retificadora, seguida da comprovação da execução completa do plano de mídia, será expedido um despacho atestando o regular cumprimento da sanção, com a consequente extinção do processo administrativo sanitário.

§ 2º No caso de não cumprimento da sanção de mensagem retificadora, o responsável ficará sujeito às consequências e penalidades previstas na legislação sanitária.

Art. 51. Durante a apuração do ilícito, quando se tratar de propaganda, publicidade ou informação que representem risco sanitário iminente à saúde pública, pode a entidade sanitária, como medida cautelar, determinar a suspensão da veiculação do material publicitário ou informativo, com a duração necessária para a realização de análises ou outras providências requeridas.

Art. 52. As empresas devem informar a todo seu pessoal de comercialização e divulgação de medicamentos, incluindo as agências de publicidade, sobre este Regulamento Técnico e as responsabilidades no seu cumprimento.

Art. 53. A Anvisa, a qualquer tempo, poderá expedir atos regulamentares relativos à matéria, com o propósito de atualizar a regulamentação sobre a propaganda, publicidade, promoção e informação de produtos sujeitos à vigilância sanitária.

Art. 54. Ficam expressamente revogadas a RDC 102/2000, RDC 199/2004, RDC 197/2004 e demais Resoluções que dispõem de forma contrária.

Anexo I

LITERATURAS NACIONAIS E INTERNACIONAIS OFICIALMENTE RECONHECIDAS

FARMACOPEIA BRASILEIRA

FARMACOPEIA ALEMÃ

FARMACOPEIA BRITÂNICA

FARMACOPEIA EUROPEIA

FARMACOPEIA NÓRDICA

FARMACOPEIA JAPONESA

FARMACOPEIA FRANCESA

FARMACOPEIA AMERICANA E SEU FORMULÁRIO NACIONAL

FARMACOPEIA MEXICANA

USP NATIONAL FORMULARY

MARTINDALE, WILLIAN

EXTRAPHARMACOPEIA

DICTIONAIRE VIDAL

EDITIONS DU VIDAL

REMINGTON FARMÁCIA

EDITORIAL MÉDICA PANAMERICANA

USP DI INFORMACION DE MEDICAMENTOS

USP PHARMACISTS' PHARMACOPEIA

FORMULÁRIO NACIONAL

HOMEOPATHIE – PHARMACOTECHNIE ET MONOGRAPHIES DES MEDICAMENTES COURANTS VOLUME I E II

HOMOEOPATHIC PHARMACOPOEIA OF INDIA

PHARMACOPÉE FRANÇAISE E SUPLEMENTOS

THE HOMEOPATHIC PHARMACOPOEIA OF THE UNITED STATES E SUPLEMENTOS

Anexo II

(TABELA)

	PRINCÍPIO ATIVO	ALERTAS PARA USO EM PROPAGANDA
1.	Ácido acetilsalicílico	*Não use este medicamento em caso de gravidez, gastrite ou úlcera do estômago e suspeita de dengue ou catapora.*
2.	Ácido ascórbico (vitamina C)	*Não use este medicamento em caso de doença grave dos rins.*
3.	Bicarbonato de sódio	*Não use este medicamento se você tem restrição ao consumo de sal, insuficiência dos rins, do coração ou do fígado.*
4.	Bisacodil	*Não use este medicamento em caso de doenças intestinais graves.*

5.	Cânfora	*Não use este medicamento em crianças menores de dois anos de idade.*
6.	Carbonato de Cálcio	*Não use este medicamento em caso de doença dos rins.*
7.	Carvão vegetal	*Não use este medicamento em crianças com diarreia aguda e persistente.*
8.	Cloridrato de ambroxol	*Não use este medicamento em crianças menores de dois anos de idade.*
9.	Cloridrato de fenilefrina	*Não use este medicamento em caso de doenças do coração, pressão alta e glaucoma.*
10.	Dipirona sódica	*Não use este medicamento durante a gravidez e em crianças menores de três meses de idade.*
11.	Dropropizina	*Não use este medicamento em caso de tosse com secreção e em crianças menores de dois anos de idade.*
12.	Hidróxido de alumínio	*Não use este medicamento em caso de doença dos rins e dor abdominal aguda.*
13.	Hidróxido de magnésio	*Não use este medicamento em caso de doença dos rins.*
14.	Ibuprofeno	*Não use este medicamento em casos de úlcera, gastrite, doença dos rins ou se você já teve reação alérgica a anti-inflamatórios.*
15.	Mebendazol	*Não use este medicamento em crianças menores de um ano de idade.*
16.	Naproxeno	*Não use este medicamento em casos de úlcera, gastrite, doença dos rins ou se você já teve reação alérgica a anti-inflamatórios.*
17.	Nicotina	*Não use este medicamento se você é fumante com problemas cardíacos.*
18.	Paracetamol	*Não use junto com outros medicamentos que contenham paracetamol, com álcool, ou em caso de doença grave do fígado.*
19.	Picossulfato de sódio	*Não use este medicamento em caso de doenças intestinais graves.*
20.	Plantago ovata Forsk	*Não use este medicamento em caso de doenças intestinais graves.*
21.	Sulfato ferroso	*Não use este medicamento se você tem problemas gastrointestinais.*

Resolução Normativa n. 186, de 14 de janeiro de 2009 (*)

Dispõe sobre a regulamentação da portabilidade das carências previstas no inciso V do art. 12 da Lei n. 9.656, de 3 de junho de 1998, e sem a imposição de cobertura parcial temporária.

A Diretoria Colegiada da Agência Nacional de Saúde Suplementar – ANS, em vista do que dispõem os arts. 1º, 3º, incisos XXIV, XXVIII e XXXII do art. 4º e inciso II do art. 10 da Lei n. 9.961, de 28 de janeiro de 2000, em conformidade com a alínea *a* do inciso II do art. 64, do anexo I, da Resolução Normativa – RN n. 81, de 2 de setembro de 2004, em reunião realizada no dia 13 de janeiro de 2009, adotou a seguinte Resolução Normativa e eu, Diretor-Presidente, determino a sua publicação:

Capítulo I
DAS DISPOSIÇÕES PRELIMINARES

Art. 1º Esta Resolução dispõe sobre a portabilidade de carências e sem a imposição de cobertura parcial temporária para beneficiários de planos privados de assistência à saúde indi-

(*) Publicada no *Diário Oficial da União*, de 15 de janeiro de 2009.

viduais e familiares contratados após 1º de janeiro de 1999 ou adaptados à Lei n. 9.656, de 3 de junho de 1998.

Art. 2º Para efeito desta Resolução, consideram-se:

I – plano de origem: é o plano privado de assistência à saúde contratado pelo beneficiário no período imediatamente anterior à portabilidade de carências;

II – plano de destino: é o plano privado de assistência à saúde a ser contratado pelo beneficiário por ocasião da portabilidade de carências;

III – carência: é o período ininterrupto, contado a partir da data de início da vigência do contrato do plano de saúde, durante o qual o contratante paga as mensalidades, mas ainda não tem acesso a determinadas coberturas previstas no contrato, conforme previsto no inciso V do art. 12 da Lei n. 9.656, de 3 de junho de 1998, nos termos desta Resolução;

IV – prazo de permanência: é o período ininterrupto em que o beneficiário deve manter o contrato de plano de origem em vigor para se tornar elegível para portabilidade de carências com base na regra de portabilidade de carências prevista no art. 3º;

V – tipo: é a classificação de um plano privado de assistência à saúde com base na abrangência geográfica e segmentação assistencial, conforme disposto no Anexo desta Resolução;

VI – tipo compatível: é o tipo que permite ao beneficiário o exercício da portabilidade para um outro tipo por preencher os requisitos de abrangência geográfica, segmentação assistencial, tipo de contratação e faixa de preço, nos termos desta Resolução; e

VII – portabilidade de carências: é a contratação de um plano privado de assistência à saúde com registro de produto na ANS na mesma ou em outra operadora, concomitantemente à rescisão do contrato referente a um plano privado de assistência à saúde, contratado após 1º de janeiro de 1999 ou adaptado à Lei n. 9.656, de 1998, em tipo compatível, observado o prazo de permanência, na qual o beneficiário está dispensado do cumprimento de novos períodos de carência ou cobertura parcial temporária.

Capítulo II
DAS REGRAS GERAIS SOBRE A PORTABILIDADE DE CARÊNCIAS

Art. 3º O beneficiário de plano de contratação individual ou familiar, contratado após 1º de janeiro de 1999 ou adaptado à Lei n. 9.656, de 1998, fica dispensado do cumprimento de novos períodos de carência e de cobertura parcial temporária na contratação de novo plano de contratação individual ou familiar, na mesma ou em outra operadora de plano de assistência à saúde, desde que sejam atendidos simultaneamente os seguintes requisitos:

I – estar adimplente junto à operadora do plano de origem, conforme inciso I do art. 8º;

II – possuir prazo de permanência:

a) na primeira portabilidade de carências, no mínimo dois anos no plano de origem ou no mínimo três anos na hipótese de o beneficiário ter cumprido cobertura parcial temporária; ou

b) nas posteriores, no mínimo dois anos de permanência no plano de origem.

III – o plano de destino estar em tipo compatível com o do plano de origem, conforme disposto no Anexo desta Resolução;

IV – a faixa de preço do plano de destino ser igual ou inferior à que se enquadra o seu plano de origem, considerada a data da assinatura da proposta de adesão; e

V – o plano de destino não estar com registro em situação "ativo com comercialização suspensa", ou "cancelado".

§ 1º As faixas de preço previstas no inciso IV deste artigo serão definidas em Instrução Normativa a ser expedida pela Diretoria de Normas e Habilitação dos Produtos – DIPRO e serão baseadas na Nota Técnica de Registro de Produto

– NTRP e/ou em outros instrumentos a serem definidos pela referida Diretoria.

§ 2º A portabilidade de carências deve ser requerida pelo beneficiário no período compreendido entre o primeiro dia do mês de aniversário do contrato e o último dia útil do mês subsequente.

Art. 4º Não poderá haver cobrança de custas adicionais em virtude do exercício do direito previsto nesta Resolução, seja pela operadora de plano de origem ou pela operadora de plano de destino.

Art. 5º Não poderá haver discriminação de preços de planos em virtude da utilização da regra de portabilidade de carências.

Art. 6º Em planos de contratação familiar, a portabilidade de carências poderá ser exercida individualmente por cada beneficiário ou por todo o grupo familiar.

§ 1º Para a portabilidade de carências de todo o grupo familiar, é necessário o cumprimento dos requisitos desta Resolução por todos os beneficiários cobertos pelo contrato.

§ 2º Na hipótese de contratação familiar em que o direito à portabilidade de carências não seja exercido por todos os membros do grupo, o contrato será mantido, extinguindo-se o vínculo apenas daqueles que exerceram o referido direito.

Art. 7º Para efeitos de portabilidade de carências, a operadora do plano de destino não poderá estar submetida a:

I – alienação compulsória de sua carteira;

II – oferta pública do cadastro de beneficiários; ou

III – liquidação extrajudicial.

Capítulo III
DOS ASPECTOS OPERACIONAIS

Art. 8º O beneficiário que pretender exercer a portabilidade de carências deverá entregar os seguintes documentos à operadora do plano de destino, ocasião em que esta deverá disponibilizar a proposta de adesão para assinatura, fornecendo segunda via, datada e assinada.

I – cópia dos comprovantes de pagamento dos três últimos boletos vencidos; e

II – comprovante de atendimento ao requisito previsto no inciso II do art. 3º.

Art. 9º A operadora do plano de destino deverá concluir a análise da proposta e enviar resposta conclusiva e, devidamente justificada, no prazo máximo de 20 (vinte) dias, informando se o beneficiário atende aos requisitos previstos nesta Resolução.

Parágrafo único. O não envio de resposta ao beneficiário no prazo estabelecido no *caput* implica aceitação da portabilidade de carências.

Art. 10. Caso o beneficiário não atenda aos requisitos previstos nesta Resolução, a operadora do plano de destino poderá recusar a proposta de adesão pela regra de portabilidade de carências.

Parágrafo único. Na hipótese de recusa, o beneficiário fará jus à devolução de valores eventualmente adiantados.

Art. 11. O termo final do contrato do plano de origem deverá coincidir com o termo inicial do contrato do plano de destino.

§ 1º O contrato do plano de destino entrará em vigor dez dias após a aceitação prevista no *caput* e no parágrafo único do art. 9º.

§ 2º A operadora do plano de destino deverá comunicar a operadora do plano de origem e ao beneficiário a data de início da vigência do contrato do plano de destino, antes da sua ocorrência.

Capítulo IV
DAS DISPOSIÇÕES FINAIS

Art. 12. A possibilidade de exigência de períodos de carência e de cobertura parcial temporária segue o disposto em normativo específico, ressalvado o disposto nesta Resolução.

Art. 13. Esta Resolução não exclui o disposto no art. 14 da Resolução Normativa n. 162, de 17 de outubro de 2007.

Art. 14. A Diretoria de Normas e Habilitação dos Produtos – DIPRO disporá por Instrução Normativa acerca dos tipos compatíveis para fins de portabilidade de carências, classificando os planos de acordo com a abrangência geográfica, a segmentação assistencial, o tipo de contratação e a faixa de preços prevista no inciso IV do art. 3º.

Parágrafo único. A Diretoria de Normas e Habilitação de Produtos – DIPRO poderá publicar Instruções Normativas para detalhar o conteúdo desta Resolução.

....

Art. 16. Esta Resolução entra em vigor noventa dias após a data de sua publicação.

Fausto Pereira dos Santos

Anexo

1. O presente Anexo classifica os planos privados de assistência à saúde para fins de portabilidade de carências.

2. Para formação dos tipos, os planos privados de assistência de saúde ficam agrupados, com base na abrangência geográfica, da seguinte forma:

I – Municipal: engloba os planos de abrangência geográfica municipal e grupo de municípios;

II – Estadual: engloba os planos de abrangência geográfica estadual e grupo de estados; e

III – Nacional: engloba os planos de abrangência geográfica nacional.

3. Para formação dos tipos, os planos de saúde ficam agrupados, com base na segmentação assistencial, da seguinte forma:

I – Sem internação: engloba os planos de segmentação assistencial ambulatorial e ambulatorial + odontológico;

II – Internação sem obstetrícia: engloba os planos que possuam segmentação assistencial hospitalar sem obstetrícia, hospitalar sem obstetrícia + odontológico, ambulatorial + hospitalar sem obstetrícia e ambulatorial + hospitalar sem obstetrícia + odontológico; e

III – Internação com obstetrícia: engloba os planos que possuam segmentação assistencial hospitalar com obstetrícia, hospitalar com obstetrícia + odontológico, ambulatorial + hospitalar com obstetrícia, ambulatorial + hospitalar com obstetrícia + odontológico, e referência.

4. Os planos privados de assistência à saúde se classificam, para fins de portabilidade de carências, nos seguintes tipos:

I – sem internação – municipal;

II – sem internação – estadual;

III – sem internação – nacional;

IV – internação sem obstetrícia – municipal;

V – internação sem obstetrícia – estadual;

VI – internação sem obstetrícia – nacional;

VII – internação com obstetrícia – municipal;

VIII – internação com obstetrícia – estadual; e

IX – internação com obstetrícia – nacional.

5. Observada a faixa de preço tratada no inciso IV do art. 3º desta Resolução, para fins de portabilidade de carências, consideram-se compatíveis os tipos tratados a seguir:

I – do tipo sem internação municipal para o tipo sem internação municipal;

II – do tipo sem internação estadual para os tipos sem internação municipal e sem internação estadual;

III – do tipo sem internação nacional para os tipos sem internação municipal, sem internação estadual e sem internação nacional;

IV – do tipo internação sem obstetrícia municipal para os tipos sem internação municipal, sem internação estadual, sem internação nacional, e internação sem obstetrícia municipal;

V – do tipo internação sem obstetrícia estadual para os tipos sem internação municipal, sem internação estadual, sem internação nacional, internação sem obstetrícia municipal, e internação sem obstetrícia estadual;

VI – do tipo internação sem obstetrícia nacional para os tipos sem internação municipal, sem internação estadual, sem internação nacional, internação sem obstetrícia municipal, internação sem obstetrícia estadual e internação sem obstetrícia nacional;

VII – do tipo internação com obstetrícia municipal para os tipos sem internação municipal, sem internação estadual, sem internação nacional, internação sem obstetrícia municipal, internação sem obstetrícia estadual, internação sem obstetrícia nacional e internação com obstetrícia municipal;

VIII – do tipo internação com obstetrícia estadual para os tipos sem internação municipal, sem internação estadual, sem internação nacional, internação sem obstetrícia municipal, internação sem obstetrícia estadual, internação sem obstetrícia nacional, internação com obstetrícia municipal e internação com obstetrícia estadual; e

IX – do tipo internação com obstetrícia nacional para os tipos sem internação municipal, sem internação estadual, sem internação nacional, internação sem obstetrícia municipal, internação sem obstetrícia estadual, internação sem obstetrícia nacional, internação com obstetrícia municipal, internação com obstetrícia estadual e internação com obstetrícia nacional.

6. A compatibilidade de tipos entre planos exclusivamente odontológicos, independe da abrangência geográfica.

Resolução n. 3.694, de 26 de março de 2009 (*)

Dispõe sobre a prevenção de riscos na contratação de operações e na prestação de serviços por parte de instituições financeiras e demais instituições autorizadas a funcionar pelo Banco Central do Brasil.

O Banco Central do Brasil, na forma do art. 9º da Lei n. 4.595, de 31 de dezembro de 1964, torna público que o Conselho Monetário Nacional, em sessão realizada em 26 de março de 2009, com base no art. 4º, inciso VIII, da referida lei, resolveu:

Art. 1º As instituições financeiras e demais instituições autorizadas a funcionar pelo Banco Central do Brasil devem contemplar, em seus sistemas de controles internos e de prevenção de riscos previstos na regulamentação vigente, a adoção e a verificação de procedimentos, na contratação de operações e na prestação de serviços, que assegurem:

I – a prestação das informações necessárias à livre escolha e à tomada de decisões por parte de seus clientes e usuários, explicitando, inclusive, as cláusulas contratxuais ou práticas que impliquem deveres, responsabilidades e penalidades e fornecendo tempestivamente cópia de contratos, recibos, extratos, comprovantes e outros documentos relativos a operações e a serviços prestados;

II – a utilização em contratos e documentos de redação clara, objetiva e adequada à natureza e à complexidade da operação ou do serviço prestado, de forma a permitir o entendimento do conteúdo e a identificação de prazos, valores, encargos, multas, datas, locais e demais condições.

Art. 2º As instituições referidas no art. 1º devem divulgar, em suas dependências e nas dependências dos estabelecimentos onde seus produtos são ofertados, em local visível e em formato legível, informações relativas a situações que impliquem recusa à realização de pagamentos ou à recepção de cheques, fichas de compensação, documentos, inclusive de cobrança, contas e outros.

Art. 3º É vedado às instituições referidas no art. 1º recusar ou dificultar, aos clientes e usuários de seus produtos e serviços, o acesso aos canais de atendimento convencionais, inclusive guichês de caixa, mesmo na hipóte-

(*) Publicada no *Diário Oficial da União*, de 30 de março de 2009.

se de oferecer atendimento alternativo ou eletrônico.

§ 1º O disposto no *caput* não se aplica às dependências exclusivamente eletrônicas nem à prestação de serviços de cobrança e de recebimento decorrentes de contratos ou convênios que prevejam canais de atendimento específicos.

§ 2º A opção pela prestação de serviços por meios alternativos aos convencionais é admitida desde que adotadas as medidas necessárias para preservar a integridade, a confiabilidade, a segurança e o sigilo das transações realizadas, assim como a legitimidade dos serviços prestados, em face dos direitos dos clientes e dos usuários, devendo as instituições informá-los dos riscos existentes.

Art. 4º Esta resolução entra em vigor na data de sua publicação.

Art. 5º Ficam revogadas as Resoluções ns. 2.878, de 26 de julho de 2001, e 2.892, de 27 de setembro de 2001.

Henrique de Campos Meirelles

Lei n. 12.007, de 29 de julho de 2009 (*)

Dispõe sobre a emissão de declaração de quitação anual de débitos pelas pessoas jurídicas prestadoras de serviços públicos ou privados.

O Presidente da República:

Faço saber que o Congresso Nacional decreta e eu sanciono a seguinte Lei:

Art. 1º As pessoas jurídicas prestadoras de serviços públicos ou privados são obrigadas a emitir e a encaminhar ao consumidor declaração de quitação anual de débitos.

(*) Publicada no *Diário Oficial da União* de 30 de julho de 2009.

Art. 2º A declaração de quitação anual de débitos compreenderá os meses de janeiro a dezembro de cada ano, tendo como referência a data do vencimento da respectiva fatura.

§ 1º Somente terão direito à declaração de quitação anual de débitos os consumidores que quitarem todos os débitos relativos ao ano em referência.

§ 2º Caso o consumidor não tenha utilizado os serviços durante todos os meses do ano anterior, terá ele o direito à declaração de quitação dos meses em que houve faturamento dos débitos.

§ 3º Caso exista algum débito sendo questionado judicialmente, terá o consumidor o direito à declaração de quitação dos meses em que houve faturamento dos débitos.

Art. 3º A declaração de quitação anual deverá ser encaminhada ao consumidor por ocasião do encaminhamento da fatura a vencer no mês de maio do ano seguinte ou no mês subsequente à completa quitação dos débitos do ano anterior ou dos anos anteriores, podendo ser emitida em espaço da própria fatura.

Art. 4º Da declaração de quitação anual deverá constar a informação de que ela substitui, para a comprovação do cumprimento das obrigações do consumidor, as quitações dos faturamentos mensais dos débitos do ano a que se refere e dos anos anteriores.

Art. 5º O descumprimento do disposto nesta Lei sujeitará os infratores às sanções previstas na Lei n. 8.987, de 13 de fevereiro de 1995, sem prejuízo daquelas determinadas pela legislação de defesa do consumidor.

- *A Lei n. 8.987, de 13 de fevereiro de 1995, dispõe sobre o regime de concessão e permissão da prestação de serviços públicos.*

Art. 6º Esta Lei entra em vigor na data de sua publicação.

Brasília, 29 de julho de 2009; 188º da Independência e 121º da República.

LUIZ INÁCIO LULA DA SILVA

Súmulas Vinculantes (*)

25. É ilícita a prisão civil de depositário infiel, qualquer que seja a modalidade do depósito.

27. Compete à Justiça estadual julgar causas entre consumidor e concessionária de serviço público de telefonia, quando a ANATEL não seja litisconsorte passiva necessária, assistente, nem opoente.

(*) As súmulas vinculantes estão previstas no art. 103-A da Constituição Federal, acrescentado pela Emenda Constitucional n. 45, de 2004 (Reforma do Judiciário), e regulamentado pela Lei n. 11.417, de 19 de dezembro de 2006.

Súmulas do Superior Tribunal de Justiça

284. A purga da mora, nos contratos de alienação fiduciária, só é permitida quando já pagos pelo menos 40% (quarenta por cento) do valor financiado.

285. Nos contratos bancários posteriores ao Código de Defesa do Consumidor incide a multa moratória nele prevista.

297. O Código de Defesa do Consumidor é aplicável às instituições financeiras.

302. É abusiva a cláusula contratual de plano de saúde que limita no tempo a internação hospitalar do segurado.

321. O Código de Defesa do Consumidor é aplicável à relação jurídica entre a entidade de previdência privada e seus participantes.

323. A inscrição do nome do devedor pode ser mantida nos serviços de proteção ao crédito até o prazo máximo de cinco anos, independentemente da prescrição da execução.

•• *Súmula com redação determinada pela Segunda Seção, na sessão de 25 de novembro de 2009.*

• Vide *art. 43, §§ 1.º e 5.º, do Código de Defesa do Consumidor.*

329. O Ministério Público tem legitimidade para propor ação civil pública em defesa do patrimônio público.

379. Nos contratos bancários não regidos por legislação específica, os juros moratórios poderão ser convencionados até o limite de 1% ao mês.

380. A simples proprositura da ação de revisão de contrato não inibe a caracterização da mora do autor.

381. Nos contratos bancários, é vedado ao julgador conhecer, de ofício, da abusividade das cláusulas.

• Vide *arts. 51 e s. do Código de Proteção e Defesa do Consumidor.*

382. A estipulação de juros remuneratórios superiores a 12% ao ano, por si só, não indica abusividade.

385. Da anotação irregular em cadastro de proteção ao crédito, não cabe indenização por dano moral, quando preexistente legítima inscrição, ressalvado o direito ao cancelamento.

• Vide *art. 43 do Código de Proteção e Defesa do Consumidor.*

391. O ICMS incide sobre o valor da tarifa de energia elétrica correspondente à demanda de potência efetivamente utilizada.

395. O ICMS incide sobre o valor da venda a prazo constante da nota fiscal.

404. É dispensável o aviso de recebimento (AR) na carta de comunicação ao consumidor sobre a negativação de seu nome em bancos de dados e cadastros.

• *Vide art. 43, § 2.º, do Código de Defesa do Consumidor.*

407. É legítima a cobrança da tarifa de água fixada de acordo com as categorias de usuários e as faixas de consumo.

Índice Alfabético-Remissivo do Código de Proteção e Defesa do Consumidor

(LEI N. 8.078, DE 11-9-1990)

Índice Alfabético-Remissivo da Legislação Complementar

Impressão e Acabamento